Reading for the Citizen of the World
世界公民读本（文库）

FOUNDATIONS of DEMOCRACY

Foundations of DEMOCRACY

Reading for the Citizen of the World
世界公民读本（文库）

民主的基础

［美］Center for Civic Education（公民教育中心） 著
刘小小　赵文彤　译

权威 Authority　**隐私** Privacy　**责任** Responsibility　**正义** Justice

金城出版社
GOLD WALL PRESS

图书在版编目(CIP)数据

民主的基础 /（美国）公民教育中心著；刘小小，赵文彤译. —北京：金城出版社，2011.6
（世界公民读本文库/赵文彤主编）
书名原文：Foundations of Democracy
ISBN 978-7-80251-924-4

Ⅰ. ①民… Ⅱ. ①美… ②刘… ③赵… Ⅲ. ①民主-青年读物②民主-少年读物 Ⅳ. ①D082-49

中国版本图书馆CIP数据核字（2011）第075252号

民主的基础

作　　者	CENTER FOR CIVIC EDUCATION(美国)公民教育中心
责任编辑	袁东旭
开　　本	710毫米×1000毫米 1/16
印　　张	28
字　　数	430千字
版　　次	2011年8月第1版 2011年8月第1次印刷
印　　刷	北京联兴华印刷厂
书　　号	ISBN 978-7-80251-924-4
定　　价	57.00元

出版发行	**金城出版社**北京市朝阳区和平街11区37号楼 邮编：100013
发 行 部	(010)84254364
编 辑 部	(010)64210080
总 编 室	(010)64228516
网　　址	http://www.jccb.com.cn
电子邮箱	jinchengchuban@163.com
法律顾问	陈鹰律师事务所 (010)64970501

本书承蒙郭昌明基金资助印行

该基金以一位年近百岁的母亲的名字命名，她和中国近百年来一代又一代的普通母亲一样，将自己对人生和世界最美好的希望全部寄托给了成长中的中国式的世界公民。

The mission of the Center for Civic Education is to promote an enlightened, competent, and responsible citizenry. The curriculum materials prepared under this mandate are designed to advance this outcome. It is our goal to share these materials as widely as possible, to make them available to the students, teachers, and parents of the world, and not to limit distribution or to make profits for any individual.
美国公民教育中心以提高全体公民的文明程度、能力素养和责任感为己任，据此编写的课程教材，为达到这一结果而设计。我们的目标是尽可能广泛地分享这些课程教材，让世界上的学生、教师和家长都可以受用，不受限制地分发，也不为任何个人谋取利益。

CENTER FOR CIVIC EDUCATION

5145 Douglas Fir Road
Calabasas, CA 91302 - USA
818.591.9321 - Fax 818.591.9330
cce@civiced.org
www.civiced.org

人类命运与责任共同体时代呼唤世界公民

——世界公民读本（文库）出版说明

刘建华

引子

早在大约 250 年前，中国与世界公民 (The Citizen of the World) 这个英文词组，就有过一次美丽的的邂逅。18 世纪 60 年代，中国在西方的许多思想家那里，被理想化为一个美好而神秘的国度。哥德斯密 (Oliver Goldsmith，1728—1774) 就是在这样的时代背景下，以“中国人的信札”(Chinese Letters) 为名，发表连载文章，借此讥讽英国的社会弊病，两年后（1763）结集出版，题名为：The Citizen of the World or Letters of a Chinese Philosopher living in London to his Friends in the East. 翻译成中文就是《世界公民—— 一位旅居伦敦的中国哲学家写给他的东方朋友的信札》。

此后过了约 150 年，大约距今 100 年前的 1914 年，一个在美国的中国人应验了歌德斯密的这个噱头式的玩笑。根据邵建先生发表在《大学人文》（广西师范大学出版社 2008 年 5 月版）的文章，这一年，在美国康奈尔大学的学生宿舍里，胡适在自己的一篇日记中，以《大同主义之先哲名言》为题，抄录了以下数则关于“世界公民”的先哲名言，这些名言以无言的方式，影响了无数个“胡适”们，并通过他们在后来的一个世纪里影响了无数中国人——

亚里斯提卜说过，智者的祖国就是世界。

——第欧根尼·拉尔修：《亚里斯提卜》第十三章

当有人问及他是何国之人时，第欧根尼回答道：
“我是世界之公民。”
——第欧根尼·拉尔修：《亚里斯提卜》第十三章

苏格拉底说，他既不是一个雅典人，也不是一个希腊人，
只不过是一个世界公民。
——普卢塔：《流放论》

我的祖国是世界，我的宗教是行善。
——T. 潘恩：《人类的权利》第五章

世界是我的祖国，人类是我的同胞。
——W.L. 加里森：《解放者简介》

一

进入 21 世纪以来，全球气候变暖的危机日益明显，与此相关的多种全球性危机日益增多，人类仿佛在一夜之间变得比以往任何时代都更加亲如兄弟、情同手足，地球比以往任何时候都更像是一个风雨飘摇中的小小的村落。这不只是全球经济一体化和信息技术与交通高度发达的结果，也不只是人类追求世界大同理想社会的结果，而是任何一个国家和民族都无法单独应对的全球共同的危机，让我们人类不得不彼此靠近，不能不唇齿相依，除了学会成为彼此一家的世界公民，学会互相之间兄弟姐妹般的友善和宽容，我们已经别无选择。

二

我们因此正在走向“人类命运共同体和全球责任共同体”的特殊时代，世界各国人民因此必须走出宗教文化壁垒，跨越意识形态障碍，超越政治制度边界，以世界公民的身份，与其他国家和民族的人民一道，

共同承担起人类社会的可持续发展责任。我们每一个人不仅需要具有自觉的世界公民责任意识，更需要具有能承担起世界公民责任的基本素质和技能——在这样一个事关我们每一个人现在的生存质量、决定我们每一个家庭明天的生活希望的全球性危机时代，我们每一个人都不能不从头开始，学会以世界公民的方式生存。

三

我们因此需要一个全球普遍适用的世界公民教育体系，但我们又身处多元格局的差异化社会之中，我们因此永远不可能有一部放之四海而皆准的世界公民统编教材，但是我们却可以而且必须互相参考和借鉴。我们因此倡导“互相阅读”和“比较阅读”式的世界公民教育，这本身就是一种承担共同责任的世界公民行为，是人类面对全球性危机时，首先需要的一种协商、协调、协同的智慧和行为。我们相信，尽管一方面，世界各国发展不平衡，世界各民族和地区的文化各不相同，应对全球性危机和承担世界公民责任的方式、方法和路径各不相同，但是，另一方面，世界各国无论贫富，世界各地无论远近，世界各民族文化无论有多么地不同，都毫无例外地、没有差别地、不可逃避地承受着同样的全球性危机的影响和压力，都必须协调一致，在人类的共同拯救行动中才能最终拯救自己。

四

综观世界各国的公民教育，无论是发达国家还是发展中国家，基本素质和基本技能都是公民教育的核心内容，唯其如此，世界各国的公民教育经验才具有互相参考和借鉴的可能性，不同语言的公民教育读本才具有互相阅读的必要性。

在众多国家出版的众多公民教育读本中，美国公民教育中心的一整套教材，在这方面最具有代表性。这套公民教育读本，可以说是“最高地位的社会名流邀请最高学问的专家一道，弯下腰来，以最低的姿态，奉献给他们认为是最高大的幼儿、少年、青年们的《公民圣经》”。

这套由美国以及世界上多个国家多方面领域的专家经过多年精心编修的读本，没有高深的理论，没有刻板的道理，没有号称伟大的思想体系，没有不可置疑的绝对真理，而是结合人生成长的不同阶段，针对不同年龄青少年的学习、生活和成长实际，引导学生，通过自己的独立判断、反思鉴别、团队合作、谈判妥协、陈述坚持、提案答辩等理性的方法和智慧的工具，在观察、发现、认知、处理身边各种与公民权利和责任有关的问题的过程中，成长为一个具有公民美德基本素质和履行社会责任的基本技能的合格公民。

五

我们深知，无论多么好的公民素质和技能，离开了养成这种素质和技能的国度，就不一定有效，我们因此只是将这套美国公民教育读本作为中国公民的参考读物，原原本本地译介过来，用作借鉴，而非直接用作教材；这套读本用最基本的词汇和最浅显的文体，最准确地阐释了美国最基本的社会实质和美国公民最基本的生活真实。我们深知，无论多么好的公民教育读本，离开了产生这种读本的文字语言环境，就很难领略其中丰富的意蕴。

六

《世界公民读本》（文库），是一项长期性的、庞大的公益出版计划，其宗旨在于倡导全社会的“公民阅读”。公民阅读和私人兴趣阅读不一样的地方在于，私人阅读更关注个体自身的心灵世界、个人的知识需求和个性化的审美愉悦，而公民阅读更关心的是公共生活的领域、人类共同的价值和世界更好的未来。从这个意义上来说，公民阅读是一种更加需要精神品德和高尚情怀的开放式阅读、互动式阅读和参与式阅读，也正是在这个意义上，可以说，我们翻译出版给国人阅读的这套《世界公民读本》，其实也是真正意义上的《好人读本》、《成功读本》、《领袖读本》，是每一个人，要想成长、成熟、成功的基本教科书，是任何人一生中的“第一启蒙读本”。

七

我们的民族是一个崇尚“好人”的民族，深受“穷则独善其身，达则兼济天下”的自我完善文化影响，更有所谓“不在其位、不谋其政”的古老训条，这些都很容易被借用来为我们远离社会理想、逃避公民责任构建自我安慰的巢穴。人们因此更愿意以“独善”的“好人”自居，而怯于以“兼济”的“好公民”自励。

尽管我们的传统是一个没有公民的好人社会传统，但我们的时代却是一个需要好公民的大社会时代，在这样的文化纠结中，就让我们用世界公民的阅读方式延续中国的好人传统，用好人的传统善意理解当今的公民世界。这可以说是我们编辑出版《世界公民读本》（文库）的初衷。

八

我们期待着有一天，公民这个称呼，能够像“贤人”一样，成为令每一个中国人都值得骄傲的赞许；世界公民这个身份，能够像“圣人”一样，成为中华传统至高无上的美德的代名词。

我们相信有一天，一个普通的中国人面对世界的时候，也能够像美国的奥巴马一样，以世界公民的身份向世界的公民们说：

“Tonight, I speak to you not as a candidate for President, but as a citizen—a proud citizen of the United States, and a fellow citizen of the world.”（今晚，我并不是以一个总统候选人的身份在这里向大家演讲，而是以一位公民—— 一位以美国为荣的公民和一位世界公民的身份跟大家讲话。）

“I am a citizen of the world.”我是一个世界公民。你准备好了吗？

编者语

这是一些将民主与法治当作信仰，相信它能够成为社会的秩序原则与社会运行基本方式，并坚信理性力量的知识精英，历经数年共同精心编纂的一部书。他们满怀激情、充满智慧，以建筑一座理想中恢宏大厦的决心，做着构建最扎实的地基的工作——公民教育。

被命名为《民主的基础》的这一辑的读者对象是甫将开始独立社会生活的青年。这些青年，正是保证前人着力思考过、倾心建设过的民主与法治机制——同时也是具有普世价值的文化传统和社会生活信念，能够得以延续的基石。

作为美国高中课程读本,《民主的基础》由《权威》、《隐私》、《责任》、《正义》四个部分构成。其中所涉问题常常会触碰到个体的自我面对群体的他者时的一些核心价值冲突，令我们本能、直觉的感受纠结与困扰。但是，我们都知道，这世界是由一个个独立的个体组成的一个共同体，社会共有的秩序与幸福是达成个体幸福的基础。在纷繁复杂的人际社会中、在相互冲突的利益与价值面前，必须权衡利弊，做出理性的思考与选择。因此，只有当一个社会有更多能够独立思考的人、以社会的共同利益为目标捍卫个人权利的人，我们才能够期待这个社会更加和谐美好。这样的一种社会意识，叫做公民意识。

该丛书的要旨不仅是带领研习者广泛而深入的思考权威、隐私、责任、正义这些至关重要的问题，更是通过思想智慧、知识经验给出了一个叫做“知识工具”的东西。“它是一种思想工具，是研究问题和制定决策的一系列思路与方法的集合。”运用这些工具，不仅能够帮助我们更好地解析人类普世价值中的那些核心理念，更通过由理念到操作层面的分析与权衡，令研读者通过熟练运用具体的指标体系，形成对研究对象的判断与决策，使我们在面对多重利益交叠的复杂的社会政治生活、决定我们的态度和行动方式的时候，超越情感，不是凭主观感性的判断，而是理性、平和、有序的使用知识工具做出衡量与选择。本丛书给出的“知识工具”，正是来自于人类的生存经验和理性智慧，并不断思考实践的成果，是一笔宝贵财富。

可以说，这套书是一部精粹的法治文化及公民教育领域的思想方法读本，是了解美国核心民主法治建构理念与公平公正处世方略的钥匙，是把握理性权衡与处置个体与社会共同体之间利益与冲突的工具。相信该丛书会从多个方面给予我们启迪。

Preface

前言

《民主的基础》将向你们介绍美国政府的宪政模式中的四种基本观念：权威、隐私、责任和正义。理解和掌握这四种观念，不仅有助于理解美国政府的立国之本，更是评估和区分“宪政民主”与“不自由的社会”的关键。

前 言

《民主的基础》将向你们介绍美国政府的宪政模式中的四种基本观念：权威、隐私、责任和正义。理解和掌握这四种观念，不仅有助于理解美国政府的立国之本，更是评估和区分“宪政民主”与“不自由的社会”的关键。

为了维护我们的国家得以建立的自由和价值，我们必须付出代价或承担责任，我们也必须在许多相互冲突的价值和利益中做出选择。在本课程的学习中，你们将会针对运用权威和保护隐私的案例进行讨论和辩论，你们将要回答在一系列情况下应当如何承担责任、怎样才能实现正义的问题。

在本课程中，你们将学到各种不同的方法和观念（在这里我们统称为“知识工具”），并运用这些工具来评估不同的案例和情况。知识工具不仅将帮助你们对有关权威、隐私、责任和正义的问题进行更清晰的思考，也将有助于你们形成自己的观点，并通过推理来论证自己的观点。

在本课程学习过程中所获得的知识与技能，不仅将有助于你们应对未来的公共政策问题，也能帮助你们面对个人生活中的日常情况。通过独立思考，形成自己的观点并对此进行论证。作为一个公民的你，将更有效、更主动地投身于自由的社会中。

目　录

权威

导言 3

第一单元：什么是权威? 4

第一课：“权威”和“没有权威的权力”之间有什么区别？ 6

第二课：权威有哪些来源？ 12

第三课：如何运用权威？ 23

第二单元：我们如何评估权威职位的候选人? 29

第四课：应当如何挑选担任权威职位的人？ 31

第五课：应当选择谁来担任权威职位？ 38

第三单元：如何评估规则和法律? 48

第六课：评估规则时应当考虑哪些因素？ 50

第七课：如何制定一项法律？ 55

第四单元：权威有哪些利弊得失? 60

第八课：权威会产生哪些结果？ 62

第九课：如何评估权威的利弊得失？ 68

第五单元：权威的范围和限制应该是什么? 73

第十课：什么构成了一个精心设计的权威职位？ 74

第十一课：如何评估一个权威职位？ 78

第十二课：战争时期权威的范围和限制应当是什么？ 85

第十三课：如何设计一个权威职位？ 92

第十四课：对挑战权威应当有怎样的限制？ 97

隐私

导言 113

第一单元：隐私的重要性是什么？ 114

第一课：隐私是什么？ 116

第二课：人们如何保护自己的隐私？ 120

第三课：为什么隐私对个人和公共机构来说是重要的？ 124

第二单元：哪些因素可以解释隐私行为之间的差异？ 132

第四课：为什么人们的隐私行为会有不同？ 133

第五课：不同的文化如何处理隐私问题？ 141

第三单元：隐私会产生哪些利弊得失？ 148

第六课：隐私会产生哪些结果？ 149

第七课：隐私会产生哪些利弊得失？ 155

第八课：政府的保密行为可能带来哪些利弊得失？ 162

第四单元：隐私的范围和限制应当是什么？ 166

第九课：考虑哪些因素有助于处理隐私问题？ 168

第十课：执行法律时会出现哪些有关隐私的冲突？ 175

第十一课：科技进步如何对隐私产生威胁？ 179

第十二课：人们对自己的身体应当有什么隐私权利？ 186

第十三课：我们应当如何解决隐私和新闻自由之间的冲突？ 192

责任

导言 199

第一单元：什么是责任? 200
第一课：什么是责任？它从何而来？ 202
第二课：如何研究责任问题？ 208

第二单元：承担责任有什么利弊得失? 217
第三课：承担责任会产生哪些结果？ 219
第四课：如何评估承担责任的利弊得失？ 226

第三单元：在相互冲突的责任之间如何做选择? 232
第五课：在相互冲突的责任之间做选择时，需要考虑哪些因素？ 234
第六课：在特定情况下，如何解决责任之间的相互冲突？ 240
第七课：最高法院应当承担什么责任？ 243

第四单元：谁应该承担责任? 248
第八课：如何明确责任？ 250
第九课：谁应该为“漏油事件”负责？ 259
第十课：谁应该被视为“签订和平协议”的责任人？ 263

正义

导言 271

第一单元：什么是正义? 272
第一课：正义问题有哪些不同种类？ 274
第二课：美国的立国文献如何促进了正义？ 280

第二单元：什么是分配正义？ 288
第三课：研究分配正义问题时应当使用什么知识工具？ 290
第四课：政府应当如何分配福利救济金？ 299
第五课：在公共教育中应当如何实现分配正义？ 306

第三单元：什么是矫正正义？ 313
第六课：矫正正义的目标是什么？ 315
第七课：对矫正正义问题进行决策时应使用什么知识工具？ 323
第八课：决定如何回应错误和伤害时应考虑哪些价值和利益？ 334
第九课：什么是对错误和伤害的适当的回应？ 348

第四单元：什么是程序正义? 357
第十课：为什么程序正义是重要的？ 359
第十一课：如何评估程序以判断它是否公平？ 366
第十二课：判断程序是否公平时考虑哪些价值和利益？ 372
第十三课：这个案例中使用的程序公平吗？ 383

词语解释 394

附录：美利坚合众国宪法 408

Authority
权威

关于政府权威的来源，杰斐逊在《独立宣言》中的这段话说明了什么？

导言

“我们认为下面这些真理是不言而喻的…为了保障这些权利，人类才在他们之间建立政府，而政府之正当权力，是经被治理者的同意而产生的…”

这段摘自《独立宣言》的话包含了我们关于政府的最基本观念之一：我们，即人民，赋予了我们的政府以统治我们的权威。我们给了政府权利，在某种条件和限制下，去控制我们的生活、自由和财富。

我们，作为公民，保留着终极权利去控制我们的政府如何使用这些我们赋予它的权威。我们行使这种控制通过运用我们的权利去投票，通过参与到政治进程中，并通过使政府持续处于宪法的限制之下。

伴随着公民身份的权利而来的是需要智慧地处理权威的问题。为此，我们需要理解权威，并对它的使用做出明智的决定。我们需要能够回答类似的问题，例如“什么是权威？”“权威来自何处？”以及“为什么我们需要权威？”

本文将帮助你对权威的主题有更好的理解，并使自由社会的公民之一的你在日常生活中遇到权威问题时能更好地有效地解决它们。

第一单元：什么是权威？

> **单元目标**
>
> · 人们什么时候有权利告诉你该做什么？
>
> · 你什么时候有权利告诉他人该做什么？

这是两个不同的问题，答案与权威有关。在这里，权威是指那些支配我们生活的规则和人。我们需要回答这些问题以处理在日常生活中摆在我们面前的权威问题——不论是在家、在学校、在工作中和在我们的政府里。

以上这些照片如何表现了权威？

在这一单元你们将开始考虑这些问题。你们将学会“权威”和“没有权威的权力”之间的区别——即那些有权利行使权力和无权的人之间的差别。你们将会研究权威的不同来源并讨论社会对权威的需求。这一背景知识将会帮助你们处理关于那些支配你的生活的处于权威地位的人和规则的棘手的问题。

第一课:“权威”和“没有权威的权力”之间有什么区别?

本课目标

本课解释了我们在这门课程中将用到的“权威”的定义。学完本课后，你应当能够解释“权威”和“没有权威的权力”之间的区别。

掌握词汇

权威	私设法庭
权力	半军事化

重点思考练习

区别“权威”和“没有权威的权力”

阅读1993年7月6日的《华尔街日报》上摘录的新闻故事，并回答“你怎么看？”部分的问题。准备好与全班分享你的答案。

《北爱尔兰的治安维持会的正义》

撰稿:《华尔街日报》记者 托尼·霍维茨

北爱尔兰贝尔法斯特的天主教与新教冲突区之间一条叫做“谋杀之路”的糖果店外，两个蒙面的锁膝枪手绑架了埃迪·凯恩，把头罩蒙在他头上，并拷问他关于前不久发生的他们的伙伴遇袭事件。紧接着他们强迫凯恩脸朝下趴在地上，并对着他的腿后侧开了一枪。

在北爱尔兰，这种用枪击穿膝盖的方法可以追溯到1969年的内乱(在北爱尔兰被人们称为“动乱”)初期。射膝最开始是爱尔兰共和军对告密者的一种惩罚，后来被用来对付许多其他所谓“罪行”。

证明射膝惩罚的正义性是一个恶性循环：动乱使北爱尔兰民众，特别是天主教徒，将警察视作敌人，而同时也因为这些半军事化团体经常伏击警察，使得法律执行人员很难打击普通犯罪。如果有人偷了你的车，千万别叫警察（这要冒着被打上告密者烙印的风险）；相反你应当给爱尔兰共和军打电话；或者如果你是一个新教徒，就应当联系当地反对独立的信仰团体，例如阿尔斯特自由战士，他们会为此采取行动。

你认为德国纳粹政府是在行使“权威”还是“没有权威的权力”？

“射膝的确很残忍，但换作是你，你该怎么办？”一位天主教徒莫琳·麦克圭尔，同时也是两个7岁和8岁孩子的母亲问道。像她的很多邻居一样，她说“暴徒们”横行霸道，警察“不会来，也抓不到他们”。

射膝因而形成了一种“影子法律体系”的阴森气氛，人们把射膝枪手们叫做“巡回法官”，射膝被称作“粗暴的正义”，而枪手们负责执行这种正义。有的枪手也私设法庭,被告人因“反社会行为”而被起诉,法庭会针对其不当行为进行判决。轻微的罪行(例如吸大麻)会被警告。二次再犯,他们的小腿或大腿会被鞭打或枪击。更严重的罪犯会被射膝。如果仍不洗心革面,四肢还会再次被射。

现在,只要犯罪就会被射膝,罪行还包括没按时向这些半军事化团体缴纳会费。

出于对匪徒诱杀圈套的恐惧,贝尔法斯特警方不得不坐在装甲吉普车里巡逻,公众也因此无法信任警方。但普通犯罪仍然很难被忽略。最近几个月里,警察逮捕了许多违法的射膝枪手,当中有很多现在在地方法庭等待判决。

警方也开始着手调查射膝枪手亲自用武力强制执法和私设法庭的案件,逮捕了一些人,当中有许多曾经是“治安维持会”的成员,他们也将在一个合法的法庭上等待法律对自己的宣判。

你怎么看?

1. 在这篇新闻报道中,谁正在运用权力?
2. 这些半军事化团体惩罚嫌犯时所运用的权力,和政府通过法律体系惩罚嫌犯所运用的权力之间有什么不同?
3. 射膝枪手的“影子法律体系”,与现有的警察和法院组成的法律体系之间有什么不同?有什么相同?

权力还是权威?

上个练习中提出了关于权力和权威的问题。区分这两种概念是很重要的。你也许曾经遭遇过某些人使用权力迫使你做某些违背你意愿的事的情况。有时候那个人可能有“权利”那么做,有时候他或她可能并没有这种“权利”。什么时候某些人可以有权控制你的行为?

- 你的父母是否有权利要求你在某个规定的时间内回家?
  为什么有?为什么没有?

- 你是否有权利让你的弟弟或妹妹把电视让给你看？
  为什么有？为什么没有？
- 你的校长是否有权利要求你在上课时间不许离开学校？
  为什么有？为什么没有？
- 你的朋友是否有权利要求你做某些你不想做的事情？
  为什么有？为什么没有？
- 政府是否有权利要求你遵守某项你认为是错误的法律？
  为什么有？为什么没有？

要回答这些问题，我们需要了解权力和权威之间的不同。尽管有许多方法定义这些词汇，在本课中，我们将运用以下定义：

◆ **权力**：是一种控制或指挥某事或某人的能力。有时人们有行使权力的权利，有时没有。

- 当一个窃贼持枪抢劫你时，他有权力让你按照他的要求去做，但他没有权利这么做。

美国最高法院的法官们如何获得了判定法律是否合宪的权力和权威？

• 当最高法院判定某项法律是违宪的，它有权力也有权利这样判定。

◆ **权威**：是一种权力，并伴随着可以行使这种权力的权利。这种行使权力的权利通常来源于法律、习俗或道德准则。

• 警察有权威逮捕一个人，因为法律赋予了他们这样的权利
• 国会有权威通过一项法律，因为宪法赋予了它这样的权利

重点思考练习

描述“权威”以及“没有权威的权力”

为了帮助你们理解权威和缺乏权威的权力之间的区别，阅读以下句子，并回答问题。准备好向全班解释你的答案。

1. 警察卡伦·韦德曼给阿利森·格林开了一张超速的罚单。
2. 杰利·鲁宾逊让马蒂·卡林斯基离他的女朋友远点儿，否则他会“好好照顾”马蒂。

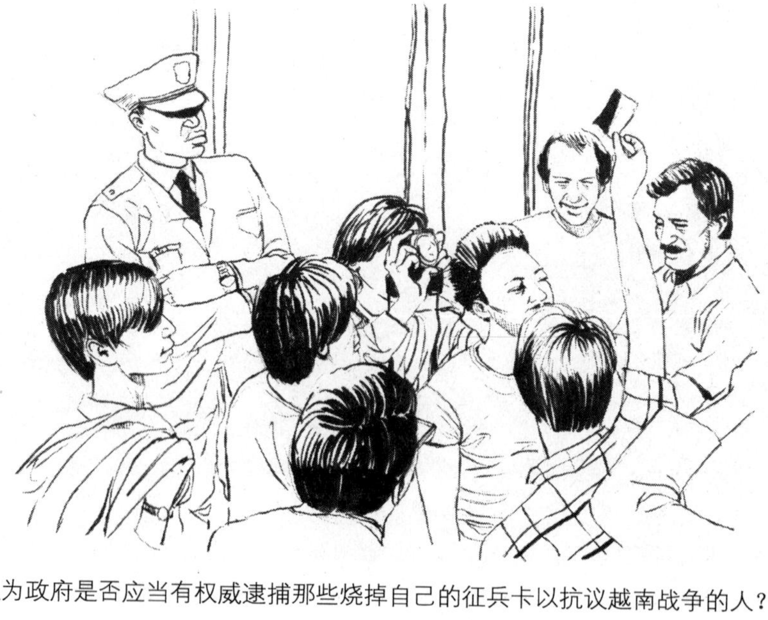

你认为政府是否应当有权威逮捕那些烧掉自己的征兵卡以抗议越南战争的人？

3. 法官阿尔瓦·雷斯判处玛吉·琼斯缓刑。
4. 由于胡安·罗德里格拒绝在越南战争期间服兵役，政府将他关进监狱，而胡安的理由是，在他的宗教信仰里杀戮是不道德的。
5. 阿特诺·洛佩兹告诉他的女儿，她必须整个星期都呆在家里，因为上周六晚，她超过了门禁时间回家。
6. 在自助餐厅排队吃饭时，鲍勃·杰克逊常常因为自己是班上年龄最大的而插队。
7. 简·多伊开了一家非法的赌博店，她警告她的客人必须还帐，否则就等着麻烦上门。
8. 一个流氓团伙的两名成员出于报复而枪击了爱迪·凯恩并致其残疾。
9. 在电影院里，阿里·达尔维什让坐在他旁边的两个女孩走开，因为她们太吵了。
10. 餐厅经理跟萨利·胡说，她不可以在餐厅的“禁烟区”吸烟。

你怎么看?

1. 以上哪一种情况运用了“权威”？为什么？
2. 以上哪一种情况运用了“没有权威的权力”？为什么？
3. 为什么有必要了解“权威”和“没有权威的权力”之间的区别？

知识运用

1. 当你们在学习“权威”部分的时候，应当记一本笔记。先简单地用四个真实的或想象的事例来描述运用了“权威”和“没有权威的权力”的不同情况，分别用两个事例描述“权威”的运用，再用两个来描述运用“没有权威的权力”的情况。可以从自己的经历中寻找事例，也可以从报纸、杂志、书本、电视或电影里寻找。
2. 带两篇新闻剪报来学校，向全班说明“权威”或“没有权威的权力”的运用，并阐述你所选用的材料。

第二课：权威有哪些来源？

本课目标

在这一课中你们将会学习如何找到权威，以及如何找到用来证明权威正当性的常用论据。学完本课后，你们应当能够在案例中找出权威，并能解释各种有关权威来源和依据的不同观点。

掌握词汇

职能	神授的权利	机构
同意	至高无上之神	权威来源
君主	贵族	

在哪里可以找到权威？

在哪里可以找到权威？每天我们都能遇到那些有权威支配我们并教我们如何行事的人。父母、老师、警察和政府官员都是这样一些有权威控制我们的行动的人。规则和法律也控制或影响着我们的行为。以下就是我们通常会遇到的权威：

- **规则和法律**：规则和法律控制着人们的行为，这意味着它们拥有权威。例如：因为遵守某项法律，你必须要去学校上学，这就表示你承认这项法律的权威。

- **习俗**：习俗是人们长期形成的行为方式。当习俗控制着人们的行为时，它们就被认为是具有权威的。例如：当你遵循“先到先得”的习俗行事时，你就是在认可这项固有习俗的权威。

- **职能**：某些职能本身具有控制他人的权利，无论是谁担任了这项职务都是如此。例如：不管是谁担任了警察的工作，他就有权威要求人们遵守交通法规。

- **机构**：在某些机构中共同工作的一群人，同时也拥有控制或影响他人的权利。例如：国会作为一个机构（而非个体成员），有权利批准某项法律，并要求人们必须遵守这些法律。

- **道德准则**：来自宗教、伦理和个人良知的一些基本的是非观念，通常支配着我们的行动。例如，圣经对许多人来说具有权威。

权威从哪儿来?

我们已经知道权威可能出现在许多地方，但它到底从哪儿来？那些职能、机构、法律、习俗和道德准则又是怎样获得了权威、或拥有

国会制定法律的权威来源是什么？

权利控制我们的行为呢？警察告诉我们应当做什么的权利是从何而来的？为什么有些人相信圣经有控制他们行动的权威？国会又是从哪里获得了批准法律并让我们必须遵守的权利呢？简而言之，权威的来源是什么？

有时候，我们可以通过一系列步骤来追溯某项规则或某个职位的权威来源。例如：一个老师在课堂上维持秩序的权威可以追溯到聘用这位老师并管理学校的校长、追溯到任命校长的教育局长、追溯到任命教育局长的教育委员会。从这里我们可以看出权威来源于教育委员会，以及来自于某些法律，正是这些法律赋予了委员会以制定学校管理规章的权威。最终，老师的权威可以归结为制定法律的国家立法机构，以及建立立法机构的国家宪法。

那么我们可能会接着问："政府权威的最根本的或最终的来源是什么？习俗的来源呢？道德准则的呢？"根据来源的不同，我们可以判断这些权威是合理的或不合理的。也就是说，找出一个政府、一项习俗或一种道德准则的权威来源，可以帮助我们判断是否应当服从它们的权威。例如：某些习俗的最终权威来源，可能仅仅只是因为长久以来人们不假思索地接受并追随了这样的习俗。如果这些习俗没有任何充分的理由支持，你可以决定不去遵守它们。

什么样的论据是用来证明统治者和政府的权威的？

历史上，统治者或政府曾经声称他们的权威来源于以下一种或多种来源：

- **出身**：某些统治者声称自己继承了前任统治者的权威，而他们的前任获得统治的权利是从一种至高无上的神而来。世袭的君主和贵族都曾经提出过这样的观点。

- **知识**：某些人声称那些拥有出众学识的人应当有统治的权利。

- **被统治者的同意**：当今许多政府声称他们的权力来自人民，并认为这是权威的终极来源。人民给予政府认可，并同意由政府来进行治理。

- **至高无上的神明**：统治者们也常常声称他们的权威来自某个至高无上的神，或上帝。例如，无论是国王还是女王，都通常说他们的统治是一种神圣权利，即，他们从上帝手中得到了权威。

宣誓效忠的誓词，是如何体现出“被统治者的同意是政府权威的来源之一”这种观念的？人们表现和表达自己对政府权威的同意还有什么别的方式吗？

为什么了解权威的来源是重要的？

我们需要首先了解人们权威的来源，才能判断掌握权威的人是否有权利做那些事。例如：如果我们知道是宪法赋予了国会某些权力，我们就能依据宪法来判断国会通过的某项法律是否超出了它的权威范围。我们也可以追问：宪法权威的来源是什么？在我们美国的民主政府体制中，宪法的权威来自于人民的同意。

对于权威的来源应当有哪些，人们各有不同想法。在权威的来源当中，某一种权威来源是否比其他来源更重要或地位更高，人们也会有不同看法。要讨论这些问题，就必须先识别和评估不同的权威来源。

重点思考练习

找出权威的来源

以下每组文摘都针对某一种独特的权威来源。老师将会把你们班分成五组来完成本练习，并为每一组指定阅读一段文字材料。讨论每段材料后的问题，每组选派一位代表发言，向全班汇报自己小组的答案。

第一组：待客之道

（悦纳异己法则The Law of Hospitality）

以下材料节选自《瑞恩高德的故事》（德国和斯堪的纳维亚文学中的一个民间故事）。它讲述了大英雄齐格蒙德为什么能在他不共戴天的仇敌洪丁的城堡中安全过夜的故事。

齐格蒙德必须在洪丁的城堡中过夜有三个原因：首先，齐格蒙德是一个非常勇敢的英雄，所以他无法逃避危险；其次，齐格蒙德不想让美丽的少女单独留在洪丁这个残酷、邪恶的强盗身边；第三，洪丁曾说过:“按照约定俗成的惯例，作为我的客人，你在我的家里很安全”。这意味着，只要齐格蒙德身处洪丁家的屋檐下，任何伤害齐格蒙德的举动都是不公平和错误的。这被称为“待客之道（悦纳异己法则 The Law of Hospitality）”。正如没有任何一位主人会伤害客人一样，同样地，任何一位尊贵的客人也不会利用这一规则伤害主人。

如果洪丁很好地遵守了“待客之道（悦纳异己法则 The Law of Hospitality）”，那么正如齐格蒙德答应自己当晚不会逃走一样，若是最后齐格蒙德带着少女逃跑了，英雄就会变成可耻的胆小鬼。

你怎么看?

1. 什么是习俗?
2. 习俗如何变成一种权威的来源?
3. 你们还能列举出其他来源于习俗或传统的权威的例子吗?
4. 被习俗约束有哪些优势和劣势?

第二组：1969年廷克诉德梅因独立学区案

1965年12月，爱荷华州德梅因市的几名学生和他们的父母决定通过佩戴黑色袖章来表达对越南战争的反对。当地一所公立学校的校长听说了这件事，便采取了一项措施：明确禁止学生们在学校佩戴黑色袖章与和平标志。廷克家的孩子们听说了学校的政策，他们也知道如果违反了学校的规定他们将会被停学。12月16日和17日，廷克家的孩子们还是戴着黑色的袖章到了学校，期间学校并没有发生任何课堂活动中断的状况，也没有发生任何示威和暴力威胁事件。

校长把廷克家的孩子们叫到自己的办公室，并要求他们摘掉袖

廷克家的孩子可以用什么作为他们在学校佩戴黑色袖章的权威来源?

章。孩子们拒绝了，随即便被学校要求停学，直到同意不戴袖章才能继续上学。随后，廷克先生以他的孩子们的名义提起了上诉。廷克先生认为，学校侵犯了孩子们自由表达的权利。他认为自己的孩子并没有干预其他学生的权利，也没有扰乱课堂秩序。而学校的官员们则认为，学校已经明确制定了规则以避免学生破坏学校纪律的行为。同时他们也认为，学校不是政治示威的场所。

最高法院最终聆讯了此案，并判学生们获胜。法院认为，佩戴袖章是一种表达形式，受第一宪法修正案的保护。法院的主要观点是："无论学生还是老师，在学校门口行使宪法关于言论和表达自由的权利，都是无可厚非的。"

你怎么看?

1. 学校规定禁止佩戴袖章的权威来源是什么？
2. 最高法院裁决的权威来源是什么？
3. 宪法权威的来源是什么？
4. 被宪法约束有哪些优势和劣势？

第三组：《论公民的不服从权利》

以下段落改编自美国作家亨利·戴维·梭罗（1817-1862）的一篇文章。作为自己反对黑奴制和美国与墨西哥战争的一种形式，梭罗因拒绝支付"人头税"而被当局逮捕入狱，一天后被释放。几年后的1849年，他写下了如今非常著名的有关个人良知的经典辩词——《论公民的不服从权利》。

"公民是否必须在任何时候、或在最小程度上都使他的良心屈从于法律呢？那么，为何每人都有良知呢？我想，我们首先应该是人，然后才是国民。培养对法律的尊重，就像尊重正义一样，是令人不快的。我唯一应当承担的义务，是做我认为正当的事。法律绝不会使人做出

亨利·戴维·梭罗用什么来作为他反对1846年美西战争的权威来源？

正义的举动。实际上，许多尊重法律的人却因此变成不正义的行动者。对法律的过度尊重，其常见而自然的结果之一就是，你可以看见一队上校、上尉、下士、列兵等等，井然有序地列队翻山越岭，行进出征，违背他们的常识与良心。他们毫不怀疑，这场战争是错误的，他们都倾向和平。现在，他们是什么？是人？还是一些为那些掌权者服务的小型移动堡垒和弹药库？”

你怎么看？

1. 梭罗所描述的权威的来源是什么？
2. 个人的良知或个人的道德感如何能成为一种权力的来源？
3. 是否有一种法律高于政府的法律？为什么有？为什么没有？
4. 个人应当在何时（如果有的话）拒绝服从一种他或她认为不正义的法律？

第四组：《五月花号公约》

“五月花号”和它的乘客们被风吹着到达了新大陆，这是比他们的预定目的地更北边的地方。他们发现这里处于出发前与弗吉尼亚公司签订的条约管辖范围之外。因此，他们决定创立自己的政府。1620年11月，“五月花号”船上的41位男乘客起草并签署了一份名为《五月花号公约》的协议，并一致同意依照该协议进行自治。

在《五月花号公约》中，清教徒们决议：“我们应当结合在一起，订立一项协议：作为一个整体，服从于我们一致同意而建立起来的政府和选择出来的统治者。”他们一致认为，最好是“团结在一起，成为一个民间政治团体”，制定符合殖民地公共利益的法律、宪法、法令和办事机构。这些清教徒一致同意遵循和服从这种根据“一致同意”建立的权威。

《五月花号公约》从1620年生效直至1691年普利茅斯殖民地并入马萨诸塞湾殖民地为止，一直发挥着它的权威效力。

《五月花号公约》之下，普利茅斯政府可以要求怎样的权威来源？

你怎么看?

1.《五月花号公约》的权威来源是什么？
2.《五月花号公约》中所涉及的“政府制定法律的权威来源”体现了什么信仰？
3. 如果船上有人拒绝签署该公约，他们必须要遵守公约内容吗？
4. 船上的妇女们并没有签署这项公约，她们会受它的权威约束吗？那么儿童呢？为什么？为什么不？

第五组：美国宪法

美国宪法起草于1787年的费城，直到各州批准后才开始正式生效。以下宪法摘录明确了美国联邦政府权威的来源。

序言

“我们美利坚合众国的人民，为了组织一个更完善的联邦，树立正义，保障国内的安宁，建立共同的国防，增进全民福利和确保我们自己及我们后代能安享自由带来的幸福，乃为美利坚合众国制定和确立这一部宪法。”

对美国宪法的制订者们来说，他们可能要求的权威来源是什么？

第一条

第一款：本宪法所规定的立法权，全属合众国的国会，国会由一个参议院和一个众议院组成。

第二条

第一款：行政权力赋予美利坚合众国总统。

第三条

第一款：合众国的司法权属于一个最高法院以及由国会随时下令设立的低级法院。

你怎么看?

1. 宪法的权威来源是什么？
2. 国会的权威来源是什么？总统的呢？最高法院的呢？
3. 宪法中体现了有关政府权威来源的什么信仰？你认为这些信仰是否合理？为什么？为什么不？

知识运用

1. 在你的笔记中描述三种状况，选取你自己行使不同来源的权威的经验。
2. 想想一位给司机开超速罚单的警官的权威，追溯这位警官的权威直至最终源头，画一幅图表或图示来说明，并准备向全班同学解释你的图示。
3. 写一篇评论，或反对、或支持廷克先生的观点，并描述他们行为的权威来源。

第三课：如何运用权威？

本课目标

在本课中，你们将会学到某些权威的运用，并研究两种有关政府权威的需求的观点，并要评估政府权威帮助解决水污染纠纷的情况。学完本课后，你们应当能解释权威是如何用来解决问题的。

掌握词汇

自然状态

为什么我们需要权威？

想想你每天所遵守的规则。然后再想想那些时常告诉你应该怎么做的有权威的人。规则会不会太多？有权威的人是不是也太多？

1992年洛杉矶暴动如何体现了对权威的需求？

你有没有想过，如果不存在有权威的规则和人，将会发生什么？假设某天早晨你醒来时发现所有的规则、法律、警察、法院、学校管理者和政府都消失了：

- 可能会出现什么问题？
- 你将会有什么权利？
- 你将如何保护自己的权利？

重点思考练习

评估政府的必要性并表明你的观点

阅读以下两篇文章，然后与一位同学合作讨论“你怎么看？”部分的问题。准备与全班同学分享你们的答案。

摘自：《政府论》

作者：约翰·洛克（1690）

许多人曾经想过如果没有政府、规则和法律，生活会变成怎样。一位英国哲学家约翰·洛克（1632-1704）描述了自然状态下的生活，这是一种想象的状态，人们共同生活在没有政府的环境中。

人在自然状态中是自由的。那么为什么他们愿意放弃这种自由，让自己受制于政府的权威？对于这个问题，显然可以这样回答：在自然状态中享有自由的权利是很不稳定的。人们总是不断地受到他人的侵犯。生活是危险的，充满恐惧。这就是为什么人们设法寻找那些愿意分享自己安全需求的人们，并加入他们。这样做是为了保护他们的生命、自由和财产。

为了确保一种稳妥的生活，自然状态有许多缺陷。第一，自然状态中缺少一种已经建立了的、所有人都同意并众所周知的法律体系。因为缺乏这样的法律，因此人们没有可以用来解决他们之间纠纷的是非标准。第二，自然状态中缺少拥有权威的裁判者来解决争端。第三，自然状态中缺少个人或者群体拥有权威来执行法律。

因此，这就是为什么人们联合在一起处于政府的保护和权威之下。这就是为什么他们愿意按照社会所一致同意的规则体系来管理惩罚。这种一致同意就是立法、司法和执法的政府权威的起源。

摘自：《论公民的不服从》

作者：亨利・戴维・梭罗（1849）

上一课中提到的美国作家及散文家亨利・戴维・梭罗提出了一个问题：人们是否真的需要政府？

我由衷地同意这个警句——“最好的政府是管得最少的政府”，我也相信其最终将是——“最好的政府是根本不进行治理的政府”。当人们对这样的事态做好准备后，政府将根本无需存在。

对设置常备军的反对意见很多、很强烈，同样地也有很多人反对设置政府。毕竟，常备军队不过是政府的一支胳臂，并且政府的权威也很容易在民众还没来得及运用它之前被可能被滥用。

政府的能量和活力还比不上一个活人。迄今为止，美国所有的成就全都由美国人民的性格造就。政府从未对此帮过任何忙，除了不挡人民的道以外。

你怎么看？

1. 根据洛克的描述，没有权威政府的时候会发生什么问题？
2. 对于政府权威的来源，洛克是怎么说的？
3. 对于政府权威的需求梭罗的观点是什么？
4. 社会中发生什么改变，人们才会愿意生活在没有政府的社会？

宪法权威是怎样用来保护宗教信仰自由的？

法律体系的权威如何被用于解决争端？

权威的用途是什么？

上文中你们已经读到了，若没有适当的权威会出现什么问题。那么，如何运用权威来解决这些问题？权威有许多重要用途：

- **权威**　可以用来保护重要的权利和自由。例如：宪法保护了我们表达和信仰的自由。

- **权威** 可以用来确保资源和责任的公平分配。例如：我们的政府认为所有儿童都有平等接受公共教育的机会。
- **权威** 可以被用于和平、公正地解决争端。例如：我们的司法体系有权威对被起诉的罪犯进行公平的审判。

重点思考练习

评估权威的运用

多年来，明尼苏达州银湾的储备矿业公司累计每天倾倒67,000吨铁燧岩废料到苏必利尔湖中。在银湾南面60公里处明尼苏达州的德卢斯，美国环境保护署（EPA）的研究表明，饮用水中有高浓度的致癌纤维，而该地饮用水的源头就是苏必利尔湖。环保署跟踪发现，污染物直接来源于储备矿业公司排入湖水中的废物。

为了找到解决这一问题的方法，储备矿业公司和环保署展开了讨论。双方谈判失败后，案件递交法院审理。环保署要求法院下令立即关闭工厂，直到工厂责任人可以消除苏必利尔湖的污染为止。储备矿业公司则认为，若按照环保署要求的污染控制规章，公司需要花费太多的钱。另外公司认为，关闭工厂将导致3000名工人失业。

地区联邦法院的最终判决是：铁燧岩废料可能导致癌症，但污染并非直接危险。法院判予储备矿业公司用3年半的时间停止对苏必利尔湖的污染。

你怎么看?

1. 在解决供水污染问题时，权威是如何被运用的？
2. 如果没有有效的权威去处理该问题，将会产生什么问题？
3. 在解决这一问题的过程中，还有什么别的途径来行使权威？

知识运用

1. 从你今天醒来的那一刻开始到你读完这篇文章为止，思考这段时间里你的所有行动。当中有多少行为是在规则和法律控制之下的？这些规则或法律的目的是什么？你认为它们是必要的吗？在你的笔记中记下你对这些问题的答案。
2. 阅读这几天的报纸。从中找出一些因为缺乏有效权威而产生的问题。列出一份清单并思考行使权威可以有助于解决这些问题的方式，并给出你的建议。
3. 本课中你已经读过了洛克所描述的人们在自然状态（即没有政府或法律）中的生活，你是否同意他的观点？写一个故事，假设当你处于自然状态时，你的生活可能会是什么样的。

第二单元：我们如何评估权威职位的候选人？

单元目标

那些行使权威的人通常有权利控制或影响我们的生活；国会议员、州议会和市政厅都制定了许多重要的法律，警察监督人们遵守法律，老师、校长和家长制定规则来影响年轻人的生活。

我们必须很小心地选择担任权威职位的人，因为他们会对我们的生活带来重要的影响。那些有良好资格行使权威的人可以让我们的生活变得更轻松、更愉快；而不称职的权威人物则会使我们的生活变得困苦不堪。

不同的权威职位要求候选人具备不同的资格。有些人更适合做警官，而不是做法官。另一方面，某些人能当个好法官，却可能无法成为一个好警察。在人们选择担任权威职位的人时，最需要考虑的是，为更好地完成这项工作，候选人应当具备哪些资格。

本单元中，你们将会学习许多重要步骤，来选择担任权威职位的人。

担任不同权威职位的人应当具备哪些资格？

第四课：应当如何挑选担任权威职位的人?

本课目标

本课将介绍在挑选人才担任权威职位过程中很有用的一套知识工具。这些工具同样也有助于评估担任此类职位的人们的资格。当你们学完本课，你们应当能够明确并解释一个权威职位的工作要求，也应该能明确并阐述担任这一职位的人所应当具备的资格。

掌握词汇

权威职位	勤奋	资格
废奴主义者	妇女选举权	戒酒

什么素质造就了一位好的领袖?

阅读以下段落，并回答“你怎么看？”部分的问题。这些问题将会有助于你思考担任权威职位的人应当具备的特性。

苏珊·安东尼

苏珊·安东尼（1820—1906）是一位废除死刑和禁酒令的倡导者、妇女权利的捍卫者。她坚信妇女必须首先赢得投票权，否则就无法充分行使自己的权利。作为一名经验老道的活动组织者，苏珊的关键影响使宪法第十九修正案得以通过并给予了美国妇女投票权。在推进妇女权利的过程中，虽然长期遭受敌视和辱骂，她也无所畏惧——新闻界诬蔑她，陌生人嘲笑她，人们常在她发表演讲时向她投掷鸡蛋和烂水果。

安东尼在一个贵格教徒的家庭里长大，是一个聪明、独立的孩子。她受过良好教育，当过几年教师。然而她很快对道德运动领域产生了兴趣，并很快投身其中，付出了多年的时间和精力。在那个人们普遍认为妇女应该待在家里做贤妻良母的年代，苏珊用她的智慧、决心和组织能力，将她所坚信的事业逐步推进。有感于妇女在禁酒运动中发挥的作用有限，她协助创建了纽约州妇女禁酒协会。她同时还是美国反奴隶制协会的成员。但她最关心的还是要进一步推进妇女的权利。安东尼是争取妇女选举权运动中最重要的领袖之一，1892年她当选为全美争取妇女投票权协会的主席。

1872年11月，由于苏珊试图在总统选举中投票，警方逮捕了她。几个月后，她又因试图在市议会选举中投票而加重了自己的罪行。虽然她被法院判定有罪，但却拒绝支付罚金。无论是公众的嘲笑还是牢狱之灾，都无法阻止她献身于自己所狂热追求和信仰的事业当中。

安东尼协助组织了国际妇女参政协会，参与编辑并出版了有关妇

一个成功的领导者或社区变革的倡导者，应当具备什么资格？

女争取投票权运动的历史书籍，并在近半个世纪的时间里坚持在全美各地发表关于妇女权利问题的演讲。1906年苏珊·安东尼逝世，几年后，她为妇女争取选举权的梦想成为了现实。

你怎么看?

1. 在妇女争取投票权运动中的权威职位有哪些责任?
2. 安东尼具备什么特性使她成为一位成功的领导者?

应当如何选择担任权威职位的人?

之前你们已经列举了某些权威职位应当承担的责任，以及做好这项工作应当具备的特性。以后你们将有很多机会选择担任权威职位的人。为了做出明智的选择，你们需要一些知识工具。就像有专门用来修理汽车或烘焙蛋糕的工具一样，研究问题也需要智慧的工具。

知识工具包括一系列关于社会的想法和意见，以及对于我们在社会中的角色的想法和意见；知识工具也包括一系列有助于分析具体情况和作出决定的问题。当你们需要思考一个人是否适合某个特定职位时，可以使用以下知识工具：

1. 这个职位的职责、权力、特权和限制是什么?

在判断一个人是否适合某个职位之前，你们必须首先考虑这份工作涉及到哪些内容。

2. 担任这个职位的人应当具备什么特性?

担任某个特定职位的人所具备的特性，应当能帮助个人顺利完成工作，并履行其职责、行使权力。

某些重要的特性是依据具体职位而定的，其中包括：

- 专业知识或技能
- 身体素质

- 公正
- 诚实
- 有智慧
- 勤奋
- 可靠、可信赖
- 勇敢
- 能与他人共事
- 尊重他人的需要和权利
- 对与工作有关的问题有自己的观点

3. 担任这一职位的候选人有什么优点和缺点？

应该将每个候选人的特性与该职位所需要具备的资格进行对比，同时也与其他候选人的特性进行比较。

4. 谁最适合这个职位？为什么？

通过回答前三个问题所获得的信息，你应当能够说明你所做出的选择及其理由。

重点思考练习

评估一个合格的总统的特性

下面你们将有机会用到刚刚所学的知识工具。分小组阅读宪法第二条中关于总统的职位描述。各小组一起完成第37页的表格，准备与全班分享你们的答案。

第二条

第一款　总统在开始执行职务前，应作如下宣誓或宣言："我庄严宣誓（或宣言）我一定忠实执行合众国总统职务，竭尽全力维护、保护和捍卫合众国宪法。"

某个权威职位的责任、权力、特权和限制如何帮助你确定担任这一职位的人需要具备的特性？

第二款　总统是合众国陆军、海军和征调为合众国服役的各州民兵的总司令。……他有权对危害合众国的犯罪行为发布缓刑令和赦免令，但弹劾案除外。

总统经咨询参议院和取得其同意有权缔结条约，但须经出席参议员三分之二的批准。他提名，并经咨询参议院和取得其同意，任命大使、公使和领事、最高法院法官和任命手续未由本宪法另行规定而应由法律规定的合众国所有其他官员。但国会认为适当时，可以法律将这类低级官员的任命权授予总统一人、法院或各部部长。

总统有权委任人员填补在参议院休会期间可能出现的官员缺额，此项委任在参议院下期会议结束时满期。

第三款

总统应不时向国会报告联邦情况，并向国会提出他认为必要和妥善的措施供国会审议。在非常情况下，他得召集两院或任何一院开会。如遇两院对休会时间有意见分歧时，他可使两院休会到他认为适当的时间。他应接见大使和公使。他应负责使法律切实执行，并委任合众国的所有官员。

你怎么看?

1. 一个人应当具备什么特性才能当选总统？
2. 回想之前所列举的有关苏珊·安东尼适合领导妇女争取投票权运动的特性。对比第一个问题中你们认为适合担任总统职位的特性，两者之间有哪些相同点？有哪些不同？

知识运用

1. 选择一档内容有关担任权威职位的个人的电视节目，写下这一职位的职责、权力、特权和限制。然后描述他或她适合担任这项工作的特性。解释你是否会选择这个人担任这一权威职位。
2. 设想你将来可能担任的权威职位。在你的笔记本上对这一职位进行简单的描述，并说明要很好地完成这项工作所应当具备的特性，并解释为什么你会适合这份工作。

总统职位的责任、权力、特权和限制	一个总统应当具备的特性
问题	**答案**
责任和权力——总统有责任和权力： · 向国会定期提交国情咨文 · 确保土地法得以切实执行 · 指挥军队 · 任命最高法院法官 · 委任行政各部门官员 · 维护、保护和捍卫美国宪法	为履行这些责任和行使这些权力，总统应当：
特权——总统拥有以下特权： · 有一笔可观的工资收入和津贴 · 使用特殊的空中和地面交通工具 · 住在白宫和有权使用戴维营 · 受到特工处保护 · 得到内阁和行政部门其他成员的协助 · 享受免费医疗服务	被赋予这些特权，总统应当：
限制——总统不能做以下事： · 任期超过两届 · 从事叛国、贿赂或其他重罪和轻罪 · 违反美国宪法	为了遵守这些限制，总统应当:

第五课：应当选择谁来担任权威职位？

本课目标

本课中你们将有机会运用刚学到的知识工具，来决定哪个候选人最适合担任某个权威职位。学完本课后，你们应当能够说明自己所考虑的因素，用来证明自己的选择。

掌握词汇

征税　　　　污染
福利计划

重点思考练习

评选公职机关候选人

在本次练习中，你将选出一位将在你所在州的议会工作的人。你们班将模拟本地城市日报的记者和编辑，对这一职位的四位候选人进行“编辑委员会认可面试”。为准备此次练习，阅读有关“中心市”的描述和“中心市市民备忘录”。然后按照材料后面的“编辑委员会认可面试”的说明，对候选人进行面试。

中心市

中心市是美国中西部地区的一个大城市，这个工业化城市中遍布着各种各样的制造工厂，这些工厂为中心市许多居民提供了就业机会。

市区中部有很多社会问题：较高的犯罪率，不合标准的住房和学校设施，还有大量的失业人员、吸毒、暴力犯罪和工业污染。

中心市有33所小学、20所初中和17所高中。学生们从各地来到这里。政府刚刚在州政府的帮助下新建了一所医院。

市区有两个大公园，离市区几英里远有一个国家公园。冬季，公园是乘雪橇和滑冰的好地方；夏天，人们在公园里野餐、游泳、打棒球。

用本州和联邦税收修建的高速公路系统将中心市与其他城区连接起来。中心市有自己的市政府，每四年全市人民选出新一任市长和市议会，组建成中心市政府。每两年中心市的选民也有权选出代表进入州议会。州议会有权行使某些职责，包括：

征税。州议会有权征收个人所得税，同时对人们购买某些商品征税。

决定如何使用税款。州议会有权决定如何使用州的税款。州议会通常将这些税款用于学校、州立高速公路、国家公园、野生动物保护区、水坝和供水系统。州议会也会使用税款来帮助农民、穷人或残疾人。

管理一座大城市的人应当具备什么资格？

批准新的立法。州议会有权制定或改变州的法律。例如，州议会议员通过批准法律来：

- 确定何种行为将被视为犯罪
- 管理车辆的持有、执照和驾驶
- 规范某些职业的必要资格
- 调整学校课程

决定最低工资水平和员工福利。州议会有权决定最低小时工资率和任何可允许的例外规定。同时，州议会也可以决定雇主必须为其员工提供的各种福利，其中包括带薪病假、产假和支付工伤损失。

进行“编辑委员会认可面试”的说明：

老师将把你们班分成五组。其中一组将代表《中心市日报》编辑委员会，其他各组将分别代表竞选州议员的四位候选人。每个小组都应按照以下说明来准备“编辑委员会认可面试”。

在编辑委员会面试4位候选人时，同学们应当采用类似“新闻发布会”的流程，在每位候选人做完各自的开场发言后，编辑部成员开始提问。候选人小组的其他成员可以在回答问题时协助自己小组的候选人。

电视辩论和新闻媒体的采访报道将如何能有助于我们评估权威职位的候选人？

中心市市民备忘录

来自：选民联盟　　主题：下周的竞选

我们认为下周的选举很重要，因此准备了以下资料供大家参考。我们希望这份材料将会有助于你在各位候选人中做出选择。

我们的议员有责任和权力去做：

- 为中心市的所有人民的利益工作
- 出席州议会的各项会议
- 担任委员会成员
- 举行并参加听证会
- 提出新的法律提案
- 针对新的法律提案进行投票
- 对州内其他地区的需要和利益给予公平考虑

为了履行这些职责和权力，我们的议员应该做到以下内容：

- 了解所有人民的利益，并愿意为每个人的利益服务
- 是可信赖的人，尽可能准时出席更多的会议
- 与他人合作，并能向他人妥协、与他人谈判和说服其他人
- 做好了充分的准备、思想开放、善于倾听和提问
- 能熟练制定和撰写新的法律提案
- 考虑到中心城市和州内其他地区所有居民的福祉
- 当中心市的利益和其他地区的利益发生冲突时能保持公平

由于政府机关的特权，我们的议员有资格享有：

- 年收入45,000美元
- 免于任何诽谤和污蔑的诉讼，呈递法庭的案件除外

要获得这些特权，我们的议员应该做到以下几点：

- 勤奋，贡献必要的时间赚取相应职位的工资
- 语言优雅，并具有决断力

出于对政府机关的限制，议员不能做以下事：

- 在担任议员期间担任其他工作，或因其他工作收取报酬
- 对存在利益冲突的法案进行表决
- 批准美国宪法或本州宪法所禁止的法案

为了服从这些限制，我们的议员应该做到以下几点：

- 诚实守信，拒绝来自其他工作的金钱
- 避免参与任何有关他或她个人利益的法案的投票
- 了解和支持美国和本州宪法的基本准则

第一组：编辑委员会组

你们代表了中心市最大的报社——《中心市日报》。你们的编辑委员会将选出一名州议员的候选人，而你们小组的认可将极大地支持该候选人的竞选。

你们组应仔细阅读并讨论下文中的候选人简介，并列出每一位候选人的优势和劣势。为更好地完成这个任务，请参阅上文的中心市简介。同时你们也应仔细阅读市民备忘录，当中概述了一个州议员的职责和担任此职位的人所应当具备的特性。

列出一系列问题，以便询问每一位候选人。在每位候选人各自3至4分钟的开场发言后，你们将有5分钟的时间问问题，这些问题应当能准确地检测候选人在履行工作职能方面的能力。

选出一位同学担任编辑委员会主席，并主持面试。主席将向各位候选人解释面试流程，并在每位候选人的开场致辞后主持讨论。请注意，每个候选人小组的其他成员可以帮助候选人回答问题。

第二组：候选人小组

你们应该仔细读并讨论你们组候选人的简介，列出他或她的优势和劣势。为更好地完成这个任务，请参阅上文的中心市简介和中心市市民备忘录。

接下来，你们组应该选出一名组员来扮演候选人，其他组员应帮助这位同学准备编辑委员会的面试。为你们的候选人准备一个简短的开场致辞。在开场发言中。候选人要尽力向编辑委员会证明自己具备了顺利完成这项工作的资格。你们组还应该帮助候选人模拟回答编辑委员会可能提出的问题。请记住，要强调为什么你们组的候选人是这个职位的最佳人选。在问答阶段，其他小组成员可以帮助候选人回答。

候选人简介

劳尔・加西亚

劳尔・加西亚

背景：劳尔出生、成长在中心市，已婚，有三个已成年的孩子。劳尔的妻子苏・加西亚在埃尔姆街一家服装店工作。

职业：劳尔从 17 岁起就在一家制造厂工作，并被提升为工头。劳尔是工厂里的第一批参政的工人之一。有些人说，他这样做主要是为了给工会的工人们争取更高的薪水和更多的福利。

政见：劳尔认为，工人们的最低工资太低，他们需要更多的福利，例如一个更好的医疗计划。他还认为，州议会应当通过一项法律，要求雇主为工人们的福利支付更多钱。

珍妮弗·布朗

珍妮弗·布朗

背景：珍妮弗出生于中心市，但在她小时候全家搬到了中心市附近的一个小镇上居住。她在州立大学获得法学学位后回到中心市进入法律界工作。

职业：珍妮弗是在中心市最大的一家律师事务所的合伙人。她处理过各种案子。中心市工人首次组织工会时，珍妮弗致力于保护他们的权利。后来工会提出了高工资和更多福利的要求，工业界聘请她为雇主一方游说。珍妮弗是州立律师公会和商会的成员。

政见：珍妮弗对本地和州内事务都很关注。她相信自己在法律事务中的经验将帮助她成为一个有能力的议员。她也认为，现有的控制工业污染的法律既对工业的发展不公平，也无法有效地保护环境。她希望能改善这些法律。

帕特里夏·张

帕特里夏·张

背景：帕特出生、成长在中心市。她已婚，有一个孩子，并在教师——家长协会和各种妇女团体中表现活跃。

职业：帕特在中心市高中教授美国历史和美国政府课程长达11年。过去四年中她曾担任社会科学系主任一职。学生们喜欢她，其他老师尊重她。帕特也是社会科学教师协会的成员。

政见：帕特认为，公共教育需要更多州政府的支持，提高教师的工资和减少每个班级的学生人数都将有助于改善公共教育。她关注环境污染问题，特别是当地水泥厂这一污染源。帕特主张应当有严格的法律来控制污染。她也认为州议会应该花更多的钱在福利计划上。

威廉・比尔・迈尔斯

威廉・比尔・迈尔斯

背景：比尔已婚，家里有三个孩子都还在学校念书。他和他的妻子都出生在中心市附近县城的农场。比尔和他的家人很喜欢中心市周围的公园和湖泊。

职业：比尔高中毕业后就开始在水泥和管道公司工作。他已经在该公司担任了10年经理职务。人们认为比尔是一个很善良、很有能力的经理。比尔是商会和中心市渔猎俱乐部的前任主席。

政见：比尔认为，雇主和雇员应该在一致同意的基础上确定工人的工资和福利而非依靠国家调控。他并不赞成增加福利开支，他认为本地慈善机构应当负责这种需要。他主张国家应该花更多的钱建立野生动物保护区和国家公园。

你们会选择哪一位候选人?

编辑委员会在面试后应选出一位候选人去竞选州议员的席位。在选择的过程中，编辑委员会应当考虑以下问题：

- 竞选公职的各位候选人都有哪些优势和劣势?
- 你认为哪位候选人最有资格成为州议员?

编辑委员会主席应向全班宣布委员会的最终决定，并解释委员会认可并选择这位候选人的原因。然后可以全班一起进行一场竞选州议员的模拟选举。

知识运用

1. 在编辑委员会决定的人选之外选择一位候选人，写一封信给中心市日报社的编辑，为你的议员候选人进行辩护。
2. 运用在本单元学到的标准，对比去年参加总统竞选的候选人，为你选定的候选人写一篇30秒电视广告的脚本。

第三单元：如何评估规则和法律？

单元目标

你们已经学到有时赋予某些人权利去行使权力是有帮助的。大部分权威职位都涉及到规则。某些拥有权威职位的人制定规则，另外一些负责执行，还有一些人负责解决有关规则定义的争论，并决定如何处理不遵守规则的人。

在美国的民主体系中，我们选出的担任公共职务的人有权利制定规则或法律。他们制定了许多法律用来保护人民的权利，也制定其他法律用以确保所有公民能公平地分享社会资源。

有些人认为，既然社会中存在某种规则，那么这种规则一定是好的。事情往往并非如此。规则也通常伴随着许多错误。制定一项好的规则并不是件容易的事。在本单元中，你们将学习如何评估规则的好坏，也将学习如何健全规章制度，以及如何建立良好的规则。

我们如何评估某项规则或法律是好的？

第六课：评估规则时应当考虑哪些因素？

本课目标

本课将向你们介绍一些有助于制定和评估规则与法律的知识工具。学完本课后，你们应该能运用这些工具来评估规则，并对如何改善规则提出自己的建议。

掌握词汇

特性　　标准　　假设

什么使一项规则得到精心设计？

试想一下，在你的生活中规则和法律有多么重要。而正是由于它们的重要性，我们需要确保自己所遵循的规则是经过精心设计的。

如果规则没有得到很好的设计会发生什么事？

你会用什么标准来评估某项规则？

重点思考练习

找出这些规则有什么问题

以下每一种假设的规则都存在一个问题或缺陷。思考如何纠正这些错误，将有助于了解评估规则的一些标准。在阅读每个案例时，写下你认为错误的地方。读完6个案例后，按照以下句式列出你认为一个规则所应当具备的特性或品质：“一个好的规则应当是……”。准备与全班分享你的答案。

1. 为了具备投票资格，一个公民必须拥有至少10英亩土地，或10000美元财产。
2. 任何人不应该、不可以或不会在无关紧要和毫无原因的情况下，用棍棒击打另一个人的头颅或身体的其他任何部分。
3. 为了促进健康和健美，一项新的联邦法律只允许体重小于（含）145磅的公民参与总统竞选投票。
4. 任何过多用水的人将不得不为此支付罚款。
5. 警察及其他政府官员可以搜索一个人的家，无论对方是否愿意。
6. 所有学生每天中午必须吃28个汉堡包。

如何评估一项规则?

作为民主国家的公民，无论是自己亲自参与还是通过普选的代表，你们将有很多机会对规则和法律进行投票。在之前的练习里，你们已经评估了某些规则，思考如何改善它们，也列出了关于一个好的规则应当具备的特性或特征的清单。你们的清单中可能包括以下一些特性。一个好的规则应当是：

- 公平的
- 易于理解的
- 经过精心设计以实现一定目标的
- 预期目标明确清晰
- 设计完善，不会干预其他例如隐私或自由等价值
- 可以遵循的

当评估某项规则或法律时，思考它是否具备这些特性会很有帮助。也就是说，质疑一项规则或法律是否具备这些特性，是一种用来评估规则或法律的知识工具。其他用来评估规则和法律的知识工具，可以在第54页的图表中找到。

重点思考练习

评估一项法律

之前你们已经学会了某些评估规则和法律的重要工具，下面你们将有机会运用这些工具。分成小组阅读以下案例，并回答知识工具图表中的问题。准备好与全班分享你的答案。

扩增汽车音响法

随着技术的进步，许多公司已经研发出超级扩增汽车音响系统，使汽车音乐爆发出震耳欲聋的效果。通常安装这些音响系统的司机都喜欢把音量开到最大，所产生的噪音也往往影响到其他驾驶人。为了解决这一问题，州长签署了一项法律，规定若在离车50英尺以外的地方还能听到这辆车的音响声，则被视为违法。违例者初犯将被罚款50美元，累犯次数越多，罚款越多。

新的法律出台后，各方反应不一。警察部门都支持该项措施，他们认为开传单和罚款都将消除大音量的声音污染。高功率立体声音响系统的制造商们则反对这项法律，认为教育是比罚款更好的威慑力量。

针对一项规范汽车音响使用的法律，你如何评估这项法律是否经过了精心设计？

知识运用

1. 试想一个你所在学校的问题。和同学们组成小组来制定一项有助于解决这一问题的规则。向班里其他同学描述你们提出的问题和制定的规则。运用刚刚学到的评估规则的程序来进行讨论。
2. 浏览报纸或杂志上的文章，寻找一个感兴趣的规则，这个规则可以是政府的、企业的、体育界的或其他领域的。运用本课学到的知识工具，评估这项规则，并写一篇评论来支持自己的观点。

评估规则和法律的知识工具表	
问题	答案
1.要评估的规则是什么？	
2. 该规则的目标是什么？	
3. 为实现这一目标，该规则是必需的吗？ 还有没有更好的方法？	
4. 该规则可能产生的影响是什么？	
5. 这项规则的优势和劣势是什么？ 这项规则是否是： · 公平的 · 易于理解的 · 精心设计以实现一定目标的 · 清楚预期是什么 · 是经过设计的，使它不要干预其他价值 例如隐私或自由 · 可以遵循的	
6. 你怎么看？这项规则应当保持现状？ 被改变？还是被取消？为什么？	

第七课：如何制定一项法律？

本课目标

在这一课中，你们将参加一次美国参议院的模拟辩论。在此之前先思考并提出一个问题，然后制定一项法案来解决这个问题，并试图说服其他参议员相信你们的提案是最好的解决方法。学完本课后，你们应当能够解释和论证自己的观点。

掌握词汇

灭绝　　瀕危物种　　野生动物保护

重点思考练习

制定一项法律并为之辩护

假设你是美国参议院的一位议员，最近你了解到在美国许多种类的鱼、野生动物和植物正濒临灭绝。此外，其他物种的数量也在急剧减少，如果不立即采取行动，很可能也将很快消失。

这种情况的发生有以下几点原因：首先，没有足够的法律来保护濒危物种；其次，城市工业增长过快的同时却没有合理保护植物、鱼类和野生动物；第三，农业中使用的有毒杀虫剂毁灭了某些植物和动物。

如何判断一部保护濒危物种（例如花斑猫头鹰）的法律是好的法律？

你和国会其他议员有责任和权力制定新的法律。有一位议员提出了一项可能有助于保护濒临灭绝物种的法案——“联邦濒危物种法案”，为生长在特定地域的鱼类、野生动植物的濒危物种制定了一项保护计划（任何针对该法案当中规定的动物做出以下行为，则将被联邦法律视为犯罪）。

- 将任何此类物种进口或出口美国
- 以任何方式拥有、交付、携带、运输或运送任何此类物种
- 出售或约定出售任何此类物种

该法案将对任何故意违反其条款的人罚款一万美元。

评估濒危物种法案

阅读下列问题，并与班上其他同学分享你的答案。

1. 要评估的法律草案是什么？
2. 该法律草案的目标是什么？
3. 为实现这个目标，该项法律是必需的吗？还有没有其他更好的方法？
4. 你认为这项法律草案可能产生哪些影响？
5. 该法律草案有什么优势和劣势？
6. 你认为这项法律草案应当保持现状？还是要改变？或是被取消？为什么？

参议院小组的观点

现在该法案已经被提交到参议院环境和公共工程委员会。老师将会把你们班分成以下三个小组，相当于委员会里的三组议员。针对如何解决濒危物种问题，每个小组将各自持有不同观点。

第一组：认为国家和政府应当承担主要责任的参议员

你们认为联邦政府应当在帮助解决濒危物种问题当中发挥关键作用。你们认为国家应该制定基本政策并提供资金，而地方政府应协助联邦政府的方案。你们也主张教育机构应该教授人们拯救野生动物的方法。你们同意削减其他部分的政府预算，用于支持濒危物种的保护方案。

第二组：认为国家和政府责任有限的参议员

你们认为联邦政府不应该在解决濒危物种问题方面负主要责任。你们提出，各州应维持自身的生态平衡。同时各州应当把税款花在更迫切急需投资的地方，而不是野生动物保护方案。你们承认狩猎和渔业为某些州带来了可观的收入。你们认为联邦政府关于野生动物保护的政策损害了这些依赖狩猎和捕鱼收入的各州的利益。

在判断是否要支持一项法律草案的时候，国会议员应当考虑什么依据？

第三组：赞成妥协的参议员

你们部分同意以上两组的观点。一方面你们认为各州应该保护自己的野生动物，另一方面，你们认为联邦政府应该发挥更积极的作用。例如，你们主张需要制定联邦法律来阻止出售危害动物生命的野生动物产品（如毛皮大衣）。你们也认为，无论是联邦还是各州政府都应分担保护野生动物的责任和费用。

制定一项提案

首先，每个小组应选出一位发言人和一位记录员。然后，每个小组应制定一项备选法案，用来阐述各组关于如何解决濒危物种问题的观点。你们应当通过以下问题来评估自己提出的备选法案：

- 你们提出的备选法案的目标是什么？
- 除了制定法律以外，还有更好的方法实现上述目标吗？请解释。
- 如果你们的提案获得通过成为法律，将产生什么效果？
- 你们的提案有什么优势和劣势？
- 为什么参议员们应当批准你们的提案？

模拟参议院辩论指导

1. 全班应当选出一位同学，扮演参议院环境与公共工程委员会主席，他将主持辩论大会。
2. 每个小组将有3分钟时间向委员会陈述自己的提案。每次发言结束后，其他参议员可以针对该提案提出质疑或批评。制定提案的小组成员可以对这些评论做出回应。
3. 为了赢得选票，每个小组可以修改自己的提案，也可以制订并提出一个折衷方案。
4. 辩论结束后，委员会应当那个对提案进行表决。投票时，请考虑以下问题：

- 每项提案的目标是什么？
- 如果某项提案获得通过，将会产生怎样的影响？
- 每项提案有有什么优势和劣势？

知识运用

1. 你是否同意全班的最后决定？为什么？为什么不？在你的笔记上写一篇短文，描述你对参议院委员会辩论和投票的看法，探讨你认为哪种法律是处理濒危物种问题最好的法案。
2. 选择一项你们州议会或国会提出的法案，按照本课中所学到的标准，评估这一法律提案。给你们州的议员写一封信，请他或她支持你关于该提案的观点。

第四单元：权威有哪些利弊得失？

单元目标

权威的每一次运用都会产生某些特定的结果。例如，当美军作为联合国部队的一部分向海外派兵时，其结果包括：使世界上某个动荡不安地区恢复和平或帮助难民。然而结果还可能包括：一些平民和军方人员的死亡、公共设施的破坏、美国纳税人的财政开支增加。我们需要判断权威的某种特定用途所带来的利益（优势）是否大于作为个人的我们和社会的损失（劣势）。

在这个单元里，你们将学到权威带来的常见利弊得失，也会学到评估权威职位和机构的知识工具。这些工具将有助于判断某个职位和机构的职责、权力、特权和限制是否经过周密的计划，或者是否需要改变。你们也将有机会运用这些知识工具来设计一种权威职位。

一个国家的政府决定通过派遣军队到世界另一个地方维持和平来达到行使权威的目的，这一举动可能产生哪些后果？这些结果中哪些是利益（好处），哪些将是行动的弊病（损失）？

第八课：权威会产生哪些结果?

本课目标

在这一课中，你们会了解到行使权威的结果，这些结果可以被归类为利益（好处）或弊病（损失）。学完本课后，你们应该能够解释行使权威通常产生的利弊得失。你们也应该能够运用这些观念来评估权威并提出自己的看法。

掌握词汇

效率	难以接近
问责	经济成本
警觉	无能

什么是权威的利弊得失?

首先，为思考权威产生的结果，我们将首先进行假设：假设未成年人驾车所导致的车祸急剧增加，为了减少这类事故，州议会通过了一项法律，规定21岁以上公民才可以领取驾驶执照。

- 这样一项法规可能产生哪些结果?
- 哪些结果是利益（好处）? 哪些是弊病（损失）?
- 你觉得受这项法规影响的未成年人、他们的父母、警察和州议员，他们对这项法规的利弊得失会怎么看?

重点思考练习

判断结果是利益（好处）还是弊病（损失）

在本次练习中，与一位同学合作讨论行使权威带来的利弊得失。

阅读以下事例，并回答“你怎么看？”部分的问题。准备好与班上其他同学分享你的答案。

- 为打击日益增多的青少年犯罪，市政厅通过了一项法律，对未满十八岁的人每晚10点30分之后实施宵禁。
- 为控制污染，国会通过一项法律，为工业厂房的废物处理设立了高标准。6个月内不达标的工厂将被施以巨额罚款。
- 为减少暴力犯罪，州议会通过了一项法律，印刷或销售有暴力行为描述的书籍或杂志将被视为犯罪。

你怎么看?

1. 以上事例中权威产生了哪些结果？
2. 其中哪些结果是利益（好处）？
3. 其中哪些结果是弊病（损失）？

行使权威有哪些常见的利弊得失?

在判断某些权威问题时，重要的是明确其中可能包含的利益（好处）和弊病（损失）。利益（好处）可能包括以下内容：

安全 通过提供一种可预测的秩序，以及通过保护个人和群体的权利，行使权威可以使人们感到更安全。例如：那些针对谋杀、伤害、酒后驾车及其他罪行的法律就是运用权威来保障人们的安全。

公平 人们可以行使权威来促进资源的公平分配，以及公平地解决冲突。例如：法律保障人民在法院聆讯的权利。

自由 像《人权法案》这样的法律可以保护个人的权利——宗教和言论自由。

效率 将责任明确划分给各种权威，可以提高制定和实施决策的

行使权威保护环境可能有哪些利益（好处）？

效率。例如：校长可以将管理任务分配给几位老师，确保学校工作的正常运转。

生活品质　法律和执法者可以保护和改善生活质量。例如：法律可以禁止在靠近水源的地方倾倒有毒物质。

问责　当我们选出担任权威职位的人时，我们可以追究他们是否履行了自身的工作职责。举例来说，选民可以问责总统是否履行了宪法中列明的他或她的行政职责。

提供必要的服务　通过批准法律和选派担任权威职位的人实施服务可以提供某些我们需要的服务。例如：法律允许聘用教师、警察、福利工人和健康及安全监察员。

弊病（损失）可能包括以下内容：

权力的滥用。担任权威职位的人可能会滥用其职位和附带权力。例如，前苏联领导人约瑟夫·斯大林（1879—1953）滥用他的权力，导致他的许多政治对手被杀害。

需要保持警惕　我们必须确保担任权威职位的人在可接受的范围内履行其职责。例如：公民“监督团体”负责监督政府机构和民选代表的活动。

刚性和抵制变革　在某些情况下，职位的权威性使那些在位者不愿做出改变。这种僵化性很难应对不同情况和新问题做出调整。例如，许多地方政府官员反对最高法院的取消学校种族隔离的判决。

难以接近　因为很多大型机构的复杂性与规模，接近某些权威职位的人物可能会很困难。例如，一个需要住房救济的家庭可能需要去

1963年州长乔治•华莱士运用权威阻止阿拉巴马大学的种族融合可能有哪些弊病（损失）？

很多政府部门才能得到帮助。

对自由的限制 每一次运用权威都涉及到对自由的限制。例如，家长对子女设置门禁的权威就限制了孩子们的自由。

经济成本 支持处于权威职位的人和机构需要花费金钱。例如，我们向联邦政府纳税以便为行政官员、民选官员、法官、执法人员和武装部队成员支付工资。

你怎么看?

1. 请从你的个人经验中，举出关于权威的利益（好处）的例子。
2. 请从你的个人经验中，举出关于权威的弊病（损失）的例子。

哪些利益（好处）和弊病（损失）是最重要的?

在判断是否支持一项法律的时候，明确它的利弊得失是很重要的。但是，我们也必须判断哪些利弊得失对我们个人来说是最重要的。例如，针对之前讨论过的未成年人晚间10时30分之后的宵禁问题，成年人和未成年人都会同意该宵禁令限制了青少年的自由，但也有减少未成年人犯罪的好处。有些人可能认为减少犯罪的利益（好处）要比限制未成年人自由的弊病（损失）来得重要，其他人可能不这么看。在考察特定情况下行使权威的利弊得失时，我们应该考虑不同的观点。

重点思考练习

提出你的观点

假设你们州的议会正在考虑一项禁止销售和持有攻击型自动武器的法案。老师将你们班分成以下5个小组来制定该法案。每一组需要代表下列组织机构之一。针对哪些利弊得失是最重要的问题，每个组织机构都要陈述发表自己的观点。

- 某个安定社区的委员会
- 主要城区的枪支所有者协会
- 警察总署
- 鹰牌武器制造厂
- 有原则的和平主义者

你怎么看?

1. 各组认为哪些利弊得失最重要？
2. 什么利益影响了每组重视不同的利弊得失？

知识运用

1. 你在学校要遵守哪些规则？从中选出两个或三个，并描述每条规则的利弊得失。
2. 在你看过的某个电视节目或某部电影中，想想哪些反映了权威的运用。在你的笔记本上，列出这些权威运用的结果。判断每一种结果是利益（好处）还是弊病（损失）。

第九课：如何评估权威的利弊得失？

本课目标

本课中你们将思考在法庭上行使权威的利弊得失。班上每一位同学都将参加一场模拟听证会，并针对某个问题做出裁决。学完本课后，你们应当能够解释对利弊得失的考虑在裁决权威问题时的作用。

掌握词汇

公设辩护律师

法警

重点思考练习

评估权威的利弊得失

老师将把你们班分成3组。其中一组将担任艾伦先生的律师，一组将作为政府的律师出庭，最后一组将作为法官对这起上诉案件做出判决。在准备听证会的过程中，每组应当仔细阅读案件的背景，思考案件涉及的事实，并回答第71页中有关利弊得失的三个问题。

伊利诺伊州诉艾伦案

1956年8月12日，威廉·艾伦走进一家酒馆，并用枪指着酒保，抢走了200美元。当天晚些时候，警方逮捕了艾伦。酒保指认他为劫匪。

由于他没有钱为自己聘请律师，法庭让艾伦选择一位公设辩护律师或者一位来自律师协会的辩护律师。艾伦拒绝了，他要求自辩。法官告诉艾伦："我会允许你为自己辩护，但我会请凯利先生（法庭指定的律师）列席听证并保护你的权利。”

1957年9月9日，案件开庭。艾伦花了很长时间质疑第一位候选陪审员，直到主审法官打断他。法官告诉艾伦，他只能询问与个人资格有关的问题，艾伦随即开始在这一点上非常无礼地与法官争辩。

随后法官请凯利先生继续审查陪审员。艾伦接着说他认为凯利不打算做他的律师。他跟法官说：“当我去吃午饭的时候，你会变成这里的一具尸体。”接着艾伦将他的律师的所有文件撕烂并扔在地上。

主审法官说：“如果再有一次这样的举动，我将把你驱逐出法庭。”艾伦对警告置若罔闻。

“审判不可能不继续”，艾伦说：“你可以把你的锁链和囚衣拿来绑住我，把我的嘴巴封上，但这完全没有任何好处，因为你不可能不继续审判。”

法官下令法警将艾伦带出法庭，并在艾伦不出庭的情况下选出了陪审团。然后，在陪审团不在场时，法官再次提请艾伦出庭。艾伦说，他希望审判期间一直待在法庭。法官同意并允许艾伦在场，前提是他不干预案件陈述过程。

法官宣布将一名不守规矩的被告逐出法庭会产生哪些结果？
哪些结果是利益（好处），哪些将是弊病（损失）？

陪审团走进法庭并坐了下来。艾伦站起来说："这里根本就没有什么诉讼程序。我要开始发言了，我要在审判过程中一直说话。"主审法官再次命令法警将艾伦带出法庭。

第二次被逐出法庭后，除了法警带他到法庭给证人辨认以外，艾伦一直待在庭外。某一次出庭时，艾伦还用淫秽语言攻击了法官。当控方介绍完案情后，法官再次通知艾伦，只要他行为适当就可以回到法庭，艾伦对此承诺发誓。但介于他之前的行为表现，在他的辩护陈述阶段，法警将他绑起来并塞住了他的嘴。

陪审团判定艾伦犯有持械抢劫罪，他被判处10到30年徒刑。

艾伦不服判决，并提起上诉，他的案子最终提交到美国最高法院。艾伦声称，主审法官对他进行了不公平的审判，剥夺了宪法第六修正案所保障的他的权利。具体地说，艾伦认为宪法赋予了他出席自己的审判并为自己辩护的权利。他还认为，他的审判根本就是不公平的，因为在他的辩护陈述阶段，他被绑住了并且还被塞住了嘴。

法官下令将被告绑起来并塞住被告的嘴，会有什么利弊得失？

你怎么看?

1. 在这个案例里，主审法官行使权威产生了什么的结果？考虑法官的决定：
   - 要求艾伦必须由律师代表出庭
   - 将艾伦逐出法庭
   - 要求艾伦在他的辩论陈述阶段被绑起来并被塞住嘴巴
2. 其中哪些结果是弊病（损失）？
3. 其中哪些结果是利益（好处）？

准备听证会

思考以下问题：考虑到案例中涉及的利弊得失，主审法官要求律师代表艾伦出庭是正当的吗？下令将艾伦逐出法庭是正当的吗？命令艾伦在他的辩护陈述阶段被绑起来并被塞住嘴巴是正当的吗？

第一组：代表政府的律师

第二组：代表艾伦的律师

第三组：代表审理该上诉案件的法官

每个小组应当从各自被分配的观点角度来讨论问题，同时要准备提交给法官的证据。主审法官应当全面考察这个案件，并准备要问各组的问题。

上诉听证会的流程

1. 准备阶段之后，全班将被分成若干“三人小组”（每三名学生组成一个小组）。每个三人小组都将包括一名法官、艾伦先生的律师以及一位政府的律师。
2. 法官将宣布听证会开始。每一方将有6分钟时间陈述其论据。艾伦先生的律师应当首先进行陈述。在陈述中，法官可以打断发言并提问。

各方都陈述完毕并回答完法官的问题后，每方还有2分钟的反驳辩论时间。同样，艾伦先生的律师先发言。最后，法官应做出他或她的决定，并说明理由。

3. 全班一起讨论这个案例。首先是各位法官向全班报告自己的判决。那么，是否所有的法官都得出了同样的结论？哪些论据被认为是最充分的？最后，全班一起讨论本次练习中所使用的“三人小组”流程（与现实的上诉法庭所使用的流程类似），这是否公平？为什么？为什么不？对改善这一流程你有什么建议？

知识运用

1. 写封信给编辑，要么支持，要么反对法官的观点。根据本案中所包含的利弊得失来为你的观点辩护。
2. 采访某些处于权威职位的人（例如：学校校长、警察、城市公务员等），请他们描述自己行使权威的利弊得失。然后采访那些受到这位采访对象权威影响的人（例如：学生、公民或城市居民等），请他们描述自己所受到的权威带来的利弊得失。将两组利弊得失列出清单，并进行对比。写一份报告来具体说明它们之间的相同和不同之处。

第五单元：权威的范围和限制应该是什么？

单元目标

我们作为公民所面临的一些最重要的问题当中包括了权威的范围（程度）和限制。某个特定的权威职位是否经过精心设计？是否在给予担任该职位的人足够的权力的同时，也建立了有效的限制防止权力的滥用？

在本单元，你们将学习一些方法来评估权威职位。你们将学会判断某个权威职位的职责、权力、特权和限制是否经过周密的安排，或者是否需要改变它们。最后，你们会将本课开始以来所学的知识付诸实践。你们将有机会设计一种权威职位。

像哈里·杜鲁门这样的总统，他的权威范围和限制可能是什么？

像二战时期的道格拉斯·麦克阿瑟将军这样的军队统帅，他的权威范围和限制可能是什么？

第十课：什么构成了一个精心设计的权威职位？

本课目标

本课将向你们介绍一组有助于评估权威职位和权威机构的知识工具。学完本课后，你们应该能够运用这些知识工具来评估权威职位，并提出改进建议。

掌握词汇

范围　　　　限制

人道

什么构成了一个精心设计的权威地位？

到目前为止，你们一定已经意识到，担任权威职位的人每天都通过某种重要的方式影响着你们。家长、老师和学校的教官们作出的决定和采取的行动都可以影响你们的生活。本地、各州和联邦的政府机构基本都要依赖担任权威职位的人们来运行。这些职位非常多种多样，例如：交通协管员、警官、法官、国会议员和总统。我们美国人民赋予了这些人以相当大的责任和权力，并希望这些权力会使他们能提供我们所希望和需要的服务。

有关我们的政府体系中的权威职位问题，是我们作为公民所面对的最重要的问题之一。

对某些权威职位是否经过了精心设计，人们各有不同看法；对某些职位拥有的权威是过多还是过少，人们也持有不同的意见。

有一点是肯定的：因为担任权威职位的人给我们的生活带来如此

大的影响，规划和评估他们应有的职责、权力、特权和限制就变得非常重要。如果我们不去考虑权威职位如何设计的问题，可能导致我们国家得以建立的根本自由受到威胁。

在历史上或当今社会中，你能否举出经过不合理的权威职位的范例？这些权威职位的缺陷是什么？这些缺陷导致了什么结果？

为什么评估权威职位是很重要的？

重点思考练习

评估权威职位设计中的错误

阅读以下几种权威职位的描述，其中每个职位都存在一定的问题。回答材料后的问题。

1. “迷糊”州的宪法认为，州长必须制定所有法律、递送邮件、清扫街道、巡街寻找流浪动物、审判所有刑事案件并运行所有电视台。
2. 在佩尔佩图阿州，所有议会成员都是终身任职。无论他们做了什么

你认为“迷糊”州的州长拥有的权威太多还是太少？

都不会被免职。

3. 当勒罗伊·霍金斯被布特市立高中的校长任命为该校学监时，校长给了他管理学校所有学生的全部权威。校长说他可以让学生们做任何他要求的事。
4. “恐慌”市新当选的市长不允许任何公民跟他说话或给他写信。虽然他是市长，但他把自己锁在办公室里，并拔掉了电话线。
5. 市政厅聘请了6名交通协管员来监管超速法，但却没有给任何警务人员配备警车、摩托车或口哨。
6. 最高检察长就像一个法官，他的工作就是判定有罪或无罪。他经常折磨那些被指控的嫌犯，迫使他们招供。为了躲避被折磨的痛苦，无辜的人也只能认罪。

你怎么看?

1. 上述权威职位的描述中各有什么错误?
2. 观察你找出的上述缺点，这为一个精心设计的权威职位所应当包含的内容提出了什么建议?

应当如何明确权威的范围和权限?

经过以上内容的学习，你们应该已经知道如果权威职位设计不当会产生什么问题。怎样才能防止这些问题的出现？以下有8个问题（即一组知识工具），可以用来评估某个特定权威职位的范围和限制。与一位同学或和一个小组一起，仔细研究这组知识工具，并回答“你怎么看？”部分的问题。准备与全班分享你们的答案。

1. 要评估的职位是什么?
2. 该职位有什么目标（一个或多个）?
3. 对实现这些目标来说，该职位是否必要?
4. 该职位的责任、权力、特权和限制是什么?
5. 这个如此设计的职位可能产生哪些影响?

6. 该职位有什么优势和劣势？
   - 是否经过精心设计以实现其目标?
   - 是否有足够的权力——充分但不过度?
   - 是否有办法使担任这一职位的人为自己的行为负责?
   - 该职位是否负担过重?
   - 是否有足够的资源来履行该职位的职责?
   - 是否有适度的公共沟通和投入?
   - 该职位是否必须在行使权力时使用公正和人道的程序?
   - 设计该职位是否旨在保护例如自由和隐私这样的权利?
   - 设计该职位是不是为了能帮助人们行使其权力?
7. 为纠正你们之前找出的设计缺陷，你们将如何改变该职位？
8. 应当让该职位保持现状？还是改变它？还是取消它？根据该职位所包含的优势和劣势，解释你们的决定。

你怎么看?

1. 这组知识工具如何能在评估权威职位时发挥作用？
2. 为什么能够评估权威职位是非常重要的？

知识运用

1. 当你看电视或阅读报纸、杂志和书籍时，留意并选择一个权威职位。运用你在这一课中所学到的知识工具来评估这个职位。
2. 写一个小故事，描述一个国家的总统职位若设计不当可能会发生的状况。

第十一课：如何评估一个权威职位?

本课目标

在这一课里，你们要角色扮演，召开一次海军审查委员会的模拟听证会，主要讨论船长的权威。运用在上一课中学到的知识工具来评估这个权威职位。

学完本课后，你们应当能够解释并论证自己有关船长权威的观点。

掌握词汇

鞭刑

重点思考练习

评估一个权威职位

以下阅读材料改编自理查德·亨利·达纳的《两年水手生涯》（1840）。它讲述了一个年轻水手的海上冒险经历。通过船员描述自己亲身经历的“海上鞭刑”很可能不是单个案例，因此，海军审查委员会希望能重新评估船长所拥有的权威。

老师将会把你们班分组，并指定各组分别扮演以下角色：

- 故事讲述者
- 船长
- 山姆，一名水手
- 约翰，一名水手
- 海军审查委员会

首先，每组将依次阅读“背景材料”、“工作描述”、《海上的鞭刑》和“后记”，然后完成第84页的知识工具表。其次，每组所扮演的人物将分别向海军审查委员会提交证据，并选出一名发言人代表陈述证词，但小组所有成员都应该准备回答海军审查委员会提出的问题。同时，扮演海军审查委员会的小组将列出询问各组的问题，并选出一名主席来主持听证会。在各组陈述完自己的证词后，海军审查委员会应当讨论如何界定一艘舰艇的船长权威的范围和限制，决定是否需要对该职位做出任何改变，还是维持现状，或者取消该职位。最后，委员会应当向全班解释自己的决定。

背景材料

故事的背景是1840年，海军审查委员会决定要审查航行出海的船舶上出现的问题，并决定应当如何解决这些问题。最近，由于一部新

一艘船的船长应当被赋予多少权威？

出版的水手写的小说，委员会注意到了一个新问题。这部小说提出了一艘舰艇船长的权威的限制问题。

海军审查委员会将举行一次听证会，来评估该船长的职位，同时要收集关于改进这一职位的建议。为了帮助你们完成这一目标，你们应当掌握以下几份材料：

- 一份船长的“职位描述”
- 那位水手的故事：《海上的鞭刑》
- 一张知识工具表，它将有助于评估该职位，并提出改进建议

船长：职位描述

职责和权力——一艘船舶的船长有责任和权力做以下事：

- 监督船舶的运行
- 决定船舶的航行路线
- 在船上分配船员做不同的工作
- 调解船员之间的纠纷
- 惩罚违反规定的船员

如果你在海军审查委员会任职，在对船长的权威变化提出建议前你需要掌握什么信息？

- 决定谁将会获得特别优待（例如离船岸权假期）
- 向船舶所有者撰写报告
- 写航海日记，报告船舶航行进度
- 到达国外港口时代表船舶所有者

特权——一艘船舶的船长被赋予获得以下：

- 从船舶所有者处领取薪水，并从航程中获得一定比例的利润
- 一身特殊制服
- 一间私人舱室
- 专门准备的食物

限制——一艘船舶的船长可能无法做以下事：

- 不顾航行安全的冒险行为
- 在国外港口触犯当地法律
- 对违反规定的船员处以死刑

《海上的鞭刑》

我们的船长对很多小事都忍不住发脾气。因为厨子把木材丢到甲板上，船长就威胁要鞭打他。大副吹嘘他打的结比船长更好，船长就非常生气。他常常把怒气发泄在大个子山姆身上。山姆不太会说话，动作也有点慢，但他是个不错的水手，并很努力工作，可船长就是不喜欢他。

一个星期六早上，我听到船长朝某人怒吼，然后，我听到像打架的声音。

“你最好给我站着别动，”船长说：“你还敢再跟我顶嘴？”

“我从来没有，先生，”山姆说。

“那不是我问你的。你还敢不敢再跟我顶嘴？”

“我从来没有，先生，”山姆重复道。

“回答我的问题，不然我会把你绑成大字型！我会鞭打你！”船长

几乎气到发疯。

“我不是奴隶，”山姆说。

“那我就让你当一回！”船长说。他跳上甲板叫大副：“把那个人绑起来！让他好看！四肢展开！我要让你们看看谁才是这艘船的船长！”船员把山姆带到了甲板上，山姆并没有挣扎。

“你要鞭打这个人做什么，先生？”一名水手约翰说。船长转身就命令其他船员给约翰带上铁镣。

大副在把山姆绑起来的时候脱掉了他的上衣，露出他的背部。船长特意站在几英尺之外，这样可以好好用力鞭打他，手上还攥着一根又粗又重的绳子。

看着这一切使我感到很不舒服。我想制止，但没几个人跟我想的一样。船长和他的下属人数众多，如果开打，我们铁定会输，然后他们就会指控我们叛变。即使我们能获胜，他们也会给我们终生打上海盗的标签。一旦抓到我们，他们会加倍严厉地惩罚我们。一个水手没有权利，他必须做船长命令的所有事，要么他就变成一个叛徒或海盗。

船长用尽全身力气，甩着绳子鞭打着可怜的山姆，一共6鞭。

“你还敢不敢再顶嘴？”船长咆哮着。

山姆什么都没有说。船长又打了3鞭，然后他切断山姆身上的绳索，把他放在船舷最前面。

“现在轮到你，”船长说着，走到约翰身边，摘掉他的铁镣。大副把约翰绑起来，船长准备要鞭打他了。

“你为什么要鞭打我，先生？”约翰问。“难道我曾经拒绝尽责？难道我曾经偷懒或顶嘴？”

“不，”船长说：“我鞭打你因为你刚问问题了。”

“我不能提问吗？”约翰问。

“不能！”船长喊道：“我不会允许任何人做任何事情，除非是我的命令！”他开始鞭打约翰。他打得越来越用力，越打越疯狂。我被吓坏了，再也看不下去了。最后，船长停下来，大副解开约翰的绳索把他放下来。船长转向我们其他人：

“现在你们看到了！现在你们知道我是谁了！我是奴隶主，你们都是我的奴隶！我会让你们听我的命令做事，不然就抽你们鞭子！”

后 记

那些听过我的讲述的人都会记得，我亲眼目睹了那件发生在我的伙伴身上非常残忍的事。事实上，单是提到“鞭刑”这个词都会让我不可遏制地想起当时的感受。然而，当有提案要求完全并立即废止“鞭刑”、从此禁止船长在任何情况下施以体罚的时候，我不得不要求暂停这一提案。

因为如果我是船长，我和我的船员都知道在任何情况下船长都不能实施哪怕是最轻微的惩罚，那么我应该就不会接管明天出海的那艘船。我相信自己可能永远不会使用暴力，但事实上，我自己也不知道我会拒绝承担怎样的风险，我也不能确定自己一定不会遇到麻烦，还不如就索性这么做（实施暴力）。然而，如果没有一种可以作为威胁的权力去阻止风险并切实保护我自己，如果没有一种我能掌控一切的权力，那么一旦出现某些极端状况，我既不愿意自己被带入那样的处境，也不愿意承担任何让别人也落入那种境地的责任。

知识运用

1. 试想想，在什么情况下会需要某个人拥有绝对的权威？如果有，应该是怎样的情况下？为什么需要让掌握权威职位的人行使这种没有制约的权力，一切都凭他或她自行决定？
2. 制定一个班级计划，安排一位担任权威职位的人（警察、法官、地区检察官、公设辩护人或市长）访问你们班，请他或她描述并评估自己所担任的权威职位的职责、权力、特权和限制。

评估权威职位的知识工具表	
问题	答案
1. 要评估的权威职位是什么？	
2. 这个职位的目的是什么？	
3. 这个职位是必要的吗？为什么是？为什么不是？	
4. 这个职位的职责、权力、特权和限制是什么？	
5.这个职位在设计之初的结果可能是什么？	
6. 设计这个职位的方式有哪些劣势（如果有）？请考虑： · 职责的数目 · 提供的资源 · 授权和限制 · 问责制 · 防止权威被滥用的控制 · 公平程序的需要和对重要价值观的尊重	
7. 如果要改进该职位，你有什么建议？这些改进的利弊得失是什么？	
8. 你认为该职位应当被取消还是应当维持现状或被改变？解释你的推论。	

第十二课：战争时期权威的范围和限制应当是什么？

本课目标

在这一课中，请思考两个战争时期行使权威的案例。第一个是林肯总统在南北战争初期的权威运用；第二个是第二次世界大战期间政府对日裔美国人的政策。然后你们将组织一次关于战争时期对权威应有什么限制的辩论。

完成本课学习后，你们应该能够解释和论证自己有关战争时期行使权威问题的观点。

掌握词汇

困境	间谍
脱离	蓄意破坏
公告	集中营
封锁	人身保护令

重点思考练习

研究战时权威的范围和限制

当你们阅读以下材料时，请思考：在什么情况下（如果有），担任权威职位的人应该超越他或她的权威的正常范围？分组回答每段阅读材料后面“你怎么看？”部分的问题。

林肯的困境

1861年4月的一个晚上，亚伯拉罕·林肯独自站在他的白宫办公室里。此时的他面临着一个可怕的困境。南北方各州之间的敌意不断加剧，特别是在奴隶制问题上。南方7个州已正式宣布退出美利坚合众国，南方军队已经占领了这些州的联邦要塞和海军船坞，战争看起来是不可避免的了。

战争终究还是爆发了。1861年4月12日，在南卡罗来纳州查尔斯顿，南方邦联军队对萨姆特堡开火，北方部队进行了回击，南北战争开始了。林肯希望他能在很短的时间内结束战争，拯救联邦。他知道，为了让战争快点结束，他不得不迅速采取行动，甚至一些宪法没有授权他的行动。

这正是林肯面对的两难局面：他曾“向上帝庄严宣誓”，要维护和捍卫合众国宪法，他也向他的同胞们保证过要保卫联邦。他相信，如果联邦不复存在了，宪法将只不过是一纸空文。他认为，这将是对国家生存的威胁，政府有权力进行自我保护。

1861年4月15日，林肯发表了一份公告，征召75000名各州民兵与南方叛军作战，在公告里林肯还宣布在三个月后的7月4日召开国会。林肯决心要在不受国会或任何人的干涉下结束这场战争。

什么是对战争时期总统权威的适当限制？

4月19日，林肯下令封锁所有脱离联邦的南方各州的港口。

4月20日，他下令再增派19艘海军战舰组成的舰队，将封锁范围扩大到北卡罗莱纳州和弗吉尼亚州的港口。

5月3日，他向全国发出呼吁，征召42000名志愿军人，将正规军扩大到24000人，海军增扩到18000人。这项公告违背了宪法第一条中赋予国会（而不是总统）的有关“募集和维持陆军”和“配备和保持海军”的权力。

4月20日，林肯委派财政部长支付200万美元给纽约的3个私营企业主，以便为军队提供军事物资补给。然而宪法规定：“除了依照法律的规定拨款之外，不得自国库中提出任何款项。”林肯认为此举是必要的，因为有太多不忠于政府的人。

林肯也采取各项措施以维持北方社会的公共秩序，并防止对战争努力的一切干扰。他授权在某些地区暂缓执行人身保护令：这意味着任何人都可以被逮捕并且没有任何机会接受审判。他也禁止邮局办理“叛国性质的信函”。

7月4日国会召开，林肯在致国会议员的信中，要求国会批准他的一切行动。他指出每个宪政政府必须有自我保护的权力，在美国政府中应当由总统行使这项权力。他是这样描述自己从4月12日以来的行动的：“这些措施，无论严格意义上是否合法，都似乎是一种普遍要求与公开需要之下的冒险。”

你怎么看?

1. 林肯总统行使权威是如何超出了宪法赋予总统这一权威职位的范围和限制?
2. 有什么论据可以证明林肯总统的行动是正当的？这些论据当中包含了什么价值观和利益?
3. 有什么论据可以用来反对总统林肯的行动？这些论据当中包含了什么价值观和利益?
4. 为什么必须限制政府官员的权威？如果我们允许这些限制当中存在例外，为什么必须明确界定被允许的例外的具体情况?

日裔美国人集中营

1941年12月日本偷袭珍珠港事件后，美国对日本、德国和意大利宣战，正式参加第二次世界大战。在本国历史上美国人民从来没有面临过这样一个棘手的军事挑战。美国必须在地球上相距遥远的两个战场分头作战：欧洲和远东地区。虽然在两条战线上作战是极其艰难的，但大多数美国人认为，他们是为了国家的自由和安全而战。他们相信，国家的未来在他们手中。

在日本偷袭珍珠港事件发生时，有超过12.5万日裔美国人生活在美国，主要集中在西海岸。这些人当中超过三分之二是美国公民。虽然从来没有发生过日裔美国人卷入间谍案或阴谋破坏案件的情况，但许多人还是担心会发生类似事情。在美国，日裔美国人长期遭受种族歧视和偏见，随着珍珠港事件的爆发，这种情况更加恶化。战争初期日本在南太平洋战场的胜利使许多美国人担心日本可能会入侵美国西岸。

1942年2月19日，罗斯福总统颁布了一项行政命令，以应对国民的这种恐惧。该命令允许美国军事指挥官将西岸的日裔居民“重新安置”到更远的内陆地区。这一迁移方案并没有区别日裔居民中的美国

二战时期，政府运用其权威将日裔美国公民迁往集中营产生了什么结果？

公民和外国人。

此项总统行政命令也给予军事指挥官一定的权威，允许他们宣布某些地域为“军事区”，军事指挥官可以自行决定将任何人驱逐出自己的军事区，以防止间谍或破坏活动。1942年3月2日，国会通过了一项法律规定：一旦军事区内任何人违背了该地区军事指挥官的命令，都将被送进监狱，或被罚款，或两者兼而有之。

1942年5月3日，加利福尼亚州圣莱安德罗军事区的指挥官德威特将军发布了第34号驱逐平民令。命令要求：从1942年5月9日开始，所有日裔居民都将被驱逐出圣莱安德罗军事区。该命令指出，此次驱逐的原因是：“存在对（美国）团体成员不忠”的可能性。1942年年底前，整个西海岸已被宣布为“军事区”，日裔居民都被类似命令要求前往集中营。

在战争期间，军队强行迁移了大约12万日裔美国人离开家园，前往遥远的内陆，住进集中营。这些人并没有受到任何指控，没有进行任何实质的间谍或阴谋破坏活动，或犯有任何罪行，没有任何证据能

证明强迫他们迁移到集中营的行为是正当的。大部分日裔美国人都被要求待在集中营里直到战争结束——实际是被监禁了三年。他们不得不放弃自己的事业，也失去了家园和财产。

你怎么看?

1. 下列三种权威的运用产生了哪些结果？其中哪些结果是利益（好处），哪些是弊病（损失）？

   1942年2月19日罗斯福总统的行政令；

   1942年3月2日国会通过的法律；

   1942年5月9日将军德威特签发的第34号驱逐平民令。

2. 如果罗斯福总统没有权威签发1942年2月29日的行政令，可能会产生什么结果？如果国会没有权威通过1942年3月2日的法律，可能会有什么结果？如果将军德威特没有权威签发第34号平民驱逐令，又可能会有什么结果？

3. 你认为第二次世界大战期间日裔美国人集中营是否说明了战争时期有放松宪法限制的需要？或者即便是当国家处于战争时期必须保持宪法的限制？请解释你的观点。

准备一场全班辩论

现在请思考上面给出的阅读材料，你们班将准备就以下问题进行辩论：

决议：应该允许总统在战争时期超越宪法对他或她的权威限制。

为了准备辩论，你们班将被分为四组，每方各有两组。每一方其中一组提出支持或反对该决议的初始论据；另一组代表将反驳论据，回应并挑战你们组估计辩论对手会提出的初始论据。每个小组将有5分钟做陈述发言，并应选出两个或三个发言人陈述本组论据。其他组员在参与各准备阶段的工作之后，在辩论阶段转做观众。

进行辩论

应从观众中选出一位同学担任辩论的主持，另外选出一位做计时员。主持人将简要介绍并说明辩论的题目和决议。正方中负责陈述初始论据的第一组应当首先进行陈述，紧接着是反方陈述初始论据的小组发言。在反驳论据的阶段，发言顺序与之前相反，反方代表首先陈述论据，紧跟着是正方。在辩论结束时，观众必须对决议进行投票。全班应当一起讨论这次辩论如何影响了自己对问题的看法，哪些论据是有说服力的，哪些没有，并解释原因。

知识运用

1. 第二次世界大战期间日裔美国人集中营的问题最终提交到了美国联邦最高法院，分别为“1943年平林诉美利坚合众国案，320U. S. 81”，“1944年惟松诉美利坚合众国案，323U. S. 214”以及“1944年远藤诉美利坚合众国案，323U. S. 283”。查阅这些诉讼案的经过，并将你的发现向全班报告。要在你的报告中解释自己对上述诉讼案中最高法院的裁决的看法。
2. 在紧急情况下允许取消权威的限制，可能会导致什么危险？第二次世界大战之前，德国宪法中包含的“紧急状态”条文（第25条和第48条），变成了希特勒获得独裁权力的工具。研究调查这些应急规定授权的内容，查找以前存在过哪些保障措施和限制来防止这些应急规定被滥用，并评估这些保障措施和限制被证明无效的原因。
3. 与几个同学一起准备一次模拟电视采访，采访一位被政府强迫住进集中营的日裔美国公民。在准备采访的过程中，你可以对集中营做更多的研究，你的老师可以为你推荐参考阅读书籍。

第十三课：如何设计一个权威职位？

本课目标

在这一课里，你们将运用之前学到的知识和技能来判断某个特定权威职位的范围和限制。学完本课后，你们应当能够设计出一个权威职位的职责、权力、特权和限制。

掌握词汇

假设

重点思考练习

设计一个权威职位

假设在塔夫脱高等中学中存在着一些问题，而你们班需要解决这些问题。阅读下面的故事，将全班分组，每组3至5人。每一组都将扮演塔夫脱高中的学生会，被指派要为塔夫脱高中设立一个新的权威职位。每组成员都应当阅读“委员会指南”并回答当中的问题。小组陈述发言结束后，全班应当一起讨论什么是解决塔夫脱高中存在的问题的最好方法。

塔夫脱高中的问题

塔夫脱高中有一个存在数年的学生会。每学期学生们会选出一个学生会主席和各班代表。学生会有权制定某些学校规章，也有权筹办某些特别活动，例如运动会和舞蹈表演等。大多数学生、老师和学校领导都认为学生会的工作做得很不错。

在过去的两年中，学校开始出现一些问题。越来越多的学生破坏校规，打架斗殴现象屡见不鲜，学校里往日温和轻松的气氛被紧张不安的情绪取代。校长时常接到指控，有学生撬开储物柜门盗窃财物。学校里也流传着谣言，说某些学生携带武器进校，学生休息室正逐步成为危险地方。

多年来，教师和行政人员都有责任处理学生违规问题，法律要求他们承担这项责任，打架斗殴和违规事件的日益增加也让老师们陷入困境。许多人认为，老师花费了更多的时间来管束学生的行为，而不是给学生上课，这对想要学习的学生来说很不公平。

此外，老师们处理违纪问题的方式有时也会让学生们很不满意。他们认为，某些老师并没有给被指控违规的学生举行一次公平的听证会。大多数学生认为，老师们太忙以至于没有时间听取争端各方的意见。

许多学生认为应该做点什么来改善目前学校的状况。在学生会会议上，他们讨论了如何给涉嫌违规的学生以公平申诉的问题。学生会

你要如何设计一个权威职位来解决学校的暴力和违规问题？

的成员、许多老师和部分学校管理人员出席了会议。在对学校目前面临的问题进行了长时间的讨论后，学校校长威利斯女士发言说道：

“对目前摆在我们面前的问题，现在有个很不错的主意，”她说：“我想将把解决方案的决定权交给你们——学生会。如果你们的建议是合理的，我会支持。请记住，根据法律，我必须维持这所学校的秩序。所以，无论你们的决定是什么，都必须是合法的。”

大家一致认为威利斯女士的建议是公平的。学校行政管理人员老师们离开后，一名学生提议：学生会需要设立一个权威职位。其他人纷纷表示同意。学生代表立刻组织了委员会，担负起为塔夫脱高中设计一个权威职位的任务。

委员会指南

每个小组应代表一个学生委员会，目标是为塔夫脱高中设计一个权威职位。每组应选出一位主席引导各组讨论，并用录音机记录下来。第 96 页的表格将有助于你们设计权威职位。认真阅读、讨论并回答表

在学校里，负责处理暴力和违规问题的权威职位的适当范围和限制是什么？

格中的每个问题。

当你们完成第 96 页的表格后，就应当开始着手准备如何描述你们为塔夫脱高中设计的新职位。请各小组主席代表各组向全班其他同学阐述自己小组的计划。陈述中应当包含以下内容：

说明职位目标

- 职位描述：列出该职位的职责、权力、特权和限制
- 描述设立该职位可能产生的结果（利弊得失）
- 全班应当讨论每个备选职位的优势和劣势，并试图对塔夫脱高中的新权威职位设计达成一项共识

知识运用

1. 你是否赞同你们班为塔夫脱高中设计的权威职位？写封信给塔夫脱高中报社的编辑，或支持或反对这一新设计的权威职位。
2. 想想你的邻居或你居住的城镇中有没有什么可以通过设立权威职位来解决的问题。运用在本单元中学到的知识，设计一个权威职位以帮助解决这个问题。

设计权威职位的知识工具	
问题	答案
1. 你试图解决什么问题（一个或多个）？	
2. 设立一个权威职位是否有助于解决这个或这些问题？是否有更好的方式解决问题？	
3. 你们组建议设立哪一种权威职位？ · 一个或超过一个职位？ · 个人或委员会？ · 选举或任命？ 解释你们的选择	
4. 这个权威职位应该有什么责任、权力、特权和限制？请考虑： · 职责的数目 · 提供的资源 · 授权和限制 · 问责制 · 防止权威被滥用的控制 · 对公平程序的需要和对重要价值观的尊重	
5. 担任这样一个权威职位会有什么结果？考虑你们设计的这个职位的利弊得失。	

第十四课：对挑战权威应当有怎样的限制?

本课目标

本课是关于权威的最后一课。在这一课中，你们将有机会评估挑战权威的限度。你们会读到一部关于公民的不服从权利的话剧，改编自索福克勒斯撰写的古希腊悲剧《安提戈涅》。然后全班要对不服从法律以遵循个人良知的正当性问题进行辩论。

学完本课后，你们应该能够评估、陈述和论证有关挑战权威应有的限制问题方面自己的观点。

掌握词汇

公民的不服从

更高的法律

美国公民不服从的传统是什么?

在第五单元中，你们已经学过如何确定权威职位的范围和限制，你们也了解某个设计不当的权威职位所产生的结果，也知道如果担任权威职位的人误用、滥用权威会发生什么事。正是由于美国宪法的制定者们认识到了限制权威的重要性，因此他们在我们的宪法中设立了权力分持和权力制衡制度。同时，他们也提出了《人权法案》，以进一步保护个人自由免于被当权者滥用的可能。

美国的宪政制度是基于多数人统治的，但它也保护个人权利和少数人的权利。它允许那些不同意政府决策的人反抗决策并试图改变决策。以下是某些人们可以表达个人观点的途径：

- 投票
- 向媒体或向公职人员写信
- 签署请愿书
- 参加抗议团体或政治组织
- 参加示威游行
- 参与杯葛

如果缺乏某些上述抗议形式时，会发生什么事？如果你认为支持某项法律违背了你的道德或宗教原则，同时你试图改变该项法律的所有合法努力都失败的情况下，又会发生什么事？个人挑战权威的范围有多大？

这些都是非常难以回答的问题。数百年来，哲学家和学者们都一直试图寻找问题的答案。纵观历史，人们曾经拒绝服从他们认为是不正义或道义上是错误的法律，也选择了承担自己的行为所带来的后果，

哪种形式的抗议是可以接受的？哪种不是？

无论那有多么严重。有些人选择参与叛乱或革命，还有人寻求不那么暴力的抗议形式。

公民的不服从是一种非暴力的抗议形式，它是通过挑战一项法律或政府的政策而带来某些变化的行为。公民的不服从权利中也包括愿意承担自己的行为结果。因此当我们谈到公民的不服从权利时，我们并不仅是简单地谈论有关违反法律的话题。我们谈论的是有意识地反抗我们认为是不公平的法律或政策，这些反抗可以采用多种形式，其中可能包括：

- 不交税
- 烧毁征兵卡
- 帮助奴隶逃亡
- 把自己与一个核电厂绑在一起

20世纪40年代，圣雄甘地在选择用公民不服从权利挑战印度政府权威的时候应当考虑什么问题？

公民的不服从权利深深植根于美国历史当中，并在某些情况下导致了宪法发生某些深刻的变化。废奴主义者拒绝承认支持奴隶制度的法律，宁愿坐牢也不愿接受他们认为是不道德的法律。他们更愿意遵从他们自己的宗教和道德原则这样“更高的法律”，而不是政府的权威。

妇女选举权、民权运动和反战运动的领袖也选择了不服从法律，宁愿坐牢也不愿支持自己认为是错误的法律。牧师小马丁·路德·金深受圣雄甘地的教诲影响，在他从伯明翰市监狱寄出的信中我们读到："我认为一个人打破了法律，他的良心告诉他法律是不正义的，并自觉接受留在监狱中的惩罚，希望引起社会良心对不正义的感知，这一举动实际上是表达了对法律非常崇高的敬意。"

公民的不服从是一种只有在似乎已经没有其他可选方法的情况下才能做出的极端选择。什么时候它会转变成为适当的选择？在这一课里，你们将思考挑战权威的限度。虽然你们可能永远不会从事公民不服从的行为，但你们仍然有可能会遇到违背了你们的道德或宗教原则的法律。以下练习将帮助你们思考，在这种情况下你们应该考虑什么，它会成为你解决这一棘手问题的工具。

重点思考练习

对安提戈涅的故事中描述的公民不服从权利发表你的看法

阅读下面的故事，然后按照提示准备一场班级辩论。

故事改编自索福克勒斯写于公元前442年的希腊悲剧《安提戈涅》，它讲述了一个年轻女人安提戈涅为顺应自己良心的指引而触犯法律并接受惩罚的故事。

《安提戈涅的悲剧》

在安提戈涅18岁的时候，她的叔父克瑞翁成为了古希腊一座重要的城市——底比斯城的统治者。安提戈涅和克瑞翁都是意志坚定的人，他们都深信自己的思想是正确的，谁也不愿向对方屈服，也因此给他们自己和这座城市都带来了巨大的灾难。

何时反抗政治权威才是正确的？安提戈涅从自己的个人感情出发回答了这个问题，并因此而献出生命。克瑞翁对此有不同的答案，却也因此失去了他深爱的一切。

克瑞翁的命令

在克瑞翁之前，他的兄长俄狄浦斯是底比斯城的统治者。俄狄浦斯有两个女儿——安提戈涅和伊斯墨涅，以及两个儿子——厄忒俄克勒斯和波吕尼刻斯。弑父娶母的悲剧迫使俄狄浦斯远走他乡，底比斯城一时变成无主之城，公民们于是选举了厄忒俄克勒斯为国王。

波吕尼刻斯认为，既然他是长兄，理应是由他来统治。兄弟俩争吵了一番，厄忒俄克勒斯将波吕尼刻斯驱逐出境。波吕尼刻斯为此发誓报仇。他离开底比斯城后召集了庞大的军队为争夺王位而战。

波吕尼刻斯和他的军队回到了底比斯城，并对城邦发起了激烈的攻击。这场兄弟之间的自相残杀艰难且漫长。在战争中许多人失去生命，许多财富被摧毁。最终两兄弟在面对面的对决中同归于尽。

底比斯人再一次失去了统治者，随后他们选择了克瑞翁为国王。克瑞翁对人民发表了演讲，并提醒他们，当权威被忽视的时候将发生怎样悲惨的事情。他告诉人们，为了守护自己的土地，他们必须从这一悲伤的时刻吸取教训。为树立典范，克瑞翁下令为厄忒俄克勒斯举行了英雄般的葬礼，而反攻底比斯城的波吕尼刻斯的尸体要被丢在战场上腐烂，任何人都不许为波吕尼刻斯立碑，不能为他哀悼，任何不遵守该命令并埋葬波吕尼刻斯尸体的人都将被处以死刑。

底比斯人民对克瑞翁的法令展开了辩论，许多人认为埋葬死者是一种神圣的职责。根据他们的信仰，不被掩埋的灵魂注定要成为孤魂野鬼，永远在外游荡。而其他人认为，克瑞翁的法令是有道理的，因为这个城市由于叛乱和违法者而备受折磨，波吕尼克斯的下场可以作为教育那些不尊重国家权威的人的实例。

更高的法律

波吕尼克斯的妹妹安提戈涅虔诚地相信神的法律高于国家的法律，且比国家的法律更重要，她打算遵照神的法律埋葬她的哥哥。安提戈涅试图说服她的妹妹伊斯墨涅和她一起完成这件事。

“安提戈涅你是说，法律禁止任何人埋葬我们的哥哥，你却要这么做吗？”伊斯墨涅问她的姐姐。

“如果你不帮忙，我也要替你对哥哥尽义务，”安提戈涅说：“我永远不会背弃哥哥。”

“在克端翁国王颁布禁令之后公然触犯它？这样超越限制难道不是有点过头了吗？”伊斯墨涅问。

安提戈涅坚定地回答：“他没有权利阻止我遵从神圣的习俗。”

“如果我们像你所说的那样触犯法律”，伊斯墨涅接着说：“到时会发现只有我们两个反抗国王的权力，我们将会受到重罚！因为我们是被迫服从这道命令的，我们可以祈求上天的原谅。”

“如果你必须要遵守法律那就这么做吧，伊斯墨涅，”安提戈涅说：“我再也不求你加入了，我要独自埋葬哥哥。即使为此而死也是件光荣的事，我的“罪行”将不是真的罪过，我更效忠于上帝制定而非人定的法律。如果你不加入我的行动，那么你将会为藐视上帝的法律而感到羞耻。”

“我并不藐视上帝的法律，安提戈涅，”伊斯墨涅回答：“我只是没有力量和城邦对抗。”

“那么我现在要独自去纪念我最亲爱的兄长。”安提戈涅说。

惩罚

当安提戈涅埋葬她的哥哥时，克瑞翁与两个随从走进花园，他正在为自己刚做的决定而感到十分忧虑。

“我们对国家的忠诚就是最高的善，那些把他们的朋友或家人看得比自己的城邦更重要的人是错误的。他们忘记了正是国家这艘船搭载着我们安全地渡过了人生的风雨航程，而也只有国家繁荣幸福才能让我们交到真正的朋友，生活得更体面。更糟糕的就是像我的侄子波吕尼克斯这样的人，背叛自己的家园，转头就向自己的国家宣战的人，就不应该给予他们任何荣誉。”

“这就是我的规矩！这就是为什么我的政令敬重那些为我们的城市奋战，牺牲在战场上的人，但禁止任何人接近波吕尼克斯这个向自己的国家宣战的人。他想喝他自己族人的血，让所有其他人都成为奴隶；他的尸体就应该暴露在荒野，作为羞愧和耻辱的标记，不许人接近，不许人哀悼，也不许人埋葬。只有通过这些规则，我们的城邦才能是安全和繁荣的；只有通过服从这些规则，才能使这座城邦避免内战和毁灭。”

突然，一名卫兵跑进花园，报告了波吕尼刻斯的尸体已经被埋葬的消息，克瑞翁愤怒地下令找出嫌犯。卫兵将安提戈涅带回来，并羁押审问了她：“我抓住了这个女人时，她正在埋葬波吕尼刻斯的尸体。”

克瑞翁看着他的侄女安提戈涅，并问她是否真的埋葬了波吕尼刻斯的尸体。她并不否认。

克雷翁对安提戈涅说：“告诉我，你是不是不知道有法规禁止你做这件事？如果你确实知道，又为什么不遵守呢？你是我的侄女，不久就要与我的儿子海蒙结婚。事情怎么会变成这样呢？”

“我了解法律，”安提戈涅回答：“但这是公共知识。至于我为什么知道了还这么做，因为这不是众神之王宙斯颁布的法令。你的法律不属于永恒的正义，我不相信你的法律能总是让我服从，代表永恒正义的不成文法律才是更高的法律，以它们的名义，我不会服从于你的法律，因为那跟神的法律相比更次要。”

“你的法是当今的法律，”她接着说：“但上天的法律在任何时候、任何地方都是永恒的。甚至没有人知道神明在什么时候订立了这些法律。永恒的法律命令我埋葬我的哥哥波吕尼克斯。我知道会为了这件事而死去，但总有一天我会死，你下令处死我对我来说一点也不重要。如果我让我的哥哥躺在野外，没有人触摸，没有人掩埋，没有人关心，这将会使我深深地不安和难过，因此我不后悔我所做的事。”

“可是你的这位哥哥攻打他自己的国家！”克雷翁反驳道：“帮助那些转过头来攻打自己的国家的叛徒是不光彩的，他本应该对国家保持最高忠诚和并时刻效忠，如此的话，誓死保卫国家的你的弟弟呢？”

“但是，是神明要求我这么做的，”安提戈涅说：“在纪念故人的事情上，我遵循一种高于国家法律的更高法。更重要的是，我的同胞底比斯人也同意我的看法，只是恐惧你封住了他们的嘴。”

“众神不需要像你这种做出邪恶行为的人的忠诚。”克瑞翁说。

“你不能代表神明发言。谁可以说他们不同意我的看法？”安提戈涅回答。

“我的职责就是在这片饱受战争蹂躏的土地上建立秩序与和平，”克瑞翁继续说：“我们的城市仍然处于危险之中，因为你两个兄弟的不同支持者而处于分裂状态。叛乱的波吕尼克斯的命运必须作为对那些触犯法律，推翻国家的人的一种警告。”

“安提戈涅，你抛弃了你未来的幸福去埋葬你的叛徒哥哥。由于你不遵守整个城邦的安全和福祉仰赖的法律，我无法不处以你死刑。”

“安提戈涅，我相信，一个不被掩埋的尸体就是恢复底比斯的和平与秩序所必须付出的公平的代价，但是你拒绝接受这一点。就这样吧。你要离开我别无选择。警卫，把这个女人带走，把她关进监狱！她免不了一死！”

海蒙的申诉

当安提戈涅的未婚夫海蒙听说刚刚发生的事情后，找到他的父亲克瑞翁，请求他的原谅。克瑞翁拒绝了。

“我发现，所有底比斯的公民中只有安提戈涅不服从我的法律”，克瑞翁向海蒙解释：“如果我不杀她，我在自己的人民面前会像一个骗子。底比斯的公民会认为我软弱，公共秩序和国家本身都将处于危险之中，我不能同时拥有两个规则，一个适用于我的亲人，另一个给其他所有人。”

“我的儿子，如果城邦要为了生存，无论事务大小，无论事情是否公平，都必须服从权威。不服从是最大的恶，它摧毁城市，让我们的家园变得荒芜。”

听了他父亲的话，海蒙回答：“爸爸，请听我说完。我没有资格来说你是错误的。然而，其他人（甚至是我）可能也会有有益的想法。我是你的眼睛和耳朵，我可以告诉你那些公民害怕当面跟你说的话。父亲，他们在说。我听到人们在黑暗中窃窃私语，他们为安提戈涅哀悼，他们说她所做的事情值得被奖励而不是惩罚，这就是暗中传播的谣言。”

“真正聪明的人必须知道每个人都要学会妥协，而不是一味坚持自己的意志。父亲，难道你没有看到，猛烈的大风刮起时，只有那些屈服于风的树木才能保护自己的每一根枝条，而僵硬顽固的树连则要根茎都要被大风拔起吗？释放安提戈涅吧，如果你杀了她，人民将会转而反对你。”

“难道你希望我尊敬毫无法纪的人？”克瑞翁问：“这就是安提戈涅所代表的人，我应该尊敬做出邪恶行为的人吗？”海蒙说：“底比斯人都异口同声地否认安提戈涅是邪恶的，父亲，你没有权威违抗神明的要求，众神有自己的法律，要高于您的。”

“不要跟我谈论法律，海蒙，这个世界的法律把我们的城邦、我们的文明紧紧团结在一起，内战撕裂了我们的城市，我们尚未愈合的伤口还在淌血，如果安提戈涅有她自己的方式，这将意味着任何人都可以违抗任何他们认为是错误的法律。如果那些违法的人被赦免、逍遥法外，那么我们脆弱的城邦秩序将消失殆尽，陷入一片混乱。即便是无辜的人都要遭殃！我们的城邦将无法可依，就像从前的野蛮时期一样。”

悲惨的结局

克瑞翁下令把安提戈涅带到一个山洞并被抛弃。在去山洞（既是监狱也是坟墓）的路上，安提戈涅向聚拢在她身边的人群说：

“看着我，底比斯人，我祖国的公民！”她喊道：“看着我迈向我最后的旅程，看着我最后一次望向阳光。我即将死去，没有结婚，无人哀悼，没有朋友。我是多么可怜！就像白天之后是夜晚一般，我无法逃避的命运压倒了我。为什么我会死？”

如果赦免安提戈涅触犯城邦法律的罪行，让她免受惩罚，会有什么结果？

克瑞翁走上宫殿说：“底比斯的公民，请听我说，这是我做出的一个令人悲伤却不得不这样做的决定。安提戈涅明知故犯，企图埋葬波吕尼克斯，触犯了国家的法律。”

“如果我们允许人们以身试法，”他继续说：“我们的城邦将无法生存下去。这是我的责任，我作为统治者的庄严义务，不能让我们的城市因为这样的背叛行为而受到威胁。安提戈涅将因此被带到山上，囚禁在一个山洞里，会为她留下食物，但只能满足维护底比斯声誉的需要，以回应公民说我过分残酷的指责。”

他转向他面前的女人说："你，安提戈涅，有没有什么最后的话要说？"

"只有如此，克瑞翁，因为我选择了服从上帝的不是凡人的法律而被赐死。我知道我对神明的崇敬冒犯了你，但在我自己的心灵和思想里，我觉得自己没有犯罪，我不过是是履行了自己的责任。我会将我托付给我所信仰的神，他们知道我没有违背他们的法律。"

在警卫带走安提戈涅后，一个反对赐安提戈涅死刑的盲人先知警告克瑞翁说："太阳的战车还没在天空中走完一圈，你就会为安提戈涅的死付出一具来自你的肉体的尸体的代价，很快你的房子将充满哀号，你将无法逃过我的预言！"

如果你是克瑞翁，在考虑是否惩罚安提戈涅时你会问什么问题？

最后，克瑞翁极不情愿地同意推翻自己的决定。但为时已晚，当他走近监狱洞穴时听到了他的儿子海蒙悲痛欲绝的声音，哀悼着上吊自杀的他的挚爱——安提戈涅。

克瑞翁朝洞里看过去，看到他的儿子双臂拥着他的未婚妻。克瑞翁恳求他的儿子离开这里。但海蒙尖叫着诅咒他，然后用刀刺死了自己，奄奄一息的时刻也一直陪在安提戈涅身边。

数小时后，一个信使告诉克瑞翁，悲剧比他所知道的还要多：当克瑞翁的妻子听说了儿子海蒙死后，也结束了自己的生命。克瑞翁的生活崩塌了，他所挚爱的一切都离他远去，他成了一个除了渴望死亡之外其他什么都不想要的绝望的人。

准备课堂辩论：

老师会把你们全班分成以下五个小组：

- 第一组将提出和陈述支持克瑞翁观点的初始论据
- 第二组将提出和陈述反驳论据，用来回应支持安提戈涅观点的论据
- 第三组将提出和陈述支持安提戈涅观点的初始论据
- 第四组将提出和陈述反驳论据，用来回应支持克瑞翁观点的论据
- 第五组将代表底比斯公民，听取双方的陈述，提出质询，并判断哪一组陈述的论据更好

每组都应遵循以下说明准备辩论：

第一组：克瑞翁小组

你们组将为克瑞翁的观点进行辩护。准备你们的论据，并选出发言人向全班陈述你们的论据。

第二组：克瑞翁的反驳论据小组

你们组将对证明安提戈涅观点的论据做出回应。预估对方可能提出的论据，准备你们的反驳论据，选出发言人向全班陈述你们的反驳论据。

第三组：安提戈涅小组

你们组将为安提戈涅的观点进行辩护。准备你们的论据，并选出发言人向全班陈述你们的论据。

第四组：安提戈涅的反驳论据小组

你们组将对证明克瑞翁观点的论据做出回应。预估对方可能提出的论据，准备你们的反驳论据，选出发言人向全班陈述你们的反驳论据。

第五组：底比斯公民小组

你们组将代表底比斯的公民。你们将质询上述所有小组，并选出你们支持哪种观点。

请为你们的小组选出一位主席。列出一个问题集，用来评估其他各组的观点，并对他们的论据提出质疑。

进行课堂辩论

1. 在各组有充足时间做好准备后，公民小组主持人应当宣布辩论开始。
2. 每个小组都有5分钟时间做陈述发言，发言顺序应当是：第一组、第三组、第四组、第二组。每个小组发言结束后，底比斯公民可以提问。
3. 小组成员当中发表陈述的代表在回答问题之前可以向其他小组成员征询意见。小组中的任何成员都可以回答一个问题。
4. 在各组发表了自己的论据并回答完问题后，公民小组应当开会决定哪一组的论据最有说服力。主席应当向全班解释该组的决定。随后全班应讨论公民小组的决议，并回答下面“你怎么看？”部分的问题。

你怎么看?

1. 克瑞翁的观点有哪些优势和劣势？安提戈涅的观点有哪些优势和劣势？
2. 安提戈涅反抗克瑞翁的法律是否有其他有效方法？如果有，是什么？

3. 决定不服从法律时应当考虑什么因素？
4. 如果不同宗教或道德价值观的人不同意最高法的定义该怎么办？
5. 你认为公民的不服从是永远合理的吗？解释你的观点。

知识运用

1. 美国的许多州（包括密歇根州），都设有法律禁止协助任何自杀企图。杰克凯佛基安博士公开违反密歇根州的法律，声称更高法——宪法赋予了人民结束自己生命的权利，并有权得到医生的协助。研究这个案例，探寻发生在凯佛基安博士身上的事情经过，并向全班报告你的所学。
2. 二战期间，有许多人冒着生命危险，违背纳粹要求驱逐犹太人的法律。例如，在法国南部小镇：勒尚邦利尼翁（Chambon-sur-Lignon），整个村镇都为犹太难民提供了藏身之地。在丹麦，国王克里斯蒂安十世和哥本哈根路德教会的主教都公开反对纳粹驱逐犹太人的法律。在非犹太裔的丹麦人的大力援助下，有超过十分之九的犹太居民设法逃往瑞典。与小组同学合作，到图书馆调查并进一步了解其他诸如此类抵制不正义的纳粹法律的案例，并排练一个短剧来描述这类事件的经过。在班上表演你们的短剧，然后讨论剧中所包含的权威问题。

Privacy

隐私

宪法和最高法院如何保护了隐私权？

导言

“人民的人身、住宅、文件和财产有不受无理搜查和扣押的权利，不得侵犯。”

以上美国宪法第四修正案的条款要求政府尊重我们的隐私权。今天我们的隐私权除了保护我们的住宅和人身免受无理的搜查和扣押之外，还包含了更多内容。最高法院承认，隐私包括人们能够自愿与他人分享的个人信息，以及人们会如何处理某些对自己生活产生重要影响的问题，例如：我们是否要结婚或者是否要生养孩子。

尽管《权利法案》中并没有特别提到隐私权，但最高法院在第四修正案中找到了保护隐私的条款；在第五修正案中反对自证其罪的特权（译者注：自证其罪指刑事案件中的作不利于自己或有可能使自己受到刑事起诉的证言，美国宪法认定此种证言不能作为合法证据）；在第三修正案中规定士兵不得在民用房屋中驻扎；在第一修正案中保护了集会和言论自由。最重要的是，通过第十四修正案的认可，法院判定隐私权是“自由”的一个重要组成部分。

隐私权是对人类自由和尊严的基本保障。隐私的价值不仅在于它本身，同时它对我们享有财产权，以及享有思想、言论、宗教和良知的自由都同样重要。没有隐私权，其他这些重要的权利对我们来说也就失去了意义。

但是，隐私权并不是一种绝对的权利；有时候为了保障社会对秩序和信息的需要，必须限制个人的隐私权。作为美国公民，我们需要能够独立思考并决定，为了保护我们社会中的其他重要利益，在什么时候需要合理限制隐私权。

本课有关隐私的学习将能帮助你们更好地理解隐私的重要性，同时也将帮助身为自由社会个体的你们，更有效地处理日常生活中的个人隐私问题。

第一单元：隐私的重要性是什么？

单元目标

本单元将有助于你们更全面地理解隐私的含义及其重要性。你们将会学习在各种不同情况下找出并描述隐私的案例，并学会区别确实存在隐私或没有隐私的不同情况。

你们也将学会人们通常用来保护自己隐私的方法，同时研究个人和公共机构对隐私的需求。

这些照片如何体现出隐私的重要性？

第一课：隐私是什么?

本课目标

本课将向你们介绍隐私的重要性，并定义本课中所使用的“隐私”。学完本课后，你们应当能够区分确实存在隐私和没有隐私的不同情况。你们也应当能够描述隐私的一般内容，以及在某些特定情况下人们希望保有隐私的原因。

掌握词汇

隐私　　孤独　　隐私的对象

重点思考练习

研究隐私的程度

大多数人愿意与任何人分享某些关于自己的信息，但有些信息则需要保密或只与最亲密的朋友或家人分享。同样地，人们并不介意在公开场合做某些事，但有些事他们只会在私密的场合或与自己了解和信任的人在一起时才会做。

在本次练习中，分别列出以下各种你们认为人们会：

- 愿意与陌生人分享的信息和活动，例如报纸或电视台记者、图书馆管理员或政府人口普查工作人员
- 愿意与同班同学、邻居和其他熟人分享的信息和活动
- 只愿意与某些亲密的朋友或亲人分享的信息和活动
- 不愿意与任何人分享的信息和活动

以上列出的每种信息和和活动中应当包括4或5件事。与一位同学

一起或分小组集体讨论列出清单。然后，每一对或每一组同学应当与全班分享自己列出的清单。全班一起讨论以下问题：

1. 每组同学列出的清单之间有什么相同之处？
2. 人们最私密的信息和活动有什么共同特征？
3. 如果你最希望保密的信息和活动被新闻媒体曝光了，你会有什么感觉？
4. 如果你无法与你最亲密的朋友或亲人分享私人信息，你会有什么感觉？这将怎样影响你和他们之间的关系？

隐私是什么?

正如你们所看到的，隐私涉及到控制或决定与他人分享信息的程度的能力。但隐私也包括其他事情，在本课中，隐私可以被定义为“独处的权利”，这一权利可能会受到不同方式的威胁或侵犯。当人

你愿意与你的同学或亲密的朋友分享哪些个人信息？哪些是你完全不想与任何人分享的？父母？同学？日记？

们问到我们并不想回答的某些问题时，我们会说“让我一个人待一会儿”；当我们希望他人走开或当有人打扰或干涉我们正在做的事情时，我们也会说“让我一个人待一会儿”。因此，隐私权可能包括以下方面：

- 决定是否要与他人分享信息的权利
- 独处的权利，即远离他人、独自一人
- 不受他人干扰的权利

我们不想让他人发现、看到或干涉的事情被称为隐私的内容。隐私的内容可能包括：

- 一些事实，例如：你的出生地、你的父母是谁、你的年龄和体重等
- 一些行为，例如：你要去哪里、你要见谁等
- 地点和财产，例如：你的房间、你的盒子或橱柜里的东西
- 思想和感受，例如：你喜欢谁、你讨厌谁、你害怕什么、你的宗教或政治信仰等
- 通讯，例如：你的信件或电话交谈内容等

重点思考练习

研究涉及到隐私的情境

阅读以下情境案例，选出当中包含隐私的案例，回答“你怎么看？”部分的问题，准备好与全班分享你的答案。

1. 托马斯走进自己的房间与朋友罗伯特说话，因为他不想让他的妈妈听到。
2. 有时法里德会去公园画画，这样他的家人 就不会取笑他的画。
3. 米莎走上前对史蒂文说：“篮球赛今天开始。”
4. 杰西和洛雷塔是最好的朋友，她们每周六都在购物中心里的某个地方碰面，但她们约定不让任何人知道这个地方。

5. 汤亚到森林里散步。突然，她意识到自己迷路了，于是她大声地呼救，却没人能听见。现在她真的是孤立无援了。
6. 阿尔塔收到自己的成绩单后把它藏了起来，不想让她的朋友们看到。
7. 虽然西奥支持向海外派兵、恢复当地秩序的提议，但他并没有在办公室里跟他的同事们提起这件事，因为他们都反对这个提议。

你怎么看?

针对以上每个情境中包含了隐私的案例，回答以下问题：

1. 为什么这个案例与隐私有关？
2. 谁希望将某些事情保密？
3. 隐私的内容是什么？
4. 这些事情要对哪些人保密？
5. 你认为案例中的这个人为什么需要保护隐私？

知识运用

1. 在学校，为了保护你的隐私，列出几项你希望大家遵守的规则，并准备向全班同学说明你的规则。
2. 找一篇有关隐私的新闻剪报，或一个关于隐私的电视新闻节目，准备与全班解释说明其中涉及的隐私问题。
3. 在学习隐私部分时，写一本有关隐私的笔记或日记。在接下来的24小时里，记下至少五个涉及隐私的情况，并针对每种情况回答以下问题：
   - 谁希望将某些事情保密？
   - 隐私的对象是什么？
   - 这些事情要对哪些人保密？

   然后解释你所列举的案例中的这个人为什么想要保密。

第二课：人们如何保护自己的隐私?

本课目标

本课描述了人们保护隐私的不同方式。学完本课后，你们应当能够说明某些人们用来避免他人注意和发现自己隐私的常用方式。

掌握词汇

隔离	私密
保密	排斥

人们如何保护某些隐私?

以下是人们用行动来保护自己隐私的某些最常见的方式：

1. **隔离**：人们可以把自己隔离起来，也就是说，他们可以让自己远离他人。例如，他们会待在房间里或屋子里，或者到某些偏远的地方居住。
2. **保密**：人们可能会对某些私人的事情保密，也就是说，他们会故意不告诉别人这些秘密。例如，你和你的朋友们把你们的周末计划当做秘密，或者约好不告诉任何人你们看到或做过的事情。人们可能会对自己的收入或债务保密。
3. **私密**：当人们将私人信息与自己尊重和信任的人分享，并相信这个人不会告诉其他人的时候，就叫“私密”。例如，你可能会将一个秘密告诉一个朋友、亲人或心理辅导老师，并希望他或她不会把这件事传出去。人们对自己的医生、律师和神职人员私下里说的话都是私密的。

4. **排斥**：人们可能会通过排斥他人来保护自己的隐私或秘密。 例如，你可能会用不许其他人看你的钱包、储物柜、房间或住宅这样的方式来保护某些隐私。一些政府机构禁止未授权的人进入某些特定建筑或军事基地，以此来保有隐私。

重点思考练习

辨别人们如何保护隐私

阅读以下改编自瓦里安·费赖伊的《拯救犹太人》的材料，区分人们保护某些隐私的不同方式，然后回答“你怎么看？”这一部分的问题，并准备与全班讨论自己的答案。

摘自：《拯救犹太人》

20世纪30年代末，希特勒在德国的力量崛起和上台执政，对纳粹屠杀名单上数百万犹太人和其他人种来说标志着恐惧时代的来临。许多人逃往德国边境，试图越境去法国南部纳粹未占领的区域。但当法国在1940年6月向希特勒投降后，这些难民面临着被移交给盖世太保，并在集中营里被监禁、折磨和处决的危险。

一群对第三帝国的行为感到震惊的纽约人组成了紧急救援委员会。他们的目标是赶在盖世太保有所行动之前把那些艺术家、作家、音乐家、科学家、教授和政治人物运出法国。为此他们必须找到合适的人做中间人，这些人必须能自由出入法国，并愿意承担秘密使命所带来的危险。因此，一个没有任何特工经验的人——瓦里安·费赖伊，通过“国际基督教青年会”得到了很好的掩饰身份。通过他有效的地下工作，13个月内有超过1000名难民成功地偷渡离开马赛。

“在我的三个助手——负责把风的比米什、负责面谈的弗兰西和秘书莉娜的帮助下，我们每天都会约见那些来寻求我们帮助的人。我们在白色档案卡片上记下他们的名字，但从来不写他们的地址。因为一旦警察突然袭击，写满了地址的卡片散落一地，这些人可能会被找到并被逮捕，这是我们所不想看到的。

晚上所有难民都走了之后，比米什、弗兰西、莉娜和我会召开工作会议。

我们将仔细检查这一天记录的所有档案卡片，并讨论将对每一个案例采取哪一种拯救方案。由于我们总是害怕警察可能在房间里放置了隐藏的麦克风，我们会打开浴室里所有的水龙头，然后就在浴室里讨论所有秘密的内容。我们想，水的噪音会让录音听起来像一场漫长的雷雨，相反警察却听不到我们说的每个字。

保密的内容包括伪造的护照、身份证、居留许可和假的安全通行证；同时还包括翻越比利牛斯山脉进入西班牙的秘密逃生路线，和那些处于盖世太保威胁下最急切需要帮助的难民的名字。

因为所有信件都要被检查员打开和阅读，我们不能将这些名字发电报给纽约，我们甚至不能在任何通信中提到他们。因此莉娜会将我们的秘密消息打在一张窄窄的薄纸片上，然后比米什、弗兰西和我负责将纸条的两端粘在一起。粘胶干了之后，我们将长纸条紧紧地卷起来，然后将每个纸卷塞进橡胶指套里，并用细线将另一端扎紧。接着，把一管用过的牙膏或剃须膏从底部挖开，把用橡胶膜包好的纸卷塞进管

战争或其他冲突会怎样促使人们改变自己的隐私行为？

里。封好之后，我们还会把牙膏管的尾部卷一卷，看上去好像是每天都在用的样子。每当有我们信任的难民要离开法国，我们就会将一管信息交给他，让他在到达里斯本后邮寄到纽约。警察从来没有截获过我们的牙膏信。”

你怎么看？

1. 在这个故事中，谁希望保护某些隐私或要保密？
2. 他们希望保密的事情是什么？
3. 他们不希望这些秘密的事情让谁知道？
4. 他们怎样行动来保护隐私或保密？
5. 上述故事中包含了以下哪些情况：
   - 隔离
   - 秘密
   - 私密
   - 排斥

知识运用

1. 针对本课中所描述的人们用来保护隐私的四种方法：隔离、秘密、私密和排斥，分别画一幅图片或制作一幅拼贴画来说明。
2. 为什么对某些私密谈话（例如人们与医生或律师进行的交谈）的内容保密很重要？哪些情况下应当披露这些私密谈话的内容？请解释。

第三课：为什么隐私对个人和公共机构来说是重要的?

本课目标

本课要求你们思考隐私对个人和公共机构来说的重要性。你们将有机会进行角色扮演：针对战争时期的新闻审查问题举行一场模拟国会听证会。学完本课后，你们应当能够解释为什么个人和公共机构会希望对某些事情保密。

掌握词汇

公共机构

重要思考练习

考察隐私对个人的重要性

诗歌、歌曲的歌词、散文和其他文学作品可以让我们以新的方式进行思考，或让我们更了解自己的思想和感情。在阅读以下材料时，请思考原作者的创作意图。关于隐私，作者希望告诉我们什么？准备与全班分享你的想法，并与你的同学讨论后回答“你怎么看？”部分的问题。

1. 摘自《如此正确的事》

保罗·西蒙（美国词曲作者，1942—）

在中国有个长城！
它有一千英里长。
为抵御外敌，人们把它建造得坚固又强大。

环绕着我，也有一堵墙，你们甚至看不到。

若要了解我，可要多花一点时间。

歌词版权所有：1973·保罗·西蒙

2. 摘自《补墙》

罗伯特·弗罗斯特（美国诗人，1874—1963）

我在造墙之前，先要弄个清楚，

圈进来的是什么，圈出去的是什么，

并且我可能得罪什么人。

总有一些不喜欢墙的，要推倒它。

3. 摘自《恰尔德·哈罗德尔游记》

拜伦勋爵（英国诗人，1788—1824）

无径之林，常有情趣，

对人们来说，为什么能有一个隐私的去处是很重要的？

无人之岸，几多惊喜，
世外桃源，何处寻觅，
聆听涛乐，须在海里；
爱我爱你，更爱自然，
摈弃自我，退身自思，
拥抱自然，灵感如泉，
面对自然，全无顾忌。

4. 摘自《瓦尔登湖》

亨利·大卫·梭罗（美国散文家，1817-1862）

最接近我的邻居在一英里外，看不到什么房子，除非独自登上那半里之外的小山山顶去望。我的地平线全给森林包围起来，专供我自个儿享受，极目远望只能望见那在湖的一端经过的铁路，和在湖的另一端沿着山林的公路边上的篱笆。大体说来，我居住的地方，寂寞得跟生活在大草原上一样。可以说，在这里我有我自己的太阳、月亮和星星，我有一个完全属于我自己的小世界。

人们常常对我说，“我想你在那儿住着一定觉得很寂寞吧，总是想要跟人们接近一下的吧，特别在下雨下雪的日子和夜晚。”（但）大部分时间里，我觉得寂寞是有益于健康的。有了伴儿，即使是最好的伴儿，不久也要厌倦，弄得很糟糕。我爱孤独（我喜欢独处）。我没有碰到比寂寞更好的同伴了。

社交往往过于廉价。我们相聚的时间是如此短促，都来不及使彼此获得任何新的有价值的东西。我们相会于邮局、各种社交场所，还有每晚在炉火边；我们生活得太拥挤，互相干扰，彼此牵绊，因此我想，我们已经缺乏了对彼此的敬意了。

你怎么看?

1. 保罗·西蒙如何看待人们周围看不见的墙？这些墙有什么用？这些

墙带来了什么问题或缺点？

2. 罗伯特·弗罗斯特认为（在人与人之间）筑起一道墙有什么缺点？你觉得缺点是什么？有什么好处？
3. 拜伦认为独处的优势是什么？亨利·梭罗怎么想？你认为独处的优势是什么？缺陷又是什么？
4. 你是否曾经尝试在你周围筑起一道墙？那是在什么时候？你获得了什么？你失去了什么？你认为你应当更频繁地这么做吗？或者应该更少这么做？为什么？
5. 你是否曾经想过要独处？那是在什么时候？当你希望独处却做不到的时候，你会有什么感觉？
6. 你会感到孤独吗？即便是在周围有其他人的时候？独处和感觉孤独之间有什么区别？

为什么隐私对公共机构来说是重要的?

对某些公共机构来说，就如同对个人一样，隐私都是很重要的。这里的公共机构是指某些已经设立的组织和机构（基础性的组织），例如：

- 各级学校
- 企业公司
- 博物馆
- 医院
- 联邦、各州和地方政府

某些公共机构需要对某些特定事情保密。例如：医院要对医疗记录保密；学校和大学要对学生的记录和档案保密；博物馆可能不想要曝光即将购买新艺术品的计划；企业公司通常将新产品、产品销售及广告计划视为商业秘密。许多国家的政府机构都有秘密的武器或军事计划，也有秘密的间谍名单，也通常需要对信函和其他文件保密。在民主体制中，所有政府部门都必须向民众公开，但出于国家安全的利益考虑，某些事情则必须保密。

重点思考练习

评估公共机构的秘密

在本次练习中，针对战争时期的新闻审查问题，全班将分组进行一场模拟国会听证会。首先，请阅读以下材料，找出军方希望保密的内容以及原因。各小组讨论回答“你怎么看？”部分的问题。然后按照下一节中的听证会说明，为模拟听证会做准备。

国会调查战时新闻审查

美国参议院的政府事务委员会决定举行一场听证会，以调查在多大程度上军方应当可以在战争时期对新闻媒体的报道进行审查。听证会也邀请了来自国防部和新闻媒体界的人士出席作证。

为什么要举行这场听证会？在1991年波斯湾战争期间，很多记者抱怨国防部过多地限制了新闻媒体。在战场，记者们被分成了很少人的小组或团体，随时都有军事人员跟随。他们只能去军方的向导带

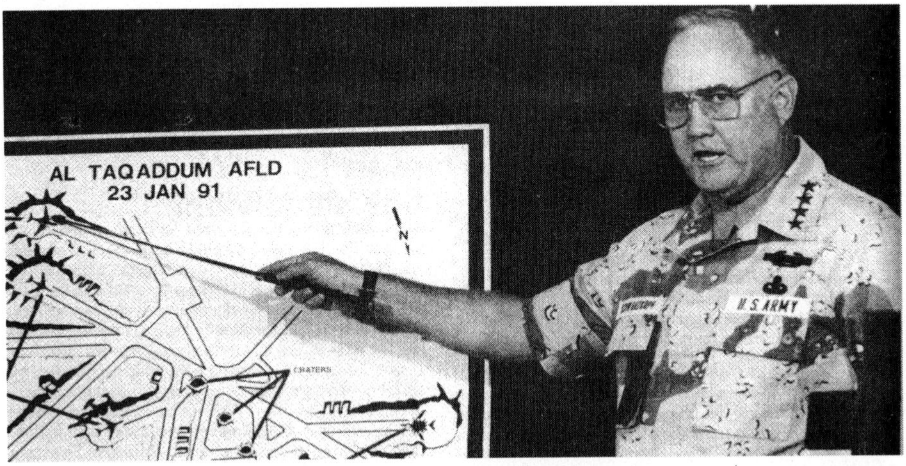

在1991年波斯湾战争当中，诺曼·施瓦茨科普夫将军应当向新闻媒体透露什么信息？不应当透露哪些信息？

他们去的地方。记者们必须要将他们的战地报道在出版前交给军方审查。如果军方审查人员发现任何他们认为可能会有助于敌军的信息，就会截断并阻止这则报道刊登。某些军方随从人员还会过分严格地监视记者的行动。

如今的军事审查程序和过去大有不同。例如在第二次世界大战期间，记者们可以自由地前往任何地方，观察任何事件，然后写出自己的报道，并提交给军方审查。审查员删掉任何可能有助于敌人的信息，文稿的其他部分仍然可以出版。

在波斯湾战争期间，记者不能按照自己的意愿去任何地方或决定什么时间去。记者被告知“不许看”，而并非“不许报道”。可以说，这种规定不允许记者收集资料和进行适当的报道。对信息获取渠道的限制这种更加严格的审查形式，使美国公众更难判断新闻报道是否准确和可靠。

另一方面，从军方的角度来看，媒体派出太多新闻记者前往该地区，导致事态无法得到有效的处理。此外，记者经常在电视简报会议上提出某些危及部队安全并导致军方无法回答的问题。此外，在海湾战争时期，新闻采访中所用到的卫星传输现场直播和其他现代技术，使记者们无法再享受到电视机诞生前的第二次世界大战时期所拥有的那种自由。

你怎么看?

1. 军方希望保密的事情是什么？
2. 军方希望这些信息对谁保密？
3. 军方打算如何保护有关这些信息的秘密？
4. 军方希望对这些消息保密的原因是什么？

准备听证会

为了准备听证会，全班应分为五组，分别扮演以下角色之一：

国防部：你们将设法证明军方制约新闻媒体的正确性；

广播电台和电视台联盟：你们将争取获得尽可能更广泛的自由，观察和报道正在发生的事件并制作新闻；

联合新闻社（美联社）：你们是新闻报纸和杂志的记者，希望争取获得信息的完全自由，前提是在发表之前将自己的报道提交给一位军方审查员审查；

国防政策研究中心：你们组通常采用基于实际需要的论据来支持军方的观点；

参议院政府事务委员会：作为美国人民选出的代表，你们要争取做出符合国家利益的最佳决定。你们需要认真聆听来自各方的声音，并要明智地解决这个有关隐私的问题。要记住，需要同时考虑到国家安全和人民的知情权。

前四个小组应当各自准备一段三分钟的发言，针对“战争时期军方应当在审查新闻媒体中扮演怎样的角色”这一问题做出回答，并解释和论证自己的答案。每个小组都要选出一到两个发言人向第五组的政府事务委员会陈述自己小组的观点。但所有小组成员都应当准备协助发言人回答委员会提出的问题。

在前四个小组准备各自的发言时，第五组“参议院政府事务委员会”应当准备好要问每一个小组的问题，并选出一位代表担任委员会主席，主持听证会。

召开听证会

第五组“参议院政府事务委员会”的主席宣布听证会正式开始。每个小组都有三分钟时间进行陈述，接着各有三分钟用来回答委员会成员提出的质询。所有四组完成发言后，委员会成员应讨论各组所提出的论据，并对如何处理这一隐私问题达成共识。委员会的审议过程应当在全班面前进行。最后，委员会应当提出一项正式决议，针对战争时期允许军方审查新闻媒体的程度问题，对委员会的最后决定进行说明。

知识运用

1. 还有其他哪些公共机构会有人们希望保密的信息？哪些种类的信息是人们希望保密的？为什么？
2. 有什么信息是你想要知道、但某个公共机构会因为它是保密信息而拒绝提供给你的？这个信息应当被保密吗？为什么？
3. 你认为是否存在某些应当允许政府保密的信息？政府想要对这些信息保密可能出于哪些原因？你认为是否存在某些信息，即便政府想要对此保密，但也不应当允许？解释你的观点。

第二单元：哪些因素可以解释隐私行为之间的差异?

单元目标

本单元将向你们介绍某些可以解释个人隐私行为之间差异的因素。你们会学到：尽管隐私存在于所有社会和不同的文化背景中，但无论是在同一个社会里，还是不同的社会之间，个人的隐私行为都往往大不相同。你们将研究个人的隐私行为通常出现差异的地方和产生差异的原因。

如何解释不同个人的隐私行为之间的差异？

第四课：为什么人们的隐私行为会有不同?

本课目标

本课探讨了人们的隐私行为之所以不同的某些常见原因。学完本课后，你们应当能够描述和解释隐私行为之间的相似和差异之处。

掌握词汇

因素	职业
角色	价值

重点思考练习

研究隐私行为

阅读以下改编自美国作家伊迪斯·华顿夫人 (1862-1937)的短篇小说《一段旅程》的材料，找出小说主角的隐私行为。与一位同学合作回答“你怎么看？”部分的问题，并准备与全班分享你们的答案。

《一段旅程》

沉睡的车厢陷入了夜晚的宁静。透过潮湿的玻璃窗她看到了突如其来的光，黑暗中匆匆留下了长长的影子，她立刻转过头，看着走道对面丈夫的床帘顶端的空隙。她不安地想着他是否需要什么，她是否能听到他的呼唤。最近几个月他的声音变得很微弱，如果她没有听到他就会勃然大怒……她悄悄地走进更衣室，洗完脸，整了整裙子，顿时觉得仿佛充满了希望……10 个小时后他们就能到家了！

她走到丈夫的铺位旁边，俯身靠近他，她的影子投射在他的身上。

她摸了摸他的手，是冰凉的……她弯下腰靠得更近，抓住他的胳膊，叫着他的名字。但他并没有动。

她轻轻地摇了摇他的肩膀，他躺在那里一动不动。她再次抓住了他的手，它软绵绵地滑落了下去，仿佛没有生命的物体。“没有生命的物体？”

她瑟缩着俯身向前，忍不住有些作呕，但还是将手放在他的肩膀上，把他翻了过来。他的头向后倒下，他的脸看上去小而光滑，眼睛定定地凝视着她。

有很长时间，她呆住了，一动不动地一直抱着他。突然，她害怕地瑟缩起来：打从心里想要尖叫出声，飞一般从他身边逃走，这些想法几乎吞没了她，但有一双更有力的手按住了她。天哪！如果有人知道他死了，他们会被要求在下一站就下车。

她的脑中迅速闪过一段可怕的回忆：在某次旅行中她看到一对夫妻的孩子死在了火车上，在某个不知名的小站全家人被赶下了车。她看到他们站在站台上，孩子的尸体就放在旁边。现在，这场景可能就要发生在她的身上。再接下来的一个小时后，她可能会发现自己身处一个陌生的车站，独自和她丈夫的尸体待在一起……这太可怕了。

她觉得列车开得越来越慢，火车正在靠近站台！她猛地用某种粗鲁的姿势挡住了丈夫的脸。

可能出于什么原因，故事里的女主人公隐瞒了她的丈夫意外死在这辆旅客列车的私人铺位的事实？

她感到一阵头晕目眩，昏倒在床铺边，离他直挺挺的身体远远的，把床帘紧紧拉上，这样他和她就完全笼罩在某种阴暗死寂的光线中……她开始努力思考：她必须不惜一切代价隐瞒他已经死去的事实，但是该怎么做呢？

她听到列车员在整理她的床铺，人们开始在车厢里走来走去。使出了全身力气，她站起来向过道走去，将她身后的帘子紧紧地拉上。她注意到随着列车的移动，帘子之间还有些缝隙，她在自己的裙子上找到了一个别针，将帘子穿在一起。现在她安全了……

列车员在他的铺位前来回走动，间或看她一眼。

最后他说："他不打算起床吗？我们要尽快整理完所有床铺。"此时的她正因为恐惧而全身冰凉，火车才刚刚进站。"喔，还没有"，她结结巴巴地说："他要等喝了牛奶再起来，可以帮我们拿一瓶来吗？"

"好的，等车开动后我就拿来。"

火车再次启动后，列车员拿着牛奶过来了，她从他手上接过瓶子坐下来，恍惚地瞪着那瓶牛奶。终于她意识到，列车员还站在一边等着她。

这个故事的女主人公如何努力隐瞒她丈夫死在火车上的秘密？

“需要我递给他吗？”他提议。“哦，不用，”她提高了音量：“他，他还在睡呢，我想。”

她一直等到列车员走开，才取下床帘上的别针，悄悄爬进去。朦胧中她丈夫的脸正对着她，那对眼睛就像是大理石面具上的玛瑙珠子。她伸出手将他的眼睑轻轻合上。然后她想起了那瓶牛奶，她应该怎么办呢？她想把它扔出窗外；但那样她需要俯身靠近他，他们会脸对着脸。想了想，她还是决定把牛奶喝掉。

过了一会儿，列车员回来了。“我什么时候来给他收床？”他问。“噢，现在还不用，他病了，病得很厉害，你能不能让他就这样待着？”列车员拿着那牛奶空瓶走开了……

突然，她发现自己在想象当火车到达纽约后即将要发生的事，不禁打了一个寒颤。她想到，他的身体那时会非常冰凉，会让人觉得他早上就已经死了。

她想：“如果他们看到我并不惊讶，就会对我产生怀疑，他们会问我问题。而如果我告诉他们真相，他们不会相信我，没有人会相信我！这太可怕了！我必须假装我不知道，当他们一拉开床帘，我要马上很自然地走到他的床边，然后我要大声尖叫！”她想，要发出那一声尖叫该有多么困难。

你怎么看？

1. 故事主人公试图保密的事情是什么？
2. 故事主人公如何保护自己的隐私（她做了什么）？
3. 这些行为属于隔离、秘密、私密还是排斥？
4. 如何解释故事主人公的隐私行为？她为什么要这样努力保护自己的隐私？

影响隐私行为的因素有哪些？

人们希望保密的内容往往不同，人们保护这些隐私所使用的行为方式也是不同的。我们要如何解释这些差异呢？人们的生活中有各种因素或元素，都可以用来解释个人隐私行为之间的差异。以下是一些影响个人隐私行为的典型因素：

1. 家庭：一个人的家庭环境可能会影响他或她的隐私行为。例如：
   在拉托雅家里，从来没有人提到休伯特叔叔，特别是在奶奶面前。因为几年前他患上严重的抑郁症后自杀了。
   奥克萨纳、她的 7 个兄弟姐妹和他们的祖父母住在一间很小的公寓里。家里非常拥挤，谁也没有属于自己的私人空间。奥克萨纳梦想着有一天她能拥有自己的房间，她能独自一个人住。
2. 职业或角色：一个人的工作或角色可能要求他或她保护隐私。例如：
   迈克尔是一名著名的职业运动员。为了避免被记者和球迷围攻骚扰，迈克尔一直对自己的家庭住址和电话号码保密。
   索尼娅在一家大公司负责产品开发，她曾起誓要对工作内容保密，不能与她的朋友讨论她的工作。
3. 个人经历：过去的经历可能会对个人如何保护隐私权的生活方式产生影响。例如：
   几年前，一个弗兰克信任的朋友曾让他很难堪，他把弗兰克私下里告诉他的事情说给全班同学听。从那时起，弗兰克不再相信有任何人可以保守秘密，除了他自己，没有人知道他的想法。
   玛蒂娜的家人常常公开讨论家里的问题，所以马丁娜成年后，几乎所有事情她都会跟她的朋友们讨论。
4. 保护隐私的机会：周围环境中是否存在保护隐私的机会，对人们的行为可能会有影响。例如：
   乔治·奥威尔在他的小说《1984》中，曾描述过这样一个社会：每家每户都有一个特别的电视屏幕，透过这块屏幕，政府能够看到或听到人们做的每件事。故事的主人公温斯顿·史密斯发现了一家商店楼上的小房间里没有这种电视屏幕，因此，虽然这房间很小且残破不堪，但对主人公温斯顿来说却如同天堂一般。

住在大城市里的许多人在陌生人群中找到隐私。

5. 对隐私的重视程度：人们的行为可能会由于他们、他们的家庭或文化对隐私态度的不同而不同。例如：
   有些在小城镇中生活的人，邻里之间会把生活中发生的所有事情都拿来分享。
6. 冲突的价值观：尽管人们已经非常重视隐私，但有时在某些特定场合下，可能有其他事情对人们来说比隐私更重要。例如：
   在马克·吐温的小说《汤姆·索亚历险记》中，汤姆和哈克曾对彼此发誓永远不会把他们目睹的那场谋杀案告诉任何人。但为了解救一个被误认为犯有谋杀罪被起诉的人，面对自己的良心，汤姆还是决定出庭作证。
7. 个体差异有时会让人们在隐私问题上做出不同的选择。例如：
   贾马尔和以利都是中心高中的学生，他们都有很多朋友，并喜欢与朋友们聊天。贾马尔并不介意跟他的朋友们讨论任何事，但以利会保留一些自己的秘密。

重点思考练习

找出影响隐私行为的因素

与一位同学一起讨论并回答下列问题。你们可以运用上文中提到的隐私行为的案例，或是从自己的经历或想象中寻找案例来解释你们的答案。准备与全班讨论。

1. 一个人的家庭环境和过去的经历是怎样影响他或她的隐私行为的？
2. 一个人的职业或角色需要他或她怎样保护隐私？
3. 怎样用人们价值观的差异来解释他们隐私行为上的差异？
4. 怎样用保护隐私的机会不同来解释隐私行为之间的差异？

重点思考练习

评估不同的职业如何影响隐私行为

本次练习中，全班将进行角色扮演，模拟进行两个电视谈话节目，主题是不同职业对隐私行为的影响。全班的一半组成A组，研究某种职业如何影响个人的隐私需求；另外一半同学组成B组，研究其他职业如何需要个人侵犯（或保护）他人的隐私。每组各有一到两名同学担任采访者的角色，引导和主持小组讨论，并向对方组员提问。

A组：该组成员选择扮演以下职业中一种，并准备描述这种职业是

哪些因素可以用来解释名人的隐私行为呢？

如何影响他们对隐私的需求的：

- 魔术师
- 电影演员
- 发明家
- 政治人物

- 作家
- 律师

B 组：该组成员选择扮演以下职业中的一种，并准备解释这种职业是如何要求他们侵犯和保护他人隐私的：

- 新闻记者
- 谈话节目主持人
- 警察
- 医生
- 私人侦探
- 心理医生

在 A 组进行陈述的时候，B 组应扮演观众的角色，反之亦然。

知识运用

1. 怎样把你的隐私行为与本课案例中描述的隐私行为进行比较？哪些因素可以用来解释它们之间的相似和差异之处？
2. 哪些因素可以解释你和你的朋友们在隐私行为上的差异？哪些因素可以解释它们之间的相同之处？
3. 某些从事特定职业的人（例如顶尖运动员或政府官员）应该比我们其他人拥有更少的隐私吗？为什么？为什么不？

第五课：不同的文化如何处理隐私问题？

本课目标

本课让我们有机会探讨某些不同社会、或同一社会中不同时代的人处理隐私问题的方式。学完本课后，你们应该能够解释隐私行为在社会属性上的相似和差异之处。

不同社会在保护隐私的方式上有什么不同？

所有社会都存在隐私。不同社会的人们会选择对不同的内容保密，他们用来保护隐私的手段也不尽相同。即使是在同一个社会中，不同时代的人可能有非常不一样的隐私行为，例如，有些人认为自己的年龄应当保密，而有些人虽然不介意透露自己的年纪，却不愿意表露自己的宗教或政治信仰。在某些文化中，人们总是在私密的地方吃饭，在公共场合吃东西被认为是不文雅的。

人们保护隐私的方式也有不同。例如，某些社会中人们在建造房屋的时候会使用隔音墙，以便更好地保护隐私。而在其他某些社会中，墙壁可能很薄，声音可以轻易穿透，人们会刻意不去听或假装没有听到彼此的声音，以保持一种隐私感。

社会是很复杂的。在某些情况下，某个社会的人可能会因为和相距一英尺之外的其他人说话而觉得不自在，另一个社会的人对不到一英尺的交谈距离又会感到不舒服。试着想象一下，来自以上这两种不同社会的人相互交谈时，可能会发生什么事？

接下来的练习中，你们会研究不同时代和不同社会的人在隐私行为方面的相似和不同之处。

重点思考练习

研究不同文化的隐私

仔细阅读下面的材料，试着找出属于祖尼人隐私行为的案例，思考可以解释这种隐私行为的因素。回答“你怎么看？”部分的问题。准备与全班讨论你的答案。

祖尼人和隐私

祖尼人是生活在美国西南部的一个美洲印第安人部落。通常，祖尼人都是几代同堂的大家族一起住在大房子里。家族中有女儿结婚时，她们会把自己的丈夫带回家里住。每个大房子里通常有八个房间，容纳 20 多个人同住，其中有四个房间做日常使用 ：一间起居室、一间厨房、一间储藏室和一个工作室。每个已婚的女儿都有一间自己和家人的卧室或工作室。每个房间通过门和室内窗户相连通。大房子的门厅通常由家族成员轮流照看，这是为了有访客来的时候全家都可以有所准备。通过这种方式可以保持家庭活动的私密性。

哪些因素能用来解释祖尼人保护自己隐私行为的不同方式？

祖尼人家庭中最私密的地方是房子里的储藏室和每个卧室中的储物区，那里通常放置着神圣的宗教物品，而祖尼人认为这些宗教物品拥有强大的力量。如果没有事先得到授权使用这些圣物，部落成员甚至都不敢触摸它们。即使是放在房间里，访客也不允许接近它们。

当这些圣物用于宗教仪式的时候，保密程度也上升到最高级别。所有未被授权的祖尼人和外人都被禁止进入正在进行仪式的区域。至关重要的是要保证宗教活动不受干扰，仪式信息不被泄露。

祖尼人有很多保护这些宗教圣物和仪式不为人所知的方法。例如，部落禁止透过房间窗户偷看室内，特别是在夜晚。1890 年，有两个人在晚上透过窗户偷看被当作巫婆受到审判和鞭打。即便是现在，很多祖尼人的房子都设有夜间监视的户外照明，门口也有警犬防范入侵者。在进行宗教仪式的过程中，房子内外都有人把守，同时协助保密的还有坚实的墙壁。此外，祖尼人对禁忌的一贯尊重和平时良好的礼仪习惯都有助于保护祖尼村落的隐私和秘密。

你怎么看?

1. 对祖尼人来说隐私或保密的内容是什么？
2. 祖尼人要保护这些隐私和秘密的内容不被哪些人知道？
3. 祖尼人如何用行动来保护这些隐私内容，即保护与这些事情相关的隐私？
4. 你认为祖尼人为什么要努力保护与这些事情相关的隐私？

重点思考练习

找出隐私行为之间的差异之处

仔细阅读下面的材料，找出作者所描述的不同社会和不同时代的人们在隐私行为方面的差异之处。然后回答“你怎么看？”这一部分的问题，准备与全班讨论你的答案。

《隐私权只是一个神话》

撰稿：布鲁诺·贝特尔海姆

1968年7月7日《星期六晚报》

最近个人隐私似乎在哪儿都轮番遭到攻击。一个人要么就是被无端的噪音和讯息所困扰，要么就是一些公司或政府机构提出一些轻率的问题，探究人们最内心的感受。对个人来说，不再有任何隐私、不再有任何神圣的事情了吗？在这个国家，人们不能有自己的生活，不能被单独留下来吗？我们难道不是都憎恨这些干扰吗？为什么我们又会容许这些无视我们隐私的行为呢？

这两天晚上我一个人在家，紧闭着我的房门，思考了这些问题。当我开始把这些想法写下来的时候，我的眼睛被正对桌子那面墙上的一幅画给吸引住了。我忍不住开始嘲笑我自己。那是我挂在墙上的一幅勃鲁盖尔画作的复制品，画里充满了各种人和生活的元素：人们在四处忙碌做生意，他们在人前显得是那样热情积极，看上去似乎不想要或者不需要任何隐私。为什么会这样呢？难道我们对隐私的热情是最近才发生的短暂现象，并且注定即将消失吗？

在我还在上学念书的青少年时期，我关着房门，一切都是那样安静。只有这样我才能集中精力、排除一切杂念，专注于自己和我的工作。相反，我的孩子在读书的时候喜欢把门打开，把录音机开到最大声。在这样两种截然不同的环境里，他们学到的东西和我的一样多。那么为什么我还需要隐私，为什么他们看起来并不需要它？

也许答案在于，只有在与那些（对我们来说）似乎象征着最高价值的东西进行最亲密的交流时，我们才能全心投入、思维全速运转。我成长在大众文化出现的年代之前，这使我不得不为自己创造出一种强调个人独特性和个人发展的环境，只有这样我才能集中精力在某项学习任务上，而这项任务是为了实现更高程度的自我个性而设计的（不管事先我是否了解它）。出于相同的原因，我的孩子们在工作的时候却要强调合作和团结。甲壳虫乐队的音乐让他们安心，这和我一个人学习时的私密环境给我的感受一样。音乐给予了他们一种即便是独自学习，也仍然保持着与同龄人相连接的感觉，这对他们的生活来说至关重要。人们对隐私态度的转变究竟有多快，这引发了我的思考……

我的父母生活在维多利亚时代，当他们出去吃晚饭时，喜欢找一家宽敞的餐厅，能让他们与邻桌之间保持足够的距离。而现在的年轻人喜欢一群人聚在一起，去小迪斯科舞厅，嬉皮士们则更愿意一堆人挤在一个房间里睡觉……

历史上，隐私一直是少数人才能享受的奢侈品。一个大家庭住在一个房间的时代离我们并不久远。那时没有人有隐私。人们不能在柜子里藏骷髅，因为家里没有橱柜。在殖民地时代，即便是富人，家庭的经济条件也必须足够宽裕也才能负担起有两间独立卧室的房子：一间给父母，剩下一间给所有的孩子……

刘易斯·芒福德写道，隐私意识的发展导致了中世纪房屋结构的第一次彻底变革。实际上这意味着，人们可以任意退出与同伴的共同生活和共同利益。在睡眠、饮食、宗教和社会仪式上的隐私，最终发展到思想上的隐私……历史记载，13世纪的城堡里开始出现了贵族领主的私人卧室……床第的隐私最早出现在意大利，只有上层阶级才拥有……

这种对隐私的渴求是与越来越重视私有财产的价值观紧密联系在一起的。“我的家就是我的城堡，在那里可以保护我免受任何人侵犯我的隐私。”如此一来，城堡的主人率先宣告了自己的隐私权。没有属于自己的土地的人，也没有隐私。

社会的阶级结构越来越多，与此同时它的特权阶层也需要更多的隐私。那么也就不难理解，如果一个社会要试图废除阶级结构，就要同时取消隐私权，并要求开放比以往更广泛的生活领域。

但这是很难实现的，只要每个人都了解任何其他人的所有事情，那就不用为了掌握人们的行动、话语和思考而需要线人告密了，也就更不需要设计精妙的间谍系统和窃听工具了。在以色列的农业合作聚居区——基布兹（集体农场），这里没有犯罪、没有行为不端和其他反社会行为；没有警察，因为没有任何维护治安的需要。每个人的生活都比我们国家的更集体化、更公开化。在探访基布兹的时候，由于缺乏隐私，我个人感到非常窒息，但这个地方令人难以置信地成功控制了反社会行为的成就，令我无法视而不见。

现代城市生活中有许多未能解决的问题，其中一种是我们的大街上普遍存在的恐惧。重建我们的城市、或无休止地扩充警力都不是很有效的解决方案。在我看来，我们需要的是回归到更小、更独立自足的社区生活，在这样的社区里现在有很多私密的事情都可以公开，我们也能更多地与他人分享，也更了解彼此。

有没有可能，现在所有这一切都会离我而去？那时，除去我所有的财产，我不会减少一丝一毫对隐私的珍视，我仍然会深深地厌恶任何对隐私的侵犯……

现在既不是缺乏隐私的中世纪，也没有哪个“老大哥”的监视导

在以色列的基布兹地区，隐私的观念与无犯罪、无其他反社会行为的情况是以何种方式相关联的？

致我们什么秘密的事情都没法做。和许多最重要的人类问题一样真实的是，在某些应当被尊重的隐私，和属于多少有些公共和集体的生活之间，我们必须争取找到一种正确的平衡。

你怎么看?

1. 上文中，作者所描述的他这一代人和他的子女一代在隐私行为上有哪些不同？他的父母一代和他的子女一代之间有什么不同？
2. 有关隐私的历史发展，作者告诉了我们什么？你觉得中世纪由于缺少隐私会产生哪些利弊得失？
3. 关于以色列的基布兹集体农业定居区，作者告诉了我们什么？他对基布兹的考察促使他对解决现代城市生活中悬而未决的问题提出了什么建议？
4. 如何比较你和作者对于隐私的态度和看法？你认为在我们的生活中公共和私人部分之间正确的平衡应当是什么？

知识运用

1. 假设你在一家建筑公司工作，设计一幢你想要住的房子，然后说明你设计的这幢房子如何反映出你对隐私需求的想法。
2. 乔纳森·斯威夫特的著名小说《格列佛游记》中描述了几种假想的社会文化，并列举了生活在这些文化环境中的人们的一些隐私行为。阅读这本书，从中选出并比较其中两种文化环境中人们的隐私行为，然后向全班其他同学报告你的发现。
3. 写一个故事，描述一个生活在美国并希望保护某些隐私的人。在你的故事中描述这个人想要保护的隐私是什么，并说明这个人隐私行为的原因。
4. 在关于隐私的笔记里，写下至少三个有关隐私的问题。

第三单元：隐私会产生哪些利弊得失？

单元目标

保护隐私会产生某些结果，其中有些结果是利处（或优点），有些则是弊处（或缺点）。在决定隐私问题时，认识和考虑隐私的结果是非常重要的。如果你们要在某种特定情况下决定是否应当认可某种对隐私的要求，就需要考虑在那样的情况下保护隐私会有哪些利弊得失。

在本单元中，你们会认识隐私的某些常见的利弊得失，你们也将在许多特定的情况中探寻隐私的结果。正如你们将发现的，对某种特定情况下是否需要保护隐私权，每个人都有不同的看法。

这些照片表现了隐私的哪些利弊得失？

第六课：隐私会产生哪些结果?

本课目标

在本课中，你们将研究隐私可能产生的结果，并将它们分为利益（或好处）和弊处（或损失）这两类。你们也要通过思考隐私的结果，来评估针对不同的隐私问题的不同观点。学完本课后，你们应当能够解释保护隐私通常导致的利弊得失。

掌握词汇

协查令　　一致性　　极权主义
创造力　　智力刺激

重点思考练习

研究隐私的结果

老师会把你们班分成若干小组。每个小组应阅读以下材料，找出每段文字中描述的隐私可能产生的结果，并将这些结果分为利益（或优点）或损失（缺点）。各组应当准备与全班分享自己列出的利弊得失。

1. 美国独立战争前，殖民地的英国官员通常使用一种叫做“协查令”的一般搜查令，这样他们可以随时进入殖民地居民的家中，搜寻他们的犯罪证据。现在，基于美国联邦宪法第四修正案，政府官员不能使用一般搜查令搜寻犯罪证据。相反，除非他们首先有充分理由说服法官，使法官相信在某个特定地点可以找到特定的犯罪证据，否则他们无法得到法官的批准和授权。如果法官被说服了，他或她将颁布一种专门搜查令，具体描述要被搜查的地方和要被扣押的人或物。

第四修正案如何限制了英国官员使用协查令搜查殖民地家庭和企业的做法？

2. 精神病医师、心理学家和其他心理顾问会保存他们与病人或当事人的谈话记录和笔记。这些记录和笔记是高度机密的，在大多数情况下不得向任何人披露。
3. 在大多数情况下，律师不得公开当事人私下与他或她交谈的内容。
4. 当尚德拉的哥哥告诉她他患有艾滋病时，她在家里一直哭。但是她从来没有在学校表露过她的感受。当尚德拉的朋友问她有什么困扰时，她只是摇了摇头。

正如以上你们所读到的，有些隐私的结果是利益，而有些结果则是损失。以下两段会描述隐私最常见的利弊得失。阅读下文，思考在你们的生活中隐私带来的利弊得失。

什么是隐私的利益?

自由：保护隐私有助于人们自由地思考和行动，不受他人不合理的影响或控制。这种自由可以让一个社会避免沦为极权主义，即彻底受某个独裁者或执政党控制的社会。

例如：在无法被偷听到的私密场所，人们可以非常自由地对家人和朋友说出自己的看法和信仰，也许这些看法和信仰并不受其他人欢迎。

安全：人们对隐私的尊重形成了一种安全感；如果一个人的隐私得到尊重，他或她会感到安全和放心。

例如：如果你的家人和朋友尊重你的隐私，你会很安心，相信他们不会在你想要一个人独处的时候打扰你，或是泄露你想要保密的事情让你难堪。

个性：如果没有隐私，就会面临要与他人一致的压力，这可能会使一个人无法形成他或她自己的价值观、信仰和观点。

例如：有时候，家庭、团体和整个社会不允许其成员保有很多隐私。在这种情况下人们通常会觉得，必须要赞同和跟随团体及其领导人认为是正确的信仰和行动。

保护经济利益：隐私使人们能够将自己的想法、计划和发明得以保密。这可能会有助于创造和销售新产品，并与他人竞争。

例如：假设你设计出一款 T 恤，并觉得这件衣服会很畅销并能赚很多钱，那么你就要将这个想法保密，直到 T 恤制作完成并准备出售

在纳粹德国缺乏隐私的情况下，自由、安全和个性是如何被破坏的？

为止，这样才能防止别人剽窃你的创意。

创意：隐私对创造性思维或工作来说是必要的。

例如：假设你画了一幅画，有人站在你背后看你作画，你可能会觉得这个人是在判断你，或是担心这个人会怎么看待你的作品。又或者假使你画画的时候，一直有人在你周围说话或是问你问题，你可能会很难集中精力。

亲密：隐私对人们与他人建立热情和友好的关系是必要的。

例如：假设你找不到一个可以跟某人单独相处的地方，或是缺乏与某人私下交流的方式，你会不愿意表达自己内心的想法和感受，并发现很难与任何人建立亲密关系。

重点思考练习

识别和描述隐私的利益

与一位同学一起合作回答下列问题，回答时请举例解释或说明你们的想法。

1. 你认为隐私对人们之间建立亲密关系是真正必需的吗？为什么？为什么不？
2. 在你的学校和社区里，是否存在着必须与他人保持一致的压力？这些压力是什么？拥有隐私使你在哪些方面从这种压力中释放出来，并建立起自己的想法、感受和生活方式？
3. 如果没有人尊重你的个人隐私或财产，你会感觉如何？或者，如果人们不尊重你的意愿，你想一个人独处的时候，你会感觉如何？
4. 隐私在哪些方面帮助你变得富有创意？

什么是隐私的损失？

孤独和疏远：过多的隐私会导致孤独感，并与他人关系不佳。例如：假设一个人始终将自己的感受保密，而对于那些从不与他人交换感受的人，人们也不愿意与他们分享心情，因此这个人始终无法找到倾诉对象，就会感到孤独和被疏远。

缺乏激励和知识增长的损失：人们通过他人的交流，来纠正自己想法上的错误，并学习新的观念；过多的隐私会阻止和妨碍人们之间观念的交流，使人们无法向他人学习。

例如：有些人因为怕被人嘲笑而不敢表达自己的观点，并将自己的想法隐藏起来，因此他们很难意识到自己想法中的错误并加以改善。同时，其他人也永远无法从他们的想法中获益。

品行不端和目无法纪：隐私使非法行为不被发现，犯罪的人逃脱惩罚。

例如：通过不被发现的秘密行动，人们可以计划和实施犯罪，并隐藏其犯罪证据。

经济损失：保护隐私增加了做某些事情的成本。

例如：比起让员工们都挤在一间大房子里，公司必须花更多钱为员工提供单独的办公室。

缺乏责任感：隐私使人们能够做某些事而不被其他人发现，这样一来，就无法追究当事人做错事的责任了。

例如：没有监督，人们可能会在工作中投机取巧、在考试中作弊或偷窃。这些事情可能永远不会被人发现，或者永远也无法证明谁应当为此事负责。

重点思考练习

识别和描述隐私的损失

与一位同学一起合作回答下列问题。回答时请举例解释或说明你们的想法。

1. 过多的隐私会不会妨碍你的创意能力？解释你的答案。
2. 在人们与他人建立友谊或发展人际关系时，过多的隐私会怎样带来一些问题？

3. 保护隐私如何增加了做事情的成本？
4. 你是否认为隐私可能让人们犯下罪行却并不被发现？为什么？为什么不？
5. 你是否认为隐私使人们更难为自己的行为负责？为什么？为什么不？

知识运用

1. 在新闻媒体的报道中找出一个有关隐私的问题，或者自己编写一个案例。准备一个表格，列出在这个案例中保护隐私的结果，并说明哪些结果是利益，哪些是损失。准备向全班解释你的案例和观点。
2. 与老师一起邀请一位执法人员或律师到班上来，和大家讨论他或她对保护隐私的利弊得失的看法。准备好你们要对嘉宾提出的问题。

第七课：隐私会产生哪些利弊得失？

本课目标

本课中，你们将有机会在特定情境中找出隐私的利弊得失，并权衡这些利弊得失的重要性。你们也将有机会进行一次角色扮演，参与一场关于律师和医生隐私规定的模拟行政听证会。

学完本课后，你们应当能够识别隐私的利弊得失，并运用这些观念来评估、选择和论证有关隐私问题的各种观点。

掌握词汇

谣言

评估隐私的利弊得失为什么是重要的？

对有关隐私问题做决定之前，评估隐私的利弊得失是很重要的。我们需要决定隐私的哪些结果对我们来说是最重要的，是利大于弊？还是弊大于利？

在某种特定情况下保护隐私的利弊得失中，人们对哪种结果更重要的意见不一。譬如，试想想某个保护学生储物柜隐私的规定，每个人都会同意，这项规定的利益包括：保护了学生的隐私权，保护了学生的个人财产；每个人也会同意，这项规定的损失包括：干扰和影响学校管理人员发现学生在储物柜中藏匿非法毒品、武器或其他不当物品的能力。

针对该项保护学生隐私权的规定，有些人可能会认为利大于弊。而其他人可能会认为弊大于利。正如你们所看到的，在研究有关隐私的问题之前，首先考虑利弊得失是很重要的。

重点思考练习

说明隐私的某些结果

分成小组来完成本次练习。在阅读下文的报纸摘录时，思考律师和医师需要对其当事人的供词和口述保密的结果。完成本练习并回答“识别隐私的利弊得失”部分中分配给你们小组的问题。准备与全班分享你们的答案。

《一线之隔：说或不说》

撰稿：巴里·西格尔

1993年12月29日星期三《洛杉矶时报》

勒罗伊·菲利普斯是田纳西州查塔努加的一位刑事辩护律师。他始终认为，作为一个辩护律师应当有明确的准则，那就是：永远不与任何人分享你的当事人的机密，永远不能让原告得寸进尺；既要做其他辩护律师最强劲的对手，更是被告最有力的辩护人。律师工作中神圣不可侵犯的基础是保密特权。人们必须确保他们可以跟自己的律师说任何话，并且不会被泄露。然而在1993年5月，菲利普斯接到的一个电话挑战了他的信仰。

在接电话的时候，菲利普会见了这个打电话的人——一个谦逊而笨拙、穿着朴素工作服的青年男人——他坦承自己谋杀未遂。“是我干的，”菲尔·佩恩告诉菲利普斯：“昨晚我杀了那家商店的店员。我以为她是我的前女友。”此时，律师菲利普斯面临着棘手的道德和法律困境。在被授予律师资格时，他曾经发誓对自己当事人的供词保密。在田纳西州，这项法律也同样适用：泄露当事人的秘密是一项重罪，可能要被判5年徒刑。只有在当事人直接威胁要杀死某人时，法律才会要求律师告知当局。菲尔·佩恩没有直接威胁要杀死任何人，只是暗示他可能会再次行凶，那么这位律师该怎么办?

现在来说说菲尔·佩恩的故事。两个星期前，佩恩曾试图寻找9

年前跟他谈过恋爱的前女友，但这个女孩儿从他手上逃跑了。佩恩气得发狂，于是跑到一家酒吧喝了一整晚啤酒，然后又回到前女友家，打算要杀死她。但她没来应门，佩恩开始漫无目的开着车乱转。后来他把车停在一家24小时商店的门口，打算进去买包烟。在店里他看到一个女店员正在煮咖啡，佩恩想起他的前女友以前也总为他冲咖啡，他以为自己"看到"了前女友（而不是这位陌生的女店员）。随后他掏出枪，对着女店员开了一枪，然后开车回到他母亲的家中睡下了。

律师问他："你想要我怎么做？"佩恩微笑着说："我知道我做了可怕的事情，我不想伤害任何其他人。我会受到惩罚，但我也需要帮助。"佩恩的要求令菲利普斯左右为难。如果他把佩恩交给警察，佩恩随后对自己的罪行供认不讳，这个年轻人就会坐牢。然而佩恩似乎并不了解自己所拥有的权利，菲利普斯在道德和法律上都有义务向他解释这些权利，以及向佩恩说明如果他去自首将会有什么后果。因此律师对佩恩说："如果你去警察局，他们可能让你的余生都在监狱里度过。如果你是精神病患者，你就有权获得治疗。你想要这样做吗？""是的，

什么隐私权应扩展到犯罪嫌疑人？

我想。”

菲利普斯拜访了地区助理检察官斯坦·兰佐。他告诉兰佐，有个妄想症的男人承认自己杀了人，但这个人似乎完全是个疯子。菲利普斯说：“我很担心他说的那个女孩（佩恩的前女友），但他没有跟我说他计划杀死她，我不能依法举报他。”菲利普斯向兰佐建议，由地方法院提起诉讼，将佩恩送到医院去做检查。这样一来他的这位当事人就不会流窜在外，他跟医生说的所有话将只适用于神智清醒的状况，而不会用在问罪上。现在轮到兰佐也面临两难局面了。菲利普斯是一名律师，而不是一个心理医师。作为一个地方检察官，他不能单凭一个律师的分析就把佩恩送上法庭。

菲利普斯越来越担心仍然处于佩恩威胁之下的那位女孩。但如果他暴露了佩恩的秘密，他会受到田纳西州律师协会的谴责甚至是被起诉。菲利普斯转而找到一位正在进行一系列实验的临床心理学家乔治·波考。几个星期之后，波考建议并鼓励菲利普斯律师与检察官一起解决这个问题，虽然当时他对这件事并不太担心。

1993 年 7 月，波考收到佩恩母亲的来电，她说佩恩失踪了。波考联络了菲利普斯，菲利普斯首先想到的就是联系佩恩的前女友。随后他想到：他自己该怎么办？如果这样做，他就会破坏他与当事人之间的信任关系。一个小时后，菲利普斯的电话响了，是佩恩打来的。他说自己很长一段时间都在他前女友的房子周围乱转，并在墓地里与女孩已经过世的母亲聊天，听她从坟墓里传出的声音。心理医师波考意识到，佩恩现在的确是个危险人物，并有可能杀人或自杀。特别是佩恩的母亲告诉波考，佩恩曾提到过要杀死前女友和自己，波考认为道德义务应优先于法律责任。他把这个消息转告了菲利普斯，并说道：“勒罗伊，我知道你作为一个律师的责任，但我相信法律允许我做更多事。法律规定，如果我觉得当事人对他自己或对他人构成威胁时，我可以举报他。”

菲利普斯跟他的当事人说：“波考先生认为你病得很厉害，你需要帮助，并应该自首。他们会让你坐牢，但最终你会接受体检，以确认你是否应当进医院治疗。”佩恩对此表示同意后，菲利普斯告诫他，只需要跟医生说话，而不需要跟警察说什么。

佩恩进了监狱，但却拒绝与警方交谈，同时因为警方没有任何确凿的证据起诉他，兰佐告诉菲利普斯说他们准备让他出狱。现在菲利普斯真正关心的是佩恩前女友的安全，他跟兰佐说："如果你释放了他，那么你要负全责。"在佩恩打电话告诉律师他已经回到自己家里后，菲利普斯认为，真正解决这个问题的办法是让媒体关注整个事态的发展，并引发公众的愤怒。他还派了一位调查员去探访佩恩的前女友。

媒体的关注促使地方检察官采取了行动。菲利普斯不允许他的当事人直接公开供词，但兰佐却建议佩恩放弃他的隐私，这会使波考不再害怕面对冲突的道德和法律义务，并说出他的发现。想象一下，当州政府的心理学家发现佩恩（原文：菲利普斯）心理健全足以接受审判时每个人震惊的样子。

菲利普斯意识到自己有些矫枉过正了。为了安全起见，对检察官拒绝让佩恩入狱的决定，菲利普斯妥协了。他可能已经违反了让他的当事人放弃自己权利的道德准则，并面临来自田纳西州律师协会的职

律师应当对他们当事人的哪些讯息保密？

业责任委员会的谴责。波考也同样遭到了批评：他让他的当事人放弃了自身的宪法权利，并收到了田纳西州心理学会发出的警告信。

识别隐私的利弊得失

第一组：律师的保密义务

1. 针对“除非当事人直接威胁要杀死某人，否则律师不得透露其供词”的规定，列出这项规定产生的结果。
2. 在你认为是利益的每种结果旁边标记“B”，在损失的旁边标上“C”。
3. 在这个案例中，你认为辩护律师勒罗伊·菲利普斯是否采取了适当的行动？为什么？为什么不？你认为在这样的情况下应该要求辩护律师做什么？运用你在第一题中找出的利弊得失，形成自己的观点。

第二组：临床心理医师的保密义务

1. 针对“除非当事人对他人构成直接威胁，否则医师不得透露其当事人供词”的规定，列出这项规定产生的结果。
2. 在你认为是利益的每种结果旁边标记“B”，在损失的旁边标上“C”。
3. 在这个案例中，你认为临床医师乔治·波考是否采取了适当的行动？为什么？为什么不？你认为在这样的情况下应该要求辩护律师做什么？运用你在第一题中找出的利弊得失，形成自己的观点。

重点思考练习

评估、选择和论证有关对隐私的侵犯问题

试假设，田纳西州律师协会起诉勒罗伊·菲利普斯违反了“禁止透露当事人秘密”的道德准则，同时田纳西州心理学会也对乔治·波

考提出了类似指控。

两个协会准备召开行政听证会来处理这两项指控。第一组将召开模拟律师协会听证会，第二组将模拟心理学会的听证会。每一组都应再分为三个小组，一组同学扮演听证员，一组扮演赞成职业协会提起诉讼的支持者，最后一组扮演被告的辩护律师。

职业协会的支持者们应该准备论据，解释为什么被告应受到谴责或惩罚；被告的辩护律师应准备论据，解释为什么被告不应该受到处分或惩罚。每一方都应该选择一个或两个发言人来陈述各方观点。

在协会的支持方以及被告的辩护律师正在准备自己的论据时，听证员应当列出要询问各方的问题，并应选出一位发言人主持听证会。职业协会的支持者应当首先发言，随后是被告的辩护律师。听证员可以在任何时候中断发言并提问。

每一方各有十分钟进行陈述，其中包括听证员提问和组员回答的时间。各方完成自己的陈述后，听证员应当讨论陈述中所提出的论据，做出决定，并向全班解释他们的决议。

知识运用

1. 写一个故事或画一幅画来描述对你或某个你认识的人来说，保护隐私非常重要的某个时刻，列出你的故事或画作中所涉及的隐私的利弊得失。然后权衡比较这些利弊得失，判断哪个更重要，并解释原因。
2. 草拟一项法案，修改田纳西州的法令，规定：除非当事人直接威胁要杀死某人，否则律师泄露当事人的秘密则被视为犯罪。准备论据来支持你的修改现有法规的提案。

第八课：政府的保密行为可能带来哪些利弊得失?

本课目标

本课让我们有机会研究允许联邦政府保密的利弊得失。本课的具体内容是关于越南战争中一份未经授权“泄露”给《纽约时报》和《华盛顿邮报》记者的报告。本课要求你们模拟一场最高法院的听证会，在这场听证会上政府试图阻止报纸刊登这份报告。

学完本课后，你们应当能够解释在这个案例中自己对隐私问题的看法。你们也应该能说明在评估、选择和论证有关隐私问题的观点时，考虑隐私的利弊得失有什么用途。

掌握词汇

行政部门

禁制令

预先制止令（译者注：司法上预先禁止公布某项陈述或表达意见）

重点思考练习

研究政府的隐私

以下阅读材料来自最高法院的真实个案：“纽约时报公司诉美利坚合众国”，该案又以“五角大楼文件案”著称。仔细阅读该案例，全班将被分成若干小组来评估案例中隐私所产生的结果，然后模拟最高法院召开针对此案的听证会。

五角大楼文件案

卷入越南战争后美国国内爆发了大规模冲突。到 1967 年，已有超过3万5千名美国人死亡、受伤或在战事行动中失踪，许多美国人公开表示反对这场战争。从约翰逊总统承诺增加海外派兵人数直至1968年中期，有超过50万美国士兵被派驻海外，也激发了越来越多的全国性抗议活动。在1968年的民主党全国代表大会上，成千上万的反战示威者与芝加哥警察发生了剧烈冲突。而在尼克松总统上台后，抗议者的阵容扩大了。1969年12月，25万名反战示威者在华盛顿特区游行，抗议尼克松仅仅要求美军“逐步”从越南撤退的计划，数以千计的人们更踊跃地参与到全国各地的反战集会中。一些示威游行活动引发了暴力冲突，国民警卫队应召前来维持俄亥俄州肯特州立大学的秩序；1970年5月4日4名学生被枪杀，1970年5月14日，密西西比州警察开枪打死了两名杰克逊州立大学的学生。

1971年6月，《纽约时报》和《华盛顿邮报》得到一份长达7000页、题为《美国的越南战争决策史》的机密报告的副本。该报告揭露了政府在美国参加越南战争问题上对公众的误导，文件是一位曾经是政府雇员的丹尼尔•埃尔斯伯格擅自泄露的。当报纸开始连载该报告后，

按理说，丹尼尔・埃尔斯伯格将“五角大楼文件”披露给《纽约时报》和《华盛顿邮报》是违法的。这对决定政府是否应当有能力阻止公布该报告的问题有影响吗？

政府向法院起诉，请求一项禁制令（法院下令禁止某些行为）以阻止报纸继续刊登该报告。

政府声称，刊登这份机密报告会危及生命、破坏和平条约谈判的努力、并干扰政府在确保释放战俘方面的努力。政府认为，行政部门的根本职责就是保障国家安全。无论何时泄露这些信息都会为公众利益带来严重威胁和无法弥补的伤害，应当授予总统颁布禁制令，阻止公开这则新闻报告，无论这些报社是如何获得这些即将发表的信息的。

报社则认为，宪法第一修正案禁止任何对新闻出版的限制，不论新闻来源是什么；第一修正案的主要目的就是要禁止政府通常压制难堪信息的做法，以保障新闻媒体批评和揭露政府欺骗行为的自由。报社认为，他们试图发表的信息，将有助于推动现在正在进行的关于越南战争问题的全国大辩论，公共问题的公开辩论和讨论对维护美国自治政府的宪法形式来说是至关重要的。报社认为政府保密是不民主的，延续了官僚主义的错误，并认为政府所提出的公布该报告可能产生影响的观点，只是未经证实的猜测。

模拟进行最高法院听证会

你们班将分成三组进行以下活动，第一组将扮演最高法院的法官，第二组将扮演报社的辩护律师，最后一组扮演政府的辩护律师。各组都并应列出上述案例中允许政府通过禁止报社刊登秘密报告来保密所产生的利弊得失。代表报社律师的小组和代表政府律师的小组应当准备一份简短的陈述，解释为什么应该或为什么不应该允许政府保护秘密报告。运用各组自己列出的利弊得失来论证各方观点。选出两个或三个发言人向最高法院陈述各自小组的观点。

其他各组在准备自己的发言陈述时，扮演最高法院法官的学生小组应该准备问各方发言人的问题，并应选出一位主审法官来主持听证会。

在各组陈述完各自观点后，最高法院的法官应该讨论各组陈述的论据，并判断是否允许政府对秘密报告保密。法官应当根据可能产生的利弊得失来论证自己的决定。全班应当总结此次活动，讨论在选择、论证隐私和其他相关问题的观点时，权衡考虑利弊得失的实用性。

知识运用

1. 是否应当允许政府组织发布有关如何制造核弹的信息？阅读并研究“美利坚合众国诉进步杂志案”的法院判例，向全班报告当时法庭如何判定此案。解释为什么你同意或不同意法院的判决。
2. 想想有什么公共机构（如学校、医院或政府机构）掌握了一些你或你的朋友不想公开的信息？如果有，你会赞成这种机构保密吗？解释你的观点。
3. 回顾第五课结束时你写在笔记本或日记上的问题，你认为这些问题的答案会是什么？把它们写下来，然后列出三个或更多关于隐私的新问题。

第四单元：隐私的范围和限制应当是什么？

单元目标

隐私的范围和限制问题，是作为公民的我们所面临的最重要的问题之一。我们会允许人们对哪些事情保密呢？什么时候我们需要牺牲隐私，向其他价值让步？当有个人或群体希望保密时，另一边就会有人宣布自己有权知道某些隐私、有权管制或干预个人或团体的自由，上述有关隐私的问题就会出现。在某些情况下，保护隐私是合理且公平的，但在另外一些情况下，其他不同的价值和利益可能比隐私更重要。在本单元中你们将会学到一些知识工具（包括概念和程序），有助于评估、选择和论证针对隐私的范围和限制问题的某些观点。

以上这些照片如何体现了关于隐私的范围和限制的不同问题？

第九课：考虑哪些因素有助于处理隐私问题？

本课目标

本课将介绍某些有助于处理隐私问题的考虑因素，使你们有机会在处理隐私和执行法律的需要之间的冲突时，运用这些考虑因素。学完本课后，你们应该能够说明在研究隐私问题时考虑这些因素是如何发挥作用的。

掌握词汇

财产	同意	信息自由法
道德义务	合法性	利益
法律责任	扣押	授权
相关考虑因素	价值观	

政府在什么时候可以侵犯你的隐私？

从殖民时期开始，美国人一直坚持相信公民应当有隐私权，保护自己不被任意逮捕和无理搜查，保护自己的住房不被政府官员强行进入。美国宪法第四修正案禁止政府对美国公民的“人身、住宅、文件和财产”进行“无理的搜查和扣押”。 然而，关于什么是“无理”的问题，人们却并不那么容易达成共识。

宪法对隐私权的保护并不是绝对的，政府官员允许在某种特定条件下进入我们的住宅。例如，为扑灭火灾消防队员可以进入人们家里；如果为了阻止正在进行的犯罪或即将发生的罪行，警察也可以进入人们的住宅。此外，如果警方有充分理由说服法官相信，在某个房子里可以找到犯罪证据，并请法官发出搜查令授权警方寻找犯罪证据，那么警察也可以进入居民住宅。如果事先得到房屋主人的允许或邀请，政府官员也可以进入民宅。

在住宅之外，人们对隐私的期望就不那么强烈了。但联邦宪法第四修正案仍然禁止警察和其他政府官员无理侵犯民众的隐私权。一位政府官员如果发现了某些可疑现象，不需要取得搜查令就可以制止并询问当事人;但他或她不能任意地，或仅凭预感就拦住某个人进行盘问。政府官员的行为必须合理，并符合联邦宪法第四修正案。

我们是否总应要求政府官员在有授权的情况下进入我们的住宅？你会举什么例子来论证自己的观点？

重点思考练习

找出第四修正案中相互冲突的价值和利益

阅读下文，思考联邦宪法第四修正案所倡导的价值和利益，以及案例中急需调解的相互冲突的价值和利益，我们必须在这些价值和利益中做出选择。与一位同学合作回答“你怎么看？”部分的问题。

杰克·弗罗斯特：公民与嫌疑犯

杰克•弗罗斯特是一位美国公民。隐私是他生活中很重要的一部分：这意味着他在自己的家里是安全的；他可以在选举时选择不记名投票；他可以思考任何事情，而无需害怕政府会强迫他一定要与政府的观点一致。假使没有了隐私，他和所有其他美国人所拥有的个性和自由将变得没有任何意义。

同时，杰克·弗罗斯特是一起有组织犯罪的嫌犯和组织者，他的身上可能背负着无数罪行：偷窃数百万美元、大规模毒品交易、几十人受伤、谋杀以及其他犯罪行为。警方希望终结杰克·弗罗斯特涉嫌犯罪的职业生涯，但如此一来他们需要更多有关他的活动的信息。然而，因为每个人都有隐私权，警察的工作就变得非常艰巨。

你怎么看?

1. 上述阅读材料中涉及了哪些与隐私冲突的价值与利益？
2. 为什么我们必须在“保护隐私”和“保护其他价值”之间做出选择？
3. 在决定一个人的隐私是否应当对其他价值妥协的时候，为什么设立某些规则或制度来做决定是非常重要的？

分析隐私问题时应该考虑什么?

正如你们所看到的，隐私可能会干扰其他重要的价值和利益。在上述情况中，“保护隐私的目标”和“执行法律的目标”之间就存在着冲突。在任何特定情况下，针对如何解决隐私和其他价值与利益之间的冲突，人们往往都有不同看法。以下是人们在决定如何解决关于隐私权的冲突时的某些相关考虑因素（应该考虑的因素、重要的或可能产生影响的因素）。

1. **同意**：隐私权处于争议中的当事人是否同意他或她的隐私受到侵犯？例如：

   • 如果警察要搜查某人的住宅或汽车，而当事人也允许他们这样做，这就意味着当事人已经同意了此次搜查。

   在机场进行安全检查时，乘坐飞机的乘客知道，在登机之前他们必须通过金属探测器的检查，同时随身携带的行李也要经过 X 光检查。

   • 因为乘客事先知道要进行安检，同时可以选择不搭飞机以避免自己的隐私权受到侵犯，因此可以说，乘客已经同意进行安全检查。

   • 选举产生的政府官员明白，他们过去很多个人经历和行为都会向公众披露。因为他们可以选择不参加公职的竞选，以避免自己的隐私受到侵犯，因此也可以说，他们已经同意向公众披露自己的相关信息。

2. 合法性：要侵犯他人隐私的人是否拥有某种合法权利（一种由法律确认的权利）这样做？例如：

   • 一项由法官签发给警察的搜查令，赋予了警察对搜查令中描述的地方进行搜查的合法权利。

   • 海关官员拥有合法权利搜查任何入境者。

   • 1966 年美国国会通过的《信息自由法》，赋予了美国人民获得联邦政府文件的合法权利，除非这些文件中包含了某些类型的秘密或机密信息。

3. 法律义务：一个人是否有法律义务（由法律判定或强制施加的责任）去保护其他人的隐私？例如：

   • 某些法律要求治疗酒精和药物滥用问题的心理辅导师不得披露病人的身份。

   • 如果有人签署合同，承诺对某些信息保密，该合同就产生了一种不得透露该信息的法律义务。

   • 根据联邦宪法规定，警方有法律义务不得在没有授权的情况下侵

你认为期待公职人员透露个人信息会带来什么利弊得失？

犯某个人的隐私，除非在某些有限定的情况下。

4. **道德义务**：一个人是否有道德义务（一种由是非准则规定的责任）去保护其他人的隐私？例如：

- 承诺保守秘密的人通常有道德义务不向任何其他人透露秘密的内容。
- 医生有道德义务不泄露病人的个人病历信息，心理辅导师也有道德义务不向外界透露客户与他们私下的交谈内容。
- 律师有道德义务不透露有关当事人的私密信息。

重要思考练习

描述相关考虑因素

阅读以下选自“特里诉俄亥俄州案”的材料，思考上文中所列出的价值和利益。分成小组讨论，并回答“你怎么看？”部分的问题。

搜身

警官马丁·麦克法登认为，对街两个男人说话的样子很古怪。一个人在前，另一个也随后跟上。一个人先走到街上一家商店门口，透过窗户往里看。向前走了不远，又转过身来，再次停在同一家商店前，和他的同伴会合。来来回回几乎十几趟，他们不断重复这样做。

然后，当两人又朝商店走去的时候，麦克法登警官叫住了他们："停在那儿，"麦克法登喊道："把手放在墙上，腿打开站好。"

于是两个男人照他说的做。警官麦克法登拍了拍两个嫌犯的身体，感觉到两个人的大衣底下都藏着很硬且厚实的东西，对此他并不惊讶。后来的事实证明，他们藏着的这些东西是枪。

"你们被捕了，"警官告诉他们。约翰·特里和理查德·奇尔顿随后以携带和隐藏武器被起诉，并由一位经验丰富的辩护律师为他们辩护。在听到他的两位当事人被捕的情况后，律师认为，警官麦克法登的行为违反了宪法第四修正案，因此，那些对特里先生和奇尔顿先生不利的证据不得在法庭上使用。

检察官对此表示了反对："警官麦克法登有理由怀疑他们正在进行犯罪活动，"他说："特里先生和奇尔顿先生是在商店外面'踩点'，并准备实施持枪抢劫。警官麦克法登有全权制止他们，并对他们进行搜身，以寻找可能用来攻击他的武器。"

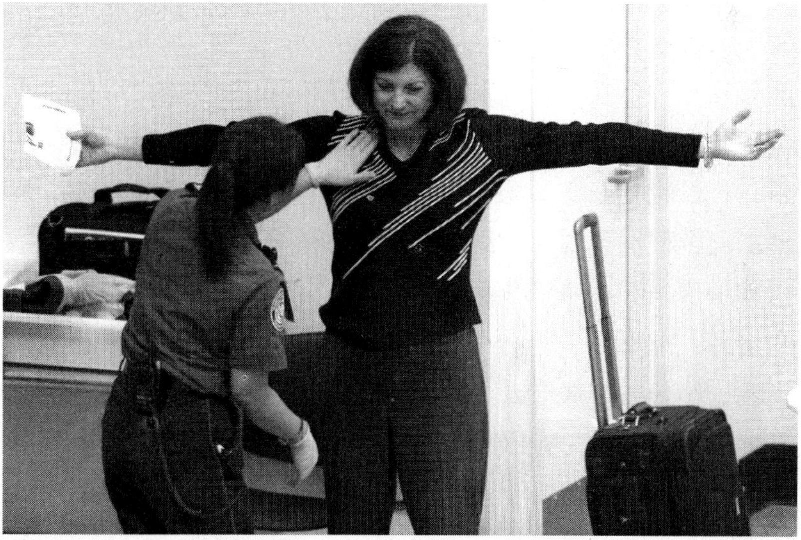

在什么情况下我们应该允许执法人员"拍身检查"嫌犯并对其搜身查找武器？

你怎么看?

1. 特里先生和奇尔顿先生是否同意了警官麦克法登对他们搜身？解释你的答案。
2. 警官麦克法登是否有合法权利对特里先生和奇尔顿先生进行搜身？为什么？为什么不？
3. 警官麦克法登有法律义务不对特里先生和奇尔顿先生进行搜身吗？为什么？为什么不？
4. 警官麦克法登有道德义务不对特里先生和奇尔顿先生进行搜身吗？为什么？为什么不？

知识运用

1. 如果你认为根本就不应该允许警察侵犯人们的隐私，那么社会该如何打击犯罪、保障社会安全呢？如果你认为应当允许警察随时可以侵犯人们的隐私，那么一个人要怎样才能感到安全和自由？如果你认为应当允许警察只在某些特定情况下侵犯人们的隐私，那么你会给警察制定什么样的规则，让他们明确何时才被允许侵犯某人的隐私？
2. 想想在你的学校、居住的小区或城市里发生的有关隐私的冲突。运用本课学到的知识，来评估这一冲突。想想有没有什么可以解决这一冲突的备选方案，判断解决这一冲突最好的方法是哪种。然后向全班同学说明你思考的这个有关隐私的冲突是什么，应当做哪些事来解决冲突以及为什么要这么做。
3. 与老师一起邀请一个处理隐私相关问题的人，例如警察、法官、医生、律师或市议会议员，来你们班座谈。请他或她描述一种涉及隐私的冲突，并提出可以解决这一冲突的几种方式。

第十课：执行法律时会出现哪些有关隐私的冲突？

本课目标

在本课中，你们将学习和运用一套知识工具，来研究与法律执行相关的问题。这一问题是：警方是否应当有权要求一个人说出自己的名字，如果他或她拒绝，警察是否有权逮捕他（她）。学完本课后，你们应该能够运用知识工具针对类似隐私问题选择和论证自己的观点。

掌握词汇

逗留

分析隐私问题的程序是什么？

在上一课中，你们已经学习了一些有助于更清晰地思考隐私问题的相关考虑因素；现在你们将运用这些考虑因素，作为一种特定程序的一部分来分析隐私问题。下文中对这一程序进行了描述，并用第178页的图表对这一程序进行了概括；这个程序中包含了一系列步骤，针对有关隐私的观点，你们可以按照这些步骤来进行评估、选择或论证。请注意，每个步骤中的对象可以是一个人，也可能是一个团体或公共机构，例如学校或政府机构。

1. 找出要求隐私的对象。找出某个需要隐私的对象，以及他或她希望保密的事情是什么。这件事要如何保密？他们希望对这件事保密的原因是什么？

2. 找出希望侵犯他人隐私的对象。找出某个反对以上隐私要求的对象，说明他们反对这一隐私要求的原因，描述以上第一人的隐私会受到怎样的侵犯。

3. 研究相关考虑因素。在有关隐私的冲突中，考虑相关的或对冲突产生影响的因素，例如同意、合法性、法律义务和道德义务。决定应当如何将这些考虑因素运用到冲突的具体情况中。

4. 评估处理问题的备选方案。想想可以解决这一问题的不同方式，其中可能包括：承认第一人对隐私的要求、拒绝这一要求、在两者之间的折衷方案。在思考这些可选方法时，一定要找出每个预选方案的利弊得失并进行评估。

5. 选择和论证自己的观点。选择一种你认为解决这一冲突最好的方法，并对自己的选择做出解释。

重点思考练习

评估有关法律执行的观点

阅读下文时，想想如果在大街上，遇到一个警察要求你站住，并让你当众说出自己的名字，你会有什么感觉。分成小组讨论，并回答“知识产权工具图表”中的问题。准备向全班解释你的答案。

你会选择生活在一个警察可以在街上拦住任何人并要求确认其身份的社会，还是一个警察无法这样做的地方？

陌生人

在整个人类文明史中，共同体一直在寻求保护自己不受外来入侵的方式。然而，作为美国人的我们所享有的宝贵的自由之一，就是去任何我们想去的地方的权利，以及在城镇之间穿梭旅行的权利。就在不久之前，这两种传统却在加利福尼亚州陷入了冲突之中。

爱德华·劳森走在街上的时候，被一名警官拦住。在被问到有关身份问题时，劳森先生拒绝合作并保持沉默。加州法律规定，如果一个人没有明确的理由或事情，在街上逗留或徘徊，且拒绝向警察说明自己的身份，或解释自己出现在此地的原因，都将被视为犯罪。警方逮捕了劳森先生，并控告他违反了此项法规。劳森先生向法院起诉这项法规违宪。他认为，这项法规违反了联邦宪法第四修正案保障的他的隐私权。此案件最终提交至美国最高法院审理。

知识运用

1. 假设国会正在审议一项法律，该法律要求每个人都必须随身携带“公民身份证”，证明这个人是美国公民还是其他国家的公民。同时该法律规定人们在找工作的时候也必须出示身份证。你认为支持或反对该项法律最好使用什么论据？针对这项法律，你的观点是什么？写一封信给一位国会议员，说明你自己的观点，请记住，一定要说明你的看法的理由。
2. 政府机构早已采用电视摄像机监视某些公共区域，例如高速公路休息区、停车场、地铁站。相比警察在这些区域进行巡逻，你怎么看待这种电视监控系统？以上哪一种方式可以为杜绝非法行为提供更好的安全保障？哪一种给隐私带来了更大的负担？你是否同意政府用这种方式使用摄像机？写一封信给一个报社的编辑或向全班做一次报告，说明你对上述问题的看法。

隐私知识工具图	
问题	答案
1. 找出要求隐私的对象： · 在这个案例中谁声称自己的隐私权受到了威胁？ · 他们想要保密的内容是什么？ · 他们可以怎样将这件事保密？ · 他们希望保密的原因会是什么？	
2. 找出希望侵犯他人隐私的对象： · 谁希望限制或侵犯他人的隐私？ · 他们怎样侵犯了他人的隐私？ · 为什么他们要侵犯他人的隐私？	
3. 研究相关考虑因素： · 第一人是否同意自己的隐私被侵犯？请解释。 · 侵犯他人隐私的人是否有合法权利这么做？为什么有？为什么没有？ · 侵犯他人隐私的人是否有法律义务不这么做？为什么有？为什么没有？ · 侵犯他人隐私的人是否有道德义务不这么做？为什么有？为什么没有？	
4. 评估处理问题的备选方案： · 认可第一人对隐私的要求会带来什么利弊得失？ · 拒绝他们对隐私的要求会带来什么利弊得失？ · 想要侵犯他人隐私的人可以运用哪些方法来收集信息？ · 这些方法的利益是什么？ · 这些方法的损失是什么？	
5. 选择和论证自己的观点： · 你认为这个问题应当如何解决？解释你的观点。	

第十一课：科技进步如何对隐私产生威胁？

本课目标

在本课中，你们将进行一场模拟国会辩论并讨论一项法案：该法案要求保护医疗信息的隐私，同时又允许用计算机将这些医疗信息存储并传输到全国医疗保健系统中。学完本课后，你们应该能够解释和评估这项法案所提出的有关隐私问题的不同观点，你们也应该能够提出并论证你自己的观点。

掌握词汇

数据库
信息检索

电脑如何影响了隐私？

电脑影响着我们的社会中每个人的生活。人们使用电脑不仅用来掌握信息，也为了提高效率。几乎我们做的所有事当中都涉及到电脑：

- 从电力的产生到印制课本
- 从打电话到使用信用卡
- 从商店的收银机到银行的支票兑现系统

因为电脑可以永久存储信息，并且可以很轻易地对存储信息进行检索，因此现代社会中电脑给人们的隐私带来了许多问题。电脑里会存储你每个月用多少电和水、你所支付的税款数额、你的头发颜色、你眼睛的颜色或你是否戴眼镜。事实上，就像你们在下页图表中看到的一样，电脑中保存的所有关于你的个人信息，可以清晰具体地描绘出一幅有关你的生活的图景。

尽管某些法律对此有一定的限制，但某些机构还是可以自行决定是否要分享他们存储在电脑中的信息。一些私人企业通过整合不同来源的信息（例如人们在申请贷款、信用卡或驾驶执照时所填的表格），建立了庞大的电脑数据库。他们将这些信息出售给各企业，用于企业确认产品的消费人群（即谁会购买他们的产品）。出于某种原因透露给某个对象的信息，可能会被其他人检索到并用于其他目的。

电脑使个人几乎不可能掌控究竟是谁知道了自己的个人信息。随着时间的推移，电脑的威力变得越来越强大，人们将能在电脑中存储更多的信息，检索的速度也会越来越快。将会有更多的个人和公共机构使用电脑，隐私问题也可能会随之增加。

电脑数据库中存储的信息	
每次当你	**一部电脑将存储**
拨打电话时	你呼叫的号码、打电话的日期和时间长度
从一家录像带店租一部电影碟片时	那部电影的名字和你租碟的时间
用你的信用卡刷卡消费时	你购买物品的时间和数额、商店的名字和地点、你购买的物品的描述
订阅报纸或杂志时	你的名字和住址、报纸或杂志的名字、订阅的起始时间？
申请贷款	你的住址和电话；你工作单位的名称、地址和电话号码；你挣了多少钱；你所拥有的财产价值；你已经欠了多少钱；每个月你将偿还多少债务？
申请汽车保险	你的住址、驾驶记录、你的汽车的品牌和型号、你驾车去上班的距离、每年你驾车的里程是多少
支付帐单时	支付的时间和数额

你怎么看?

1. 电脑是不是给那些想要保护自己隐私的人带来了很严重的问题？为什么？为什么不？
2. 电脑技术的优势是否大于它们所产生的隐私问题？解释你的观点。
3. 你会采取什么措施（如果有的话）来阻止私人企业收集和存储有关个人隐私活动的信息？
4. 针对私人企业收集和存储个人隐私活动信息的能力，个人可以通过什么行动对此加以限制？

技术如何影响医疗隐私?

从希波克拉底的古希腊时代开始，人们就希望医生能对自己的健康状况保密。对医疗信息隐私的关注，部分源于医疗信息本身的特性，也有部分是因为它以某种方式暴露了我们的弱点以及我们容易受到伤害的地方。医生的保密义务使我们不再害怕尴尬而将自己的病症告诉医生。今天，保密不仅是医生的道德义务，也是他或她的法律义务。

然而，医疗信息的隐私性并不是完全绝对的。为了提供保险福利，医疗保险公司要求病人同意医生披露他们的健康状况。即使没有买保险的人，也可能会被要求允许医生透露其治疗情况，比如在有关医疗条件的诉讼中。对公共健康的关注也促使法律要求医生将病人的相关医疗信息向政府卫生机构报告，例如政府为了防止传染病的蔓延就需要类似的信息。

然而，有关医疗信息的隐私，人们现在又有了新的关注点，这些关注主要来源于以下两个因素：

- 用于支付医疗保健费用的医疗保险的广泛应用，促进了存储着可识别的个人医疗信息的电脑文件及数据库的建立。
- 全民卫生保健计划的提出，要求病人在接受治疗前出示“国民健康卡”。该卡将能提供更系统的医疗信息。特别是，如果启用了带有磁条的智能卡，“国民健康卡”中将会容纳个人的全部医疗记录。

重点思考练习

运用知识工具评估、选择并论证某种观点

与一位同学一起或分成小组，合作回答下文中所描述的“国民健康卡”提案会产生的隐私问题。准备好向全班解释你们的答案。

想像一下，如果你是美国众议院的一位议员，一项提交到众议院待审议的立法提案中要求，每个人都要出示他或她的“国民健康卡”以便接受治疗。医生和医院将能够通过这张卡片获得个人的全部医疗记录，这些信息都储存在卡片上的磁条中，每次接受治疗时，卡上的信息将被更新。政府将承担支付医疗保健费用的责任，有关治疗的信息将被自动转发，并存储在政府的中央电脑数据库中，同时，所有的纸质档案将被淘汰。

1. 找出要求隐私的对象
   - 谁声称“国民健康卡”的使用使自己的隐私受到了威胁？
   - 人们不希望政府数据库里保存哪些医疗信息？为什么？
   - 如何能将个人信息保密？
2. 找出希望限制或侵犯他人隐私的对象
   - “国民健康卡”可能会怎样限制或侵犯人们的隐私？
   - 为什么联邦政府会希望人们使用“国民健康卡”？
3. 研究相关考虑因素
   - 通过享受政府的健康保险福利所带来的好处，民众是否同意披露或使用有关医疗护理的信息？解释你的观点。
   - 你认为联邦政府是否有合法权利要求人们使用“国民健康卡”，并且在中央电脑数据库中存储民众的医疗信息？为什么有？为什么没有？
   - 在你看来，联邦政府要求人们使用“国民健康卡”是否违反了政府尊重公民隐私权的法律义务？解释你的观点。

- 你是否认为联邦政府要求使用“国民健康卡”违反了政府尊重公民隐私权的道德义务？解释你的观点。

4. 评估备选解决方案
   - 联邦政府要求人们使用“国民健康卡”的利弊得失是什么？
   - 联邦政府可以运用哪些方法来保护它所收集的医疗信息的隐私？
   - 这些方法都各有什么利弊得失？
5. 选择和论证自己的观点
   - 关于政府对使用“国民健康卡”的要求，你会选择什么观点？说明你的理由。

重点思考练习

评估、选择和论证有关“国民健康卡”问题的观点

在本次练习中，针对“国民健康卡”产生的隐私问题，你们将参加一场模拟国会听证会，并提出一些备选解决方案。老师将会将你们班分成以下几组：

支持医疗保健的医生联盟。你们组赞成政府提出的国民医疗保健计划，并坚决支持淘汰所有纸质医疗档案。你们组认为“国民健康卡”带来的好处大于它可能产生的隐私问题。虽然你们组不反对人们要求政府保护隐私，但你们认为不应当对医疗服务的提供者提出任何这样的要求，因为这些要求是不必要的。

支持医疗保健效率的公民。你们组赞成任何可以改善政府的医疗保健计划并使之更有效率的提案。为了争取对“国民健康卡”提案的支持，你们组建议，对未经授权或不正当使用、泄露医疗信息的医生、医院和政府采取严厉的惩罚措施。

支持隐私的公民委员会。你们组认为，除非那些能真正起到保护医疗信息隐私作用的保障、限制和处罚措施能得以实施，否则就应当反对“国民健康卡”提案。

反对暴政的人民联盟。你们组认为，如果允许政府获取每个公民的医疗信息，这将是一个危险的错误，即便政府为防止滥用医疗信息会实施某些法律限制。你们组反对在任何情况下实施国民健康卡计划。

众议院信息小组委员会。你们组将决定是否批准作为国民医疗保健计划一部分的“国民健康卡”提案，以及是否要制定特定法规来保护医疗信息的隐私。你们组要为做出最好的决定而听取各方面的意见。你们知道，自己的选民在关注和期待医疗保健计划的同时也珍惜自己的隐私和自由。

准备和举行听证会

上述分组说明中的前四组应准备论据来支持或反对使用“国民健康卡”，并针对“国民健康卡”（如果该计划得以通过）应当如何保护医疗信息的隐私提出自己的建议。各组所使用的论据应当明确并考虑到使用“国民健康卡”的利弊得失，以及各组提出的有关隐私保护的建议所带来的利弊得失。同时，各组使用的论据还应当说明自己的建议将会如何：

- 保护人们的隐私
- 为政府提供一种获取和使用必要信息的方式，以便实施国民医疗保健计划

前四组应选出两到三个发言人，向众议院信息小组委员会陈述各自的论点。在前四组准备各自的论据时，小组委员会应准备好要问各组发言人的问题。小组委员会也应选出一位主席来主持听证会。

四个小组陈述完各自论点后，小组委员会的每位成员都应该说明并解释自己对于“国民健康卡“提案的观点，以及对隐私保护问题的建议。

知识运用

1. 想象一下，国会正在审议一项法律，要求每个人都应当有自己的身份证号码。人们在填写正式表格时都会用到这个号码，例如填写纳税申报单、医院住院单，或是填表申请护照、驾照或政府补贴。如果一个人收到交通罚单或被拘捕时也要用到这个号码，你会用什么论据来支持这项法案？你会用什么论据来反对这项法案？哪一种论据你认为更有说服力？为什么？
2. 为什么你认为个人和团体都愿意在公开听证会上作证？试想一下在你们刚刚进行的模拟国会听证会上那些被代表的团体。
3. 政府对需要决策的问题举行听证会带来了什么利益？又会产生什么损失呢？所有政府的决定都只能在举行听证会之后做出吗？为什么？为什么不？

第十二课：人们对自己的身体应当有什么隐私权利?

本课目标

本课研究一个人对他或她自己的身体所拥有的隐私权。你们全班将有机会举行一场模拟立法听证会，讨论当一个人的生命受到威胁时，隐私权应当得到保护的程度。学完本课后，你们应该能够评估、选择和论证本课所包含的隐私问题的观点。

掌握词汇

生前遗嘱

重点思考练习

研究隐私和身体的完整性

你们班将被分成四组来完成本次练习。每个小组应阅读各自的指定材料，并回答“你怎么看？”部分的问题。准备好与全班分享你们

你觉得人们对有关自己身体的事情拥有更多的隐私权吗？

的答案。

1. 亨宁·雅各布森不想注射天花疫苗。剑桥地区卫生委员会规定，该地区所有人都需要接种该疫苗以防止疾病蔓延。同时马萨诸塞州法律规定，雅各布森必须服从剑桥地区卫生委员会的规定，否则将被处以罚款。雅各布森认为，州政府没有权力强迫他接种疫苗："这种强制接种疫苗的法规是不合理的、武断的和有强迫性的，以一种看上去对我最好的方式，实际上却侵犯了每个自由人生来就有的照顾自己身体和健康的权利，对一个拒绝接种疫苗的人强制执行这样的法律……简直就是一种人身攻击。"

2. 三名副警长闯进他的房间时，安东尼奥·罗钦正坐在他的床边。看到床头柜上两粒胶囊，警长们问："这是谁的东西？"罗钦抓起胶囊放进嘴里。警察们跳到他身上，试图强行掰开他的嘴却没有成功。他们给罗钦戴上手铐，将他带到医院。医生将一根导管插进了罗钦的喉咙，让药液顺着喉管流入他的胃里令他呕吐。事实证明，罗钦吐出来的胶囊中含有吗啡。罗钦被指控藏有毒品，但他认为警察和医生从他身体中获取胶囊的行为是对他身体的侵犯。

3. 鲁道夫·李被警察送进了急诊室。他的胸部左侧中枪，子弹从他的锁骨下射入。李先生告诉警方，有两名匪徒朝他开枪。但当他们到达医院后，警方却听到了另一个版本的故事：一个商店老板被企图抢劫的劫匪击中，店主自己开枪还击，并被送进了李先生所在的急诊室；店主随即认出了企图抢劫他的人就是李先生。经过调查，李先生被控图谋抢劫。政府请法院下令，要求李先生同意做手术取出子弹，以便检查这颗子弹是否是从店主的手枪中射出的。李先生拒绝接受手术，并认为法院迫使他服从这样的法律程序，将是对其宪法权利的侵犯。

4. 伊丽莎白·包维亚想拆掉她的鼻饲管。与她的意愿相反的是，医生们将鼻饲管从她的鼻子穿入经过喉咙直通到胃部，以维持她的生命。脑性麻痹（脑中风）已经使伊丽莎白的胳膊和腿丧失了功能，她甚至无法在床上坐起来。所有固体食物伊丽莎白都不能吃，而只能依靠护士用勺子喂服流食，但这样还是无法抵抗饥饿。

当她的体重下降到 65 到 70 磅时，医生们决定必须要用鼻饲管来拯救她的生命。现在，伊丽莎白通过她的律师请求法院下令，要求医生尊重她的个人意愿，摘除他们不顾她的反对而插入的鼻饲管，即便这将意味着她在不久的将来会因过度饥饿而死亡，即便医生们认为插入鼻饲管后她可以多活 15 到 20 年。

你怎么看?

1. 在上述材料中，谁在要求隐私权或身体完整性的权利？这个人的隐私或身体完整性遭到了怎样的侵犯？这种侵犯或妨碍有多严重?
2. 谁在反对或限制这个人对隐私或身体完整性的要求？为什么要反对或限制这种对隐私或身体完整性的要求?
3. 这种对隐私或身体完整性的侵犯是必要的吗？或者还有其他方式来解决冲突吗?
4. 在上述材料中，考虑到侵犯当事人的隐私和身体完整性的严重性，以及侵犯的理由的重要性，你认为是否有足够的理由这么做？解释你的观点。

对身体隐私来说什么样的法律限制是合理的?

正如你们所看到的，个人在隐私和身体完整性方面的权益在许多不同的情况下会与社会的其他利益发生冲突。政府可能要侵犯一个人的隐私和身体完整性，以便获取犯罪证据、保障公众健康、防止疾病传播，或者这么做是为了保障某个特殊对象的隐私和身体完整性不被侵犯。

针对在这些情况下该如何解决隐私冲突，理性的人会有不同的看法。以上每一种情况当中，都会有人认为社会利益要比个人隐私权重要，也会有人认为个人利益比社会利益更重要，还会有人认为在特定情况下必须先对具体事实进行评估，才能确定哪种利益更重要。

在下面的练习中，你们将参加一场主题为“维持生命的医疗”的模拟立法听证会。州议会面临着一个急需解决的问题：个人是否可以自由地拒绝所有维持生命的医疗护理，如果可以，那么具体应当是在什么情况下。为了解决这一问题，州议会已经成立了一个特别委员会，并将举行一场听证会，听取相关提案的陈述。

重要思考练习

评估、选择和论证有关身体完整性的观点

为了进行此次练习，你们班应分为以下几组：

支持合乎道德的医疗的医生。你们组支持在大多数情况下让病人自行决定自己的治疗方案，但仅限于他们能够做出理性决定的时候。你们组关注的是，在许多案例中，病人可能会因为情绪低沉沮丧而拒绝接受治疗，做出了不明智和不理性的决定。特别是接受治疗是能够或可能延长病人生命的时候，如果拒绝接受治疗是违背了病人的最大利益的，并可能更多地是受到了心理抑郁的影响。

健康保险公司协会。你们组认为，医生往往在试图延长病人生命的事情上做得过多，消耗了巨大的努力和资源，成功的希望却不大。你们组支持更广泛地保护个人拒绝接受治疗的权利，即便是这种治疗可能会挽救生命。

相关宗教领袖联盟。你们组认为，个人拒绝维持生命的医护治疗在道德上是错误的，除非这种拒绝是基于某种宗教信仰，就像“耶和华见证人”（译者注：某种宗教团体）拒绝输血一样。你们组认为，州政府有绝对义务阻止人们自杀，因此你们决不允许任何个人对隐私和身体完整性的要求干扰这一义务的实现。

老年人的支持者。你们组认为，人们应该有权利让自己死得有尊严。同时，对于是否接受医护治疗，经过深思熟虑的个人决定应当得到尊重。但你们组更关注的是，某些不正当的压力会导致当事人拒绝接受维持生命的治疗。这些压力要么来自于那些因为节省治疗费用而获得经济利益的人，或者来自于那些担负必须照顾病人责任的人。你们组试图促使州议会批准使用“生前遗嘱”，为个人有关维持生命的医疗问题上的意愿提供明确的证据，也确保这些文件中记录的决定并未受到来自他人的不正当的压力。

维持生命医疗委员会。你们组将决定是否允许个人拒绝接受维持生命的医疗，以及如果允许，那么应当是在什么特定情况下。你们会听取各方意见以便作出最好的、最可行的决定。你们应当了解，人们在珍惜自己的隐私和自由的同时，也关注保护和维系个人生命的尊严和价值，以及保护人们避免因为自己的错误而受损。

考虑到社会和医学界的关注，你会如何权衡病人的隐私权？

举行听证会

前四个小组应当根据指定的背景材料准备提案（如果有的话），在指定的背景材料中，人们可以拒绝维持生命的医疗服务。各小组也应当准备论据来支持自己的提案，说明自己的观点将如何平衡以下各项之间的关系：

个人利益：有关隐私和身体完整性的。

社会利益：有关维持生命、阻止自杀、维护医学界伦理，并确保任何拒绝接受维持生命的医疗的决定是经过慎重考虑的、也没有受到不正当压力的。

前四个小组应选择两个或三个发言人向“维持生命医疗委员会”陈述各自的提案和论据。在前四个组的工作准备论据的时候，委员会小组应准备要问每个小组发言人的问题，并选出一位主持人进行听证会。委员会小组应当在准备问题的时候仔细阅读第 178 页的图表。

前四个小组陈述完各自的提案和论据后，委员会小组的每位成员都应该陈述和说明他或她有关背景材料的看法；在这一背景材料（如果有的话）中，个人可以自由地拒绝维持生命的医疗服务。全班应当一起总结此次听证会，并对各组公开陈述的提案进行投票表决。

知识运用

1. 如果一个人拒绝维持生命的医疗服务是基于他或她的宗教信仰，这是否会带来一些影响？调查并了解法院是如何处理“耶和华见证人”（某宗教团体）拒绝为自己和子女输血的案例的。向全班报告你所了解的内容，并解释自己对这个问题的看法。
2. 是否应当允许政府要求人们接受心理治疗？在什么情况下允许政府这么做？ 政府能迫使个人接受哪种形式的心理治疗？政府能不能迫使个人接受精神病药物治疗？或者参加心理辅导？动脑部手术？调查并了解你们州的法律中有关非个人自愿接受心理治疗的条款。写一封信给编辑或州议员就这个问题说说你的看法。

第十三课：我们应当如何解决隐私和新闻自由之间的冲突?

本课目标

在这节关于隐私的最后一课中，你们将有机会研究新闻媒体的活动中产生的隐私问题。你们将针对这些问题进行讨论，并为媒体从业人员制定一套行为准则，以便他们在采访和报道普通公民时可以参考。

学完本课后，你们应该能够解释和评估有关这一问题的不同观点。针对某些可能重复出现的隐私问题，你们也应该能够解释制定一项政策在处理这类问题方面的实用性。

掌握词汇

普通法
诽谤
造谣

新闻媒体应当尊重什么样的隐私界限?

联邦宪法第一修正案规定："国会不得制定法律剥夺言论自由或出版自由"。但根据普通法，新闻媒体的从业人员同其他人一样，也要为他们诽谤或造谣他人时所造成的伤害负责，当他们通过出版或广播发表伤害当事人名誉的虚假报道时。但如果这种破坏性的报道是真实的，就无法起诉他们恶意诽谤或造谣了。

那么，这是否意味着媒体可以自由地侵犯我们的隐私，并公开那些我们生活中最私密的事情？新闻工作者是否必须尊重隐私权的界限？是否有一些事情应该被视为不可触碰的禁区？

那么对记者调查报道主题的方式有限制吗？记者可以使用隐藏摄像机和麦克风拍下他们正在调查采访的人吗？他们可以隐瞒自己的身份，让人们说出那些本来不会跟记者说的话吗？他们能不能在采访对象的垃圾中收集信息？

以下两种问题——对记者选择调查的主题的限制、对记者调查这些主题的方式的限制，会对我们在美国享有的隐私的程度产生很重要的影响。这些问题还涉及到诸如自由和人类尊严等其他价值。接下来的练习中，你们将有机会，探讨第一种问题：对记者选择报道的主题应当有什么限制。接下来，你们班将有机会制订出一份指南，以便让媒体记者在这两种问题上参考并遵守。

重点思考练习

研究新闻媒体对隐私的侵犯

仔细阅读下文，然后与一位同学一起完成第 178 页的知识工具图

你认为是否有一些人和主题是记者和媒体所不能报道的？

表。准备好向全班解释你们的观点。

布里斯科诉读者文摘协会公司案

20世纪60年代末，《读者文摘》发表了一篇名为《抢劫的大生意》的文章。文章中有一句话提到了马文·布里斯科："像很多新手一样，马文·布里斯科（和另一名男子）在肯塔基州的丹维尔偷了一辆"看上去很贵"的卡车，后来还与当地警察打了一场枪战，结果没想到他们还劫持了4个保龄球馆的球童。"事实上，这桩盗窃案发生在1956年，是这篇文章发表的11年前，而布里斯科先生已经向社会还清了债务，并且自从那时起就没再犯过罪。

布利斯科先生控告杂志社侵犯了他的隐私权，声称《读者文摘》刊登了他"真实却令人尴尬的过往生活是不对的。"他认为自己已经拥有了令人尊敬的社会地位，现在交往的朋友大多不知道他早年生活中发生的事；正是因为杂志刊登了这篇文章，这些朋友还有他11岁的女儿都是第一次知道此事，他也因此受到了他们的侮辱、蔑视和嘲笑。

在对布里斯科先生的起诉进行讨论时，加利福尼亚州最高法院指出：

比起20世纪的城市居民来说，生活在19世纪小社区当中的人们在许多方面都没什么隐私。扩大的家庭网络、主要的团体关系、僵化的公共道德观念都会曝光一个人每一次偏离规范的行为，并使他置身于"后院八卦"的包围之中。然而，（本案）使当事人的行为完全暴露在公众目光之下，可不仅仅是威胁要剥夺当事人"挠痒"权利的"后院八卦"。

现在，已经有越来越多的人承认个人的隐私权，与此同时，大众媒体和电子仪器也越来越有能力摧毁个人的匿名权、侵入个人最私密的活动、曝光个人最隐私的特征，并将这些都通通暴露在公众面前……人们害怕的是曝光的对象不仅仅是那些最亲近的人……

（人们）要求的并不是完全保密的隐私，而是一种定义自己的私密圈的权利……

另一方面，法院也指出：

“对个人信息保密的权利注定要与向公众传播信息的权利发生冲突……人们发自内心地对他们的邻居感到好奇。公众会虚构出自己心中的英雄和恶棍……在某些有关公共利益的事情发生时我们的面具被撕了下来……曝光的风险是城市生活的附属品……在一个在思想自由传播基础上建立的国家里，要求某些事不能被公开通常是很困难的。”

重点思考练习

明确记者的规范

全班将被分成小组完成本次练习。每个小组分别代表以下组织：

负责任的报纸编辑组成的联盟：你们组的观点可以用《纽约时报》的信条来概括：刊登一切可以印刷的新闻。

广播影视集团：你们组的观点可以归纳为：我们刊登所有适当的新闻。

支持隐私保护的人们：你们组旨在为公民个人的隐私权利寻求强有力的保障。

第一修正案基金会：你们组强调新闻自由对于自由社会的重要性，要允许对公众有任何重要性的任何问题进行无限制的讨论。

要求体面和尊严的公民：你们组反对缺乏行为准则和礼仪标准的新闻媒体，特别是电视媒体，并认为大众传媒缺乏负责任的自我管理证明了政府对媒体实施“正当准则”是必要的。

每个小组应制定一项政策提案或一套行为准则，用来解决以下两个问题：

应当对记者对报道主题进行调查时所使用的方法施加什么限制？

应当对记者选择调查和报道的主题施加什么限制？

每个小组应选出两到三个发言人，负责向全班说明自己小组制定的行为准则的每个组成部分。首先，以圆桌会议的形式，对有关“应当如何限制记者选择调查和报道的主题”的问题陈述自己的观点。在讨论完这个问题后，接着各组应轮流陈述有关“应当如何限制记者对报道主题进行调查时所使用的方法”问题发表看法。老师应当引导圆桌讨论有序进行。全班应当总结此次活动，对制定准则或政策在解决可能重复出现的隐私问题上的作用进行评估。

知识运用

1. 电影《并无恶意》提出了一系列有关媒体行为的问题，包括一家报社的编辑决定找出某个他曾承诺要保密的信息来源的报料人。观看这部电影，向全班描述这部电影中提出的问题，并说明你对这些问题的看法。
2. 一些学校用摄像机监视学校的走廊、教室外的校园、以及很难管理的班级教室。你认为什么是支持或反对这种做法的最佳论据？你是否同意学校用这样的方式使用摄像机？给学校董事会写一封信，说明自己的看法。
3. 像银行、商店这样的地方通常都安装了摄像机，记录人们在那里所做的事情。针对这种做法，制作一个利弊得失的表格。你认为银行和商店还可以用其他什么方法？这些备选方案有哪些利弊得失？如果你希望说服银行和商店停止使用摄像机，你该怎么做？向全班说明你的建议。

Responsibility

责任

美国最高法院大楼前的这尊雕像象征着政府制定与执行法律的责任。如果政府无法履行这一责任，将会发生什么事？

导言

“我们美利坚合众国的人民，为了组织一个更完善的联邦，树立正义，保障国内的安宁，建立共同的国防，增进全民福利和确保我们自己及我们的后代能安享自由带来的幸福，乃为美利坚合众国制定和确立这一部宪法。”

美国宪法的序言清楚地说明了我们美国人民创立政府的目的。我们赋予政府一定的责任，以使它能公平对待所有人，建立共同国防，增进全民福利，并捍卫我们的自由。我们还赋予我们的政府许多权力，以承担和履行这些责任。

为确保我们的政府履行自己的责任，我们能做些什么？我们对自己、对政府需要承担哪些责任？我们作为公民，有权力决定我们的政府如何行使自己的权力。我们有责任确保我们的政府保护着所有人的权利，并促进全民福利的发展。要成为有所作为的公民，我们需要明确政府和公民各自的责任，针对这些责任我们也应当做出明智的决定。

你们在本课中所学的知识，将帮助你们应对生活中出现的有关责任的问题。你们将学会运用某些知识工具，帮助你们对有关责任的问题做出准确和明智的决定。你们在学习中获得的知识和技巧，将帮助你们更好地在民主社会中履行公民的职责，并有助于确保政府兑现我们人民创立这一政府的目标。

第一单元：什么是责任？

单元目标

“没有人能自存，没有人是孤岛，每个人都是大陆的一片，本土的一角……任何人的死亡都是我的缺失，只因我与人类唇齿相依；因此不必去知道丧钟为谁而鸣，它为你而敲响。”

英国诗人约翰·多恩（1572—1631）在17世纪初写下了这些诗句。他提出的关于责任的观念并不是新兴事物，几个世纪以来，人们一直在撰文论述责任——对自己、对他人以及对国家的责任。

可能常常会有人提醒你，有关你对自己的家庭、学校或工作要承担的责任。

责任是什么？它从哪儿来？为什么它对社会很重要？它对你有什么重要性？

本单元的目标是帮助你们回答以上这些疑问，并有助于你们厘清和形成自己对责任相关问题的观点。你们将学习识别特定的责任、它们的来源，以及承担或不承担责任带来的回报和惩罚。本单元将为你们在今后应对和思考有关责任问题奠定基础。

这些照片阐明了哪些责任？

第一课：什么是责任？它从何而来？

本课目标

本课将向你们介绍责任的概念以及责任在日常生活中的重要性。你们将研究责任的几种常见来源，并探讨人们承担责任的不同方式——不论他们是自愿选择的，被他人强迫的，还是不知不觉承担起来的。

学完本课后，你们应当能够区分责任的不同来源，并说明人们承担特定责任的方式和原因。

掌握词汇

契约	选民	责任
义务	道德原则	公民原则

重点思考练习

指出参议员史密斯的责任

阅读下面有关参议员史密斯的材料，回答“你怎么看？”部分的问题。

禁止还是允许？

吸烟是一个严重的全国性问题，每年有成千上万的美国人死于肺癌。研究表明，吸烟与癌症之间有着直接的联系；甚至吸二手烟也被证明是十分危险的。在公共场合禁止吸烟的问题变得越来越具争议性：吸烟的人认为他们有捍卫个人自由的权利，而不吸烟的人则认为他们有生活在健康环境中的权利。

参议员琼·史密斯所代表的州以烟草种植为主，烟草业发挥了关键作用。最近一份要求在公共场所禁烟的法案提交到国会。如果该提案获得通过，参议员史密斯所在的州将有许多人失业，这对该州的经济将产生重大影响。

参议员史密斯个人认为吸烟是很危险的，并倾向于认为人们不应当在公共场所吸烟，她自己也不吸烟。另一方面，她非常明白，如果这个提案获得通过将对自己所在的州产生负面影响。许多国会议员都面临着与参议员史密斯相似的困境：她的责任应该是为全国人民的共同利益投票呢，还是应该代表自己所在的州的利益呢？

你怎么看?

1. 为参议员史密斯想想，有什么理由可以投票反对这个提案，即使她清楚这将是一部善法？
2. 为参议员史密斯想想，有什么理由可以投票支持这个提案，即使她认为这将对她所在的州产生不利影响？
3. 如果参议员史密斯投票支持这项提案，将会为她个人、她所代表的州和国家分别带来什么结果？
4. 如果参议员史密斯投票反对这项提案，将会为她个人、她所代表的州和国家分别带来什么结果？
5. 如果你是参议员史密斯，你会怎么做？你能想出一个协调州与国家双方利益的方法吗？
6. 一般说来，你认为选举产生的参议员的责任是应当遵循选民的意愿，还是应该从整个国家的利益出发，作出自己最明智的判断？请解释。

以上你们所考虑的问题涉及责任问题的方方面面，它们很难回答。要做出明智的选择，你们需要一些工具，以帮助你们分析其中涉及的复杂问题。本书的这一部分将为你们提供这些工具，并促使你们考虑有关责任的问题。

责任是什么?

我们所指的“责任”是什么？在关于这一概念的前三个单元中，我们提到的这个词有特定的含义。

责任是一个人做某事或以某种特定方式行动的义务。例如，你有责任去上学。

责任也是一个人不去做某事或不以某种特定方式行动的义务。例如，在购物的时候，你有责任不去偷窃商品。

当听到“责任”这个词的时候，你可能认为这是要求你做那些你不想做的事。要知道，如果你不履行自己的责任，就可能要承担其后果。同时你也知道，如果你承担了自己的责任，也可能会得到回报。一般来说（但并不总是），承担了自己责任的人都会以某种方式获得回报，而那些未能承担责任的人常常会受到某种惩罚。

我们有时会将责任感与它可能施加给我们的负担混为一谈，并且我们也常常将周围的人会承担他们自己的责任视为理所当然。试想一下，如果在家里、学校和社区里没有人接受或承担自己的责任，那么，你的生活将会变成什么样子。举个例子来说，如果你不得不搭乘飞机去某地，但你却无法确定机组人员、维修人员以及机场控制塔的操作员是否能履行他们的责任以确保你的安全，你会有什么感受?

责任从何而来?

责任的来源可能有很多种，它可能因为我们的工作、学校、法律、或者道德原则而产生，某些责任可能只有一个来源，而有一些责任的来源可能有两个以上。

下面将介绍九种重要的责任来源，在阅读每一种来源的时候，思

宗教责任和传统如何在世代之间传承？

考一下你所承担的责任中哪些具有相似的来源。在了解每种责任来源后，回答以下问题：你是否自由地选择了这种责任？这种责任是强加在你身上的吗？你是否没有进行有意识的思考就承担了这种责任？

◆ **教养**：人们承担某些责任受到了他们的父母、家庭成员以及其他亲近的人（例如朋友和老师）的影响。帮助干家务活、照顾年幼的孩子以及遵守家里的规矩等义务，对许多年轻人来说都是常见的责任。家长也会向孩子灌输某些要承担特定职责的宗教及道德信仰。

◆ **承诺**：当我们对其他人做出承诺时，对方会期望我们履行并信守诺言。我们从很小的时候就明白应该遵守承诺，这就是为什么很小的孩子也会抱怨："可是你答应过！"承诺可能是直接表述出来的，也可能是被暗示的；可能是个人的口头许诺，比如保证要帮助一位朋友，也可能是书面的法律契约，例如偿还借贷的协议。

◆ **分派**：不论是在学校还是在工作中，其他人很可能会分派给你

美国驻外使节有哪些责任？这些责任的来源是什么？

某种特定的职责。比方说，在学校，老师会给你布置家庭作业，或者指定让你编写一个电脑程序；在工作中，你的上司可能分派任务，让你负责清扫店面或管理其他雇员。

◆ **任命**：在某些情况下，人们被任命担任某些附有特定责任的职务。例如，美国总统任命某些人担任驻外大使，社团负责人可能任命一位成员在会议上作记录。任命与指派不同的地方在于，人们常常可以拒绝它们而不必受惩罚。

◆ **职业**：每一份工作都有特定的责任。例如，汽车机修工的责任是专业并高效地修理汽车；警察有责任执行法律并保护人们的安全；议员有责任代表他的选民，并为所有人的福利效力。

◆ **法律**：法律体系给我们施加了许多责任，包括上学、担任陪审员、遵守交通法规以及纳税。美国的最高大法——联邦宪法也为我国政府的立法、行政和司法机构的人员规定了许多责任。

◆ **传统**：许多责任来自于传统。一些被人们长期遵守的惯例常常演变为义务。例如，在公共场合排队、遵守秩序以及庆祝宗教节日。

◆ **公民原则**：我们的社会为公民规定了如下义务：投票、担任陪审员、在国家危难之际服兵役以及遵守法律。作为公民，我们有责任知晓公众事务，并监督政治领导人和政府机构的行为，以确保这些行为符合宪法的价值观和原则。

◆ **道德原则**：人们感受最强烈的某些义务往往来自自己的道德原则。这种原则可能基于个人价值观或者宗教信仰。例如，己所不欲、勿施于人；不撒谎，不欺骗，尊重他人。

知识运用

1. 在学习责任的概念时，你应该写一本笔记，首先观察接下来的24个小时内你所承担的责任。写一篇文章，描述这些责任以及它们的来源。针对你找出的每一种责任，标出哪些是你自愿选择的，哪些是你被要求承担的，以及哪些是你没有经过深思熟虑就自发承担的。
2. 假设你看到一个朋友在商店行窃，你有责任举报这件事吗？你有哪些责任帮助你的朋友？每种责任的来源分别是什么？
3. 阅读今天的报纸，收听广播或收看电视新闻，列出三个涉及责任的案例或事件。在每个案例中，描述责任的一个或多个来源。

第二课：如何研究责任问题？

本课目标

在这一课中，你们将学习用于研究责任的知识工具。你们也将针对特定的案例运用所学到的知识工具。完成本课的学习后，你们应当能够运用这些知识工具对有关责任的具体情况进行分析并做出决定。

掌握词汇

保证
联邦宪法第四修正案
《希波克拉底誓言》
传唤
非法搜查和扣押

如何研究责任问题？

每天你都要面对有关履行特定责任的问题。无论是老师布置的家庭作业、放学后的工作，或者父母规定回家的时限，你都要决定自己是否愿意做这些他人期望你做的事。要做这个决定，你需要工具来帮助你考虑它所涉及的方方面面。本课将为你介绍这些工具，同时，解

为什么一定要运用适当的知识工具来分析关于责任的问题？

决不同的问题需要使用不同的工具，就像你不会试着用修车的工具来烤蛋糕一样。特定的思维方法——“知识工具”，能帮助你解决有关责任的问题。

知识工具是有助于你分析问题、做出决定的和对社会的观察。以下是你在运用第一组知识工具研究责任问题时，会提出的一系列问题：

- 要承担什么责任？
- 谁要承担这种责任？
- 承担这种责任是为了谁？
- 这种责任的来源是什么？
- 承担责任会有哪些回报？例如：满足感、自尊的提高、赞许、表扬、报酬或奖励。
- 不承担责任会有哪些惩罚？例如：羞愧、内疚、谴责、罚款、监禁或体罚。
- 承担这种责任是自由选择的？还是他人强加的？或者是不经深思熟虑就自发承担的？

下一个部分你们将以一次镇民集会为背景研究责任问题，上文中所学的知识工具将有助于你们回答“你怎么看？”部分的问题。

在公众集会上自由发言的权利附带有哪些责任？

在美国，公众集会遵循着许多传统，这些传统源于新英格兰殖民地和其他社会沿用数百年的习俗。

如今，人们参加集会是为了就各种各样的事务进行讨论并采取行动，例如：学校问题、邻里犯罪、交通安全、环境政策以及国内外争端。美国宪政民主的传统保障每个公民有参加集会、政治平等、自由表达、听取他人的立场的权利。

言论自由的权利是这类公众集会的基本原则。然而，除非与会的人同意限制自己的发言，并在大会开始前保持安静，否则会议甚至都无法开始，同时也必须有人主持会议并维持秩序。

为保证会议有序进行，有些规则是必需的。例如，与会的人通常都同意，在主席要求之前，所有人都不能说话。同样，被要求发言的人有责任就正在讨论的问题发表自己的观点，而不是讨论诸如刚看过的新电影或旅行计划一类无关的话题。人们也被要求轮流表达自己的观点，并允许其他人有机会发言。

公众集会的目的并不仅仅只是让人们发表意见而已，而是用这样理智、简明扼要的方式来解决问题、开拓思维或做出决策。

如果会议当中有发言者偏离讨论的主题，粗鲁地攻击或对待他人，甚至威胁要阻挠集会进行时，主席可以宣布这位发言者破坏了会议秩序，发言者要么必须退出会议，要么需要纠正自己的行为。如果发言者拒绝改正，那么最终此人将被逐出集会。

对事关自己的问题，所有人都有发言的权利，公众集会的特定目标就是提供并保护这样的权利。

在参加镇民集会时，你有哪些责任？

你怎么看?

1. 公众集会的传统包含了哪些责任?
2. 谁要承担这些责任?
3. 承担这些责任是为了谁?
4. 责任的来源是什么?
5. 承担责任会有哪些回报?
6. 不承担责任会有哪些惩罚?
7. 承担这些责任是自由选择的，还是他人强加的?或者是不经深思熟虑就自发承担的?

重点思考练习

辨识责任

在本次练习中，老师将把全班分为五个组，每组需要阅读各自的指定材料，完成第216页的“责任研究表”，并选出一位同学代表小组发言，向全班报告各组的答案。

第一组：联邦宪法第四修正案为学校管理者规定了哪些责任?

联邦宪法第四修正案保护人们不受非法搜查和扣押侵害。但在应当如何将这种保护应用于学校管理时，出现了两个问题：第一，宪法第四修正案是否应该保护学生，禁止学校管理者未经许可打开和搜查钱包及背包?第二，在保护本校学生并禁止在学校范围内销售、持有或使用违禁药物问题上，学校应当负有什么责任?

1985年最高法院审理的一桩案件（新泽西州政府诉T. L. O. 案）起因于一个14岁的女孩被发现与一位朋友躲在盥洗室里抽烟，并被带到校长办公室。面对副校长的询问，其中一个女孩承认自己抽了烟，而另一个女孩（即T. L. O. ）却否认了。副校长将T. L. O. 带到一间隐密的办公室，并检查了她的钱包。他发现钱包里有一包香烟和一包卷烟纸（这让他想到了大麻）。接着他对T. L. O. 的钱包进行了更为彻底的搜查，他找到了少量大麻、一个烟斗、一些空塑料袋、一笔相当数额的钱（大多是一美元的现钞）、一些她向同学贩卖大麻的记录以及两封表明T. L. O. 贩卖大麻的信件。

T. L. O. 承认自己贩售大麻后，新泽西州向她提起诉讼。而她的辩护律师认为，副校长对T. L. O. 的搜查是一种对宪法第四修正案赋予T. L. O. 的权利的不合理侵犯，并以此来反驳校方在T. L. O. 的钱包里找到的证据。

第二组：以下材料说明了总统的哪些责任？

1945年夏天，时任美国总统的哈里·S·杜鲁门面临一项艰难抉择。当年5月，德国宣布正式投降，长达6年的欧洲战争宣告结束。在太平洋战场，第二次世界大战却仍在继续。一些美国军事专家认为，这场战争还将持续一年或者更长时间，这将让交战双方伤亡更加惨

1945年8月6日在广岛投放原子弹带来了大规模毁灭性的伤亡。作为战时总指挥的总统，在决策时应当考虑哪些责任？

重。他们预计，倘若战争继续，还将有多达100万美国人牺牲。

7月15日，美国科学家成功地进行了一次原子弹试验。这次试验的成功为杜鲁门的抉择铺平了道路：此刻，他必须决定是要使用这种恐怖的武器以加速日本投降；还是要不顾军事专家们可怕的预言，继续以传统方式进行战斗。

杜鲁门总统最终选择了使用原子弹。8月6日，一架名为恩诺拉·盖伊的B-29飞机在日本城市广岛扔下了第一颗原子弹，并用相当于400万磅的炸药实施了毁灭性打击，广岛市344,000位居民死伤过半。8月9日，另一颗原子弹被投放到长崎，同样造成了毁灭性的后果。8月15日，日本投降。

杜鲁门总统相信自己做出了正确的抉择。然而，公众的反应却呈现出两种极端：一些人赞扬杜鲁门挽救了千千万万个生命，而另一些人却谴责他带来了可怕的死亡与苦难。很少有人会忽略这是杜鲁门所必须承担的重大责任。

第三组：以下引文说明了哪些责任？

“我常常希望我们能否不要过多地将希望寄托在宪法、法律和法庭上。这是虚假的希望，相信我，它们是虚假的。自由存在于每个人的心中。当它在人们心中消亡时，没有任何宪法、法律和法庭可以挽救它，甚至没有任何宪法、法律和法庭能带来什么帮助。当自由存在于人们心中时，则完全不需要任何宪法、法律和法庭来拯救它……”

——法官莱恩得·汉德，1944年

在德国，一开始纳粹来抓共产党，我没有说话，因为我不是共产党员。后来他们来抓犹太人，我没有说话，因为我不是犹太人。再后来他们来抓工会成员，我没有说话，因为我不是工会成员。然后他们来抓天主教徒，我也没有说话，因为我是新教徒。最后他们来抓我，那时已经无人能留下来为我说话。”

——出自牧师马丁·尼莫勒之手（约1949年）

第四组：以下誓言为医生规定了哪些责任？

以下摘自即将开始行医的医生都要宣誓遵守的《希波克拉底誓言》：

“仰赖医神阿波罗·埃斯克雷波斯及天地诸神为证，鄙人敬谨直誓，愿以自身能力及判断力所及，遵守此誓此约。我愿尽余之能力与判断力所及，遵守为病家谋利益之信条，为人治病，并检点一切堕落和害人行为。我不得将危害药品给与他人，并不作该项之指导，虽有人请求亦必不与之……凡我所见所闻，无论有无业务关系，我认为应守秘密者，我愿保守秘密。倘使我严守上述誓言，请求神祇让我生命与医术能得无上光荣，无论何时皆受众人敬重，我苟违誓，天地鬼神实共亟之。”

第五组：1964年通过的《民权法案》为政府和公民个人规定了哪些责任？

1964年的《民权法案》禁止在公共场合因种族、肤色、信仰或族裔问题而歧视他人。该法不仅适用于政府管理的公共场所，如公园、游泳池和海滩，也适用于餐馆、酒店、商场、电影院和其他私人或公司经营的场所。违反该法将被处以罚款和刑事处罚，违法者也会面临受其违法行为中侵害和歧视者提起的民事诉讼。种族歧视和隔离在美国的公共场所中不复存在，这很大程度上要归功于《民权法案》的实施。

知识运用

1. 在上述有关责任的阅读材料中，选择一段你们组没有读过的，阅读并完成关于这一材料的责任研究表。如果你们组的答案与之前负责向全班报告该材料的小组答案不同，说明有什么不同。
2. 列出一位班级老师的责任清单，通过完成责任研究表来分析这些责任。
3. 联邦宪法第九修正案规定："联邦公民选举的权利不应被联邦或任何州根据性别予以否认或删减。国会应拥有通过适当的立法推行这一条款的权力。"第九次修正案为谁规定了这些责任？规定了哪些责任？要为谁承担这些责任？与这些责任相关的回报和惩罚是什么？你认为这些责任是自由选择承担的？还是他人强加的？或者是未经深思熟虑而自发承担的？解释你的观点。

责任研究表	
问题	答案
1. 以上材料涉及了哪些责任？	
2. 谁要承担这些责任？	
3. 承担这些责任是为了谁？	
4. 这些责任的来源是什么？	
5. 承担责任会有什么回报？	
6. 不承担责任会有什么惩罚？	

第二单元：承担责任有什么利弊得失？

单元目标

在第一单元中，你们已经学会了如何运用知识工具来思考有关责任的问题。在本单元中，你们将深入研究承担责任产生的结果。你们将了解和学习识别承担责任的各种结果，以及如何区分这些结果为利益或损失。那么，这里我们所说的“承担责任的利弊得失”是指什么？“利益”是承担责任的人给他人或自己带来的好处。“损失”是亏损或者缺点。你们还将了解到，拥有不同价值观和不同利益的人们可能对承担责任的利弊得失有不同的看法。

认识承担责任产生的结果将有助于你们决定是否要承担某种特定的责任，它也能使你们在不同的责任中区分轻重缓急。

这些照片说明了承担责任有哪些利弊得失？

第三课：承担责任会产生哪些结果？

本课目标

如果承担了某种责任，你就必须准备好应对承担这种责任所带来的利弊得失。本课将帮你学会辨识利弊得失。学完本课后，你们应当能够解释责任的某些常见的利与弊，并能辨识特定情境中承担责任的利弊得失。

掌握词汇

利益	损失
可预见性	安全感
效率	不满

重点思考练习

识别结果中的利弊得失

当你选择承担某种责任时，将发生什么事？你的选择将产生某种结果，其中有些结果会带来好处，有些可能会产生损失。在决定是否要承担某种特定责任时，识别承担这一责任的利弊得失就非常必要。

阅读以下故事，完成故事后的表格，然后回答“你怎么看？”这一部分的问题。准备与全班分享你的答案。

塞琳娜应该怎么做？

艾尔克伍德高中三年级学生塞琳娜很受她的同学和老师的欢迎，开朗、友好、极具幽默感使塞琳娜几乎能与所有人相处融洽。昨天，副校长问塞琳娜是否愿意参加有关“预防学校暴力”的新计划，并担任学生调解员这一职务。学生调解员主要负责解决在校学生之间的争端，听取争端中每位同学的意见，并对解决争端提出自己的建议。虽然学生调解员无法强迫争端各方采纳任何一种解决方法，但能够通过与同学们讨论争端，帮助他们达成一致。同时，虽然学生调解员无法因此而获得酬劳，但校方会为他们颁发证书，参与这个项目也将有助于将来申请大学。事先，学生调解员必须参加一个为期两周的培训课程，旨在培养聆听各方意见、解决争端并促成人们认可解决方案的能力。他们必须在每天放学后留出至少一个小时的时间，与争端各方的同学进行调解对话。

塞琳娜在考虑副校长的委任时，需要列出接受这一责任将会带来的各种结果，以帮助自己做决定。

结果	利益或损失

你怎么看?

1. 塞琳娜被要求承担什么责任?
2. 承担这一责任的利弊得失分别是什么?
3. 如果你是塞琳娜，你会同意在放学后担任学生调解员这一职责吗?为什么?

重点思考练习

描述利弊得失

像塞琳娜一样，在考虑承担责任的结果时，你们应该能够区分并权衡承担责任的利弊得失。与一位同学一起阅读下文中描述的承担责任的利弊得失。根据你自己的经验，分别举出一个能说明承担责任的好处与损失的例子。准备好与全班分享你的例子。

利益

利益：

- 可预见性：当人们始终坚持承担自己的责任时，其他人可以了解应该对这个人抱有什么期望。
- 安全感：当我们知道其他人会承担各自的责任时，会感到更安全、更踏实。
- 效率：当参与工作的人都能承担各自的责任时，可以更有效率地完成工作。
- 合作：当一起从事某项任务的人都能承担各自的责任时，将增进彼此之间的合作。
- 公平：如果能公平地分配责任，并且每个人都承担了各自的责任，就不会有人要承担额外的工作了。
- 团队精神：如果一个团队的所有成员都承担了各自的责任，团队中很容易形成一种团队精神和集体荣誉感。
- 个人回报：回报可能包括一种独立和自尊的感觉；满足感；来自他人的赞许；更多的认同、更高的地位或更多的酬劳；获得知识、技能和经验。

损失：

- 负担：承担责任可能需要花费时间、精力或者金钱。
- 不满：即便人们已经同意承担某种责任，但他们可能还是会因为这不是自己想要做的事而心有不满。还有些人可能会因为自己想要承担的责任被他人获得了而埋怨对方。
- 害怕失败：如果人们不确定自己是否能承担一份特定的责任，他们可能会焦虑和不安。
- 牺牲其他利益：当人们接受了特定的责任，他们可能需要将其他价值观、需求和利益放在一边，暂不考虑。
- 其他人放弃责任：如果一个人或一个群体承担了某项任务的主要责任，其他人很容易不去承担自己应负的责任。

重点思考练习

根据利弊得失评估观点

在本次练习中，你们将分析承担责任的结果。老师会将全班分为几个小组，每一组应阅读以下材料中的一段，并回答“你怎么看？”部分的问题。每组可以做一张类似塞琳娜所填的表格，以帮助自己研究材料相关的利弊得失。每个小组都应该与班上其他同学分享自己的答案。

20世纪60年代民权运动的旗手小马丁·路德·金身肩重任。他承担这些责任的利弊得失是什么？

1. 为了引起全国对那些歧视非裔美国人的不公正法律的关注，小马丁·路德·金故意违反这些法律并因此进了监狱。
2. 玛丽亚·罗德里古兹参加了汽车修理课程，她自愿在周末帮朋友托马斯检修汽车。

3. 贝尔塔听说了一个旨在帮助失业者学习电脑技术的在职培训计划。她申请参加了这个计划，并以完成培训为条件获得了一份工作。
4. 肯尼迪高中的“公共问题委员会”决定举行一个主题为“预防高中学生暴力”的研讨会。委员会邀请发言者针对从药物检测的使用，到学校搜查学生个人物品的权利等广泛多样的主题，发表了各自的看法。
5. 萨蒂科伊社区教会的信众投票决定为父母都要外出上班的孩子建立一个日间托儿所。
6. 由于黎巴嫩地区战争形势的恶化，美国政府制定了疏散美国公民的计划。
7. 尽管有来自环境保护主义者的警告，航线经过阿拉斯加海湾的石油公司向环境保护署保证，这些运油船不会对这片海域的渔业和野生生物造成威胁。

你怎么看?

1. 在你们组研究的阅读材料中，谁要承担责任？
2. 该材料中的个人或团体承担了或者打算承担哪些责任？
3. 在这一材料中，如果承担责任会产生什么结果？
4. 你认为哪些结果是利益？
5. 你认为哪些结果是损失？

知识运用

1. 假设你在考虑一份放学后的工作，制作一个表格，列出接受这份工作后的利弊得失。试说明，你会怎样根据承担责任的结果来决定是否接受这份工作。
2. 阅读一篇最近刊登的新闻，内容涉及责任的政府决策（无论是联邦的、各州的，还是地方政府的）。列出该决策产生的结果，并标出每一种结果是利益还是损失。

第四课：如何评估承担责任的利弊得失?

本课目标

在本课中，你们将看到，在决策中如何运用对责任的利弊得失的思考。你们班将举行一场公开听证会，主题是在一个叫做“吉布森维尔市”的虚拟城市使用太阳能，这场听证会的主要目的是让这座城市中的各个团体有机会表达各自对市长提出的太阳能计划的看法。

完成本课后，你们应该能够在有关责任的问题上，运用利弊得失的观念来评价、选择或者论证自己的观点。

掌握词汇

议程	公开听证会
相对重要性	依职业的

重点思考练习

在使用太阳能问题上评价、选择以及论证自己的观点

在开始准备本次练习时，阅读有关太阳能计划的描述以及公开听证会的议程。按照议程说明来进行公开听证会。

太阳能计划

联邦政府的能源部在某个实验项目中宣布，政府将为10个愿意用太阳能为公共建筑中的冷暖空调供电的城市提供补助，这笔补助将支付采购和安装太阳能设备费用的一半。中西部一座中等规模的城市——“吉布森维尔市”的市长听说了这项补助计划，便要求该市的城市规划办公室对这项计划进行研究，并对本市是否应当申请这项补助计划而提出建议。

城市规划办公室研究发现，实施这项太阳能计划的总花费将在1200万美元左右。因为补助金额只能支付项目花费的一半，为完成该计划，本市还要为剩下的600万美元找到资金来源。要筹到这笔钱很可能就要提高城市税收的额度。然而，城市规划办公室预计，在20年的时间里，这个太阳能系统的运营成本将更低廉，能为纳税人节省一点开支。

城市规划办公室研究了在吉布森维尔市转用太阳能的可行性。太阳能系统只有在阳光充足或只有薄云遮盖的时候才能运转良好。吉布森维尔市的冬天通常十分寒冷，天空也被厚厚的云层覆盖。过去74年的气候型态显示，长远来看，如果未来若干年的气候不会有太多变数的话，每年应该有足够天数可提供充裕的太阳能为本市节省开支。在太阳能不充足的日子里，冷暖空调的启动仍可使用传统能源。

如何评价在建筑中转用太阳能的利弊得失？

市长阅读了城市规划办公室的报告后，决定向市议会提议，让吉布森维尔市申请联邦政府补助。然而，市民对市长的提议反应各不相同：有一些群体支持市长的观点，而另一些人则强烈反对。市议会决定在讨论市长的提案前举行一场公开听证会，听证会将允许各个利益团体发表各自的观点。听证会的日期已经确定，许多团体都要求参加听证会。

准备公开听证会

将全班分为五组：一组扮演市议会的角色，另一组扮演城市规划办公室的工作人员，其余三组分别代表参加会议的各个利益团体。各方陈述结束后，市议会将就太阳能提案进行投票，并宣布市议会的决定。

除了代表市议会的小组外，其他各组必须针对市长的提案表明支持或反对的立场。运用以下说明和背景材料。在说明你们组的观点时，你们应当考虑以下问题：

1. 如果联邦政府能源部批准了补助计划，吉布森维尔市政府应当承担什么责任？
2. 市政府承担这个责任会带来什么结果？
3. 你们认为哪些结果是利益？
4. 你们认为哪些结果是损失？
5. 根据你们小组的观点，什么利益或损失是最重要的？
6. 基于以上你们组对提案的利弊得失相对重要性的看法，你们组将建议市议会通过还是反对市长的提案？

在各组讨论时，选出一位主席来引导讨论过程，以及一位记录员来记录小组陈述中会用到的观点，同时再选出一个或更多人来陈述你们组的观点。你们也可以准备一些海报或图表在陈述时辅助说明。在你们组准备发言的过程中，一旦有新的想法出现，要毫不犹疑地添加到陈述发言中。

公开听证会告示

日期：9月24日（星期一）

时间：上午09:00

地点：吉布森维尔市政厅

吉布森维尔市议会将就申请联邦基金以及配对拨款进行公开听证会，该基金和拨款将用于使部分公共建筑转用太阳能。

议程

1. 市议会主席开幕致词（2分钟）
2. 市长介绍（1分钟）
3. 城市规划办公室陈述提案（5分钟）
4. 各利益团体发表意见
   a. 保护与使用替代能源联盟（5分钟）
   b. 纳税人联盟（5分钟）
   c. 商会（5分钟）
5. 公开讨论：问答时间，参会者评论
6. 市议会主席进行总结
7. 市议会成员不记名投票
8. 市议会主席宣布结果
9. 散会

第一组：市议会

会议开始前，由你们组选出的主席说明公开听证会的议程。你们组还要选出一位同学担任市长，同时也是市议会的当然会员。他将在听证会上做一个简短陈述，并介绍城市规划师。你们组要控制听证会议程，并决定是否要通过市长的提案。

你们组召开听证会的主要目标是收集足够的信息，以做出明智的决定，并为各利益团体和个人提供表达各自观点的机会。你们组应仔细思考这个提案，制定一份问题列表，用来询问陈述发言的各组代表。

第二组：城市规划办公室

你们组负责提出方案。选出一位同学来扮演城市规划师。通过评述你们组提出的计划的各方面情况，来完成你们组的陈述发言。详细说明你们认为市政府应当承担将全市部分公共建筑转用太阳能这一责任的理由。你们的陈述中还要包括对这一提案的利弊得失的分析。

第三组：保护与使用替代能源联盟

你们组在此次听证会中的总体观点应当是这个提案利大于弊，并提议市议会通过市长的这项提案。为了支持这一观点，你们组的陈述发言中应该包括对使用太阳能的各种好处的说明。

第四组：纳税人联盟

你们组在此次听证会中的总体观点应当是这个提案弊大于利，并提议市议会对市长的提案不予通过。为了支持这一观点，你们组的陈

如何运用对利弊得失的分析来论证或反对承担某项责任？

述发言中应该包括说明这个提案的财政开支，以及这些开支对纳税人造成的影响。

第五组：商会

你们组支持市长的提案，你们组的观点是：总的来说这项提案利大于弊。你们的陈述发言中应说明：花费1200万美元用于太阳能设备的安装将如何创造新的工作机会，并最终通过商品、服务业和娱乐业的发展而极大地推动本地经济的发展。

举行公开听证会

1. 市议会主席应宣布会议开始，说明举行会议的目的，介绍会议议程，并介绍市长出席，正式宣布会议开始。
2. 每组的发言代表应根据会议议程，按顺序出场。各组的第一次陈述发言应不超过5分钟。
3. 在每组陈述发言期间，市议会的议员可以随时打断发言，提出疑问。
4. 在各组结束发言陈述后，市议会的议员应讨论本次会议的议题，并为是否通过市长的提案进行投票。
5. 市议会议员应当宣布他们的决定并说明原因。接下来全班可以继续进行班级讨论。

知识运用

1. 给吉布森维尔市的报纸编辑写一封信，对市议会有关太阳能提案的决定表示支持或者反对。
2. 阅读一篇新闻，内容是关于最近国会或你们州议会通过的某项提案。试分析国会或议会对利弊得失的思考在什么程度上影响了决策过程。以口头报告的形式向全班说明你的发现。

第三单元：在相互冲突的责任之间如何做选择?

单元目标

思考一下你现在承担的所有责任，然后想想你可能会有兴趣承担的其他责任。再加上许多你可能想做的其他事情，或对你很重要的事情。现在，再考虑看看你有多少时间和精力。

你能承担以上所有责任，同时完成一切你感兴趣的其他事情吗？答案可能是不行。就像其他所有人一样，你必须在要承担的责任和要进行的其他活动中做出选择。

有时在相互冲突的不同责任、利益和价值观之间作决定是很容易的，但有时候，选择却是非常复杂困难的。本单元着重研究能在相互冲突的不同责任、利益和价值观之间帮助你做出明智选择的考虑因素。

在面临相互冲突的不同责任时，有哪些重要的考虑因素可以帮你决定如何把时间分配给你自己、你的家庭和整个社会？

第五课：在相互冲突的责任之间做选择时，需要考虑哪些因素？

本课目标

在这一课中，你们将学习更多的知识工具。在相互冲突的不同责任、价值观与利益之间做选择时，你们将考虑一些有助于做出决定的因素。完成本课学习后，在某些必须在相互冲突的不同责任、利益和价值观之间做选择的情况下，你们应当能够运用这些知识工具来评估、选择和论证某些观点。

掌握词汇

紧迫程度　　资源
价值观　　利益
妥协

你是否曾经经历过这样的情况：你认为自己所承担的责任超过了你的承受能力？你是如何决定怎么做的？

如何在相互冲突的责任之间做选择？

在相互冲突的责任之间做选择通常是很复杂的，人们很难决定什么是最重要的。做这种决定通常包含了设定事情的优先级以及寻找替代方案。这可能意味着你要放弃某种特定责任，或是推迟到等你履行其他责任之后再来承担这种责任。在相互冲突的不同责任之间做选择时，需要考虑以下重要因素：

◆ **紧迫程度**：判断某份责任的紧迫程度使你能够设定优先级（将某些责任置于其他责任之前），并能决定首先承担哪份责任。例如，完成一份明天必须交的作业就比一份一周后才交的要紧迫。

◆ **相对重要性**：你需要考虑每种责任与其他责任相比的重要性。例如，如果驾车途中为了避免撞倒行人，你可能会选择撞上一辆路旁停着的汽车。

◆ **需要的时间**：你需要考虑承担某种责任需要耗费的时间，以及你能够支配的时间。例如，在接受一份放学后的工作之前，你需要考虑是否有足够的时间能投入到这份工作中履行职责。

◆ **必要的资源**：是否能得到某些资源是影响决策的主要因素，这些资源包括设备、经验或财政手段等。如果没有必要的资源，你可能无法完成某种责任，例如，要从事邮递工作，你需要驾照和一辆汽车。

◆ **冲突的兴趣和价值观**：在决定承担哪种责任时，你可能需要考虑自己感兴趣的其他事情，或坚信的其他价值观。例如，如果一份放学后的工作使你无法参加学校乐团的演出，你可能会决定放弃这份工作。

◆ **替代选择**：你并不用总是在冲突的不同责任之间做出选择，相反，一种创新的处理方式或妥协方案可以让你摆脱困境。例如，你需要亲自承担这种责任，还是可以找到别人去做？

重点思考练习

在承担哪种责任的问题上评价并选择某种观点

阅读下面的故事，然后以小组为单位完成第239页的“在责任之间做选择的知识工具表”。准备与班上其他同学分享你们组的答案。

毒品、危险与政治责任

毒枭们给这个南美洲小国的人民发来了一条可怕的讯息：“我们向政府……以及其他曾攻击过我们的人宣战。”这将是一场全面而彻底的战争，战争的界线已经划定：一边是毒品联盟，它的首领富可敌国、全副武装，而且将毫无愧疚地毁灭一切阻碍它们的人；另一边则是政府成员、记者，以及愿冒着生命危险保护自己国家的所有公民。这的确是关系国家未来命运的一场战争。法律和恐怖，谁将统治这个国家？

无庸置疑，毒枭们发出的威胁是极其认真的，谋杀和暗杀已经成为了一种生活方式。在过去数月中，他们已经杀害了一位总统候选人、许多法官和司法官员，以及一些出色的记者。恐怖的气氛笼罩着这个国家，尤其是在该国首都。毒枭们的宣战对象已经波及被威胁者的家人，政府官员都特别担心自己的孩子，一些人将家人送到国外生活，但即便如此，也无法提供彻底的保护。在国外——欧洲和美国，暗杀也时有发生。对于被毒枭们盯上的人而言，没有哪里是真正安全的。

毒品联盟的黑名单上排名最靠前的是该国年轻的司法部长——艾拉纳·贡扎勒斯。只有32岁的她是该国著名的杰出律师，她在没有其他人敢接受这份职务的时候临危受命，在过去三年里她的六位前任之中，两位被杀，两位离开了这个国家。她也不断地受到威胁，她的兄弟于上周被绑架，恐怕已经遇害。

贡扎勒斯来自一个长期担任该国高层官员的著名家族，她因捍卫法律而树立了自己的威信。现在，在国家的司法系统遭到围攻之际，她声明："我们必须尽一切所能保护法律和政府，我的责任就是为我的国家和人民负责。"

尽管做出了公开声明，然而，贡扎勒斯深深地为她的工作将给自己的家庭带来的影响而担忧。她已婚并有三个年幼的孩子。她明白，只要她继续担任司法部长职务，家人的生命就会每天都处于危险之中。当她几乎同时收到一份新的工作邀请，和歹徒要在学校绑架她最年幼的女儿的恐吓时，这两者之间的冲突已经到了不得不做出选择的时候。

第一个电话是从纽约打来。她被邀请担任某个联合国特别委员会的主席，该委员会正是为了考察毒品交易的国际影响而设立。很明显，这是她离开这个国家，并使自己和家人摆脱持续不断的死亡威胁的机会。

贡扎勒斯有两周的时间考虑这个工作机会，这将是她继续致力于与毒品问题作斗争的避风港，这对她来说十分诱人。毫无疑问地，这份工作也将帮助她承担保护家人的责任。然而，另一方面她对自己的

你的个人安全或其他利益会如何与你的政治责任发生冲突？你会如何决定该怎么做？

国家及其未来也抱有同样强烈的责任感。如果她离开了，就意味着承认失败，承认恐怖势力大于政府力量，她将削弱所有那些不惜一切代价献身于抗击毒枭的人们的勇气。但如果她留下，自己和家人的生命又将陷于危险之中。她应当承担哪份责任？

你怎么看？

1. 参考你在知识工具表格中记录的信息，你认为艾拉纳·贡扎勒斯应该怎么做？为什么？
2. 你的决定说明你认为某些价值观或责任比其他的更重要，这些价值观或责任是什么？
3. 为什么其他人使用了和你思考时运用的同样的信息，却得出了不同的结论？

知识运用

1. 在你的笔记中，描述一个你曾经不得不在相互冲突的不同责任之间做选择的情况。当时你是如何决定怎么做的？为什么你会做出这个选择？
2. 在新闻中，找出一个要在相互冲突的不同责任之间做决定的案例，写一篇文章，说明案例中涉及的问题、人们针对这一问题所做的决定以及做出这一决定的原因。
3. 假设你被提名担任学校学生会的一个组织每周课后活动的管理职位，担任这个职位能帮助你在申请大学时给人留下深刻印象，同时你在本地音像店也找到了一份工作，能让你在经济上更宽裕，但时间会与学生会的这一职位冲突，你会选择哪个职位？为什么？

在责任之间做选择的知识工具表		
注意：问题7、9、10、11不一定适用于你现在要解决的问题。如果不适用，请在相应的空格填上“不适用”或“不可行”。		
1. 问题中包含了哪些责任？	责任1	责任2
2. 这些责任的来源是什么？		
3. 承担这些责任的回报是什么？		
4. 不承担这些责任的惩罚是什么？		
5. 承担这些责任的好处是什么？		
6. 承担这些责任的损失是什么？		
7. 这些责任有多紧迫？		
8. 这些责任之间的相对重要性是什么？		
9. 承担这些责任需要投入多少时间？		
10. 我拥有承担这些责任所需的资源吗？		
11. 这些责任中还包含了其他哪些价值观或利益？		

第六课：在特定情况下，如何解决责任之间的相互冲突?

本课目标

在第五课中，你们已经学习了一些有助于在相互冲突的责任之间做选择的知识工具。接下来，你们将学会运用这些工具在相互冲突的责任之间做出选择。完成本课学习后，针对如何解决相互冲突和相互矛盾的责任、价值观和利益问题，你们应当能够运用这些知识工具来评价、选择以及论证各种观点。

掌握词汇

困境

重点思考练习

评估、选择和论证有关“谁应该负责任”问题的观点

在本次练习中，老师将会把全班分为若干小组，每组3到5个人。每组应阅读以下故事，并用第239页的表格来分析故事中涉及的责任问题。根据表格中填写的信息，每个小组需要决定人们应当承担哪种责任。接下来，每组应当向全班陈述自己的决定，并解释原因。

沙威的困境

改编自维克多·雨果（1802—1885）的《悲惨世界》

冉·阿让曾经为了救自己饥饿的姐姐，偷了一块面包，因而坐了好几年的牢。出狱后冉·阿让改名换姓，成为社会上受人尊重的一员。但因一个被错当成冉·阿让的人无辜被起诉，他不得不透露了自

己的真实身份。

因为在当时的法国，有前科的人是不能改名字的，当局将冉·阿让再次投入了监狱。他从监狱中逃了出来，再次改了新名字，并成为一位受人尊重的公民。

冉·阿让越狱之后的很多年里，一位警探——沙威，仍坚持不懈地追捕着他。沙威对自己的警察职责有一种不可动摇的信念。然而讽刺的是，事情结果最后变成：冉·阿让成了沙威的救命恩人。

沙威逮捕了冉·阿让后，他给冉·阿让一些时间以了结个人事务。与此同时他也有时间反思自己面临的困境：冉·阿让的确是一位无私忘我、富有同情心的博爱主义者，对沙威本人也有救命之恩，却要被自己关入监狱。

沙威备受煎熬。他看到自己面前的摆着两条笔直的道路，这让他感到恐惧：在沙威的一生中，他从来都只知道沿着一条路前行，眼前的这两条路却是如此截然不同，没有任何交接点。

现在他应该怎么做？关押冉·阿让？这不对。放冉·阿让走？这也不对。若是关押他，执法者将比一名普通的罪犯还不如；若是放他走，罪犯就要凌驾于法律之上，践踏法律的尊严。无论怎么选择，沙威都必须审视自己的良知，并对自己有个交代。

沙威所想的这一切都让他自己不寒而栗。他考虑过放冉·阿让走，但这将会违反警察局的规定，触犯所有社会与司法机构，违背一切法律。眼下他应该怎么办？马上将冉·阿让押回警察总部并逮捕他？显然这是他必须做的事情。然而，他却无法这样做。

他不得不正视“仁慈”的存在，他即将逮捕的这名罪犯就是个仁慈的人。

沙威审问自己然后给出答案，但这答案却吓坏了他自己。他问自己：“这名罪犯，这个绝望的人，我四处追捕他，将他逼至绝境；他原本可以为自己复仇，却救了我的命。他饶恕我是做什么呢？这是他的责任？不，应该是别的什么。而现在轮到我饶恕他了，我该做什么？承担我的责任？不，应该还有别的什么。有一些东西比责任更重要。”

对沙威来说，有一件事推翻、支配了其他一切事情。他最后将这名已被定罪的累犯释放了。

一个对法律忠诚的人会发现自己陷于两种犯罪的矛盾之中：一种是把犯人放跑；而另一种犯罪则是拘捕了他。

知识运用

1. 设计一本剪贴集，收集一些新闻剪报、杂志文章、广告和其他能说明你生活中责任的不同来源相互冲突的案例。
2. 一个士兵是否有责任遵守某个他认为在道德上是错误的命令？为什么有？为什么没有？在你的笔记中写一篇文章，针对这个问题论证你的观点。

第七课：最高法院应当承担什么责任?

本课目标

在本课中，你们将参与一场模拟法庭听证会，审理一桩曾由联邦最高法院裁决的真实案件——“威斯康辛州诉尤德案”。这桩案件是有关一位父亲的责任与州政府的责任之间的冲突：父亲有责任根据自己的宗教信仰教育子女，而州政府则有责任确保每一个学龄儿童接受足够的教育。

完成本课学习后，你们应当能够运用学到的知识工具，在如何解决相互冲突与矛盾的责任、价值观与利益的问题上，评估、选择与论证自己的观点。

掌握词汇

阿米什

宗教信仰自由

重点思考练习

研究责任与宗教信仰自由

一个人遵守法律的责任可能会时不时地与他的宗教信仰发生冲突。因为宗教信仰自由是受联邦宪法保护的，因此美国最高法院的法庭上时常出现类似的案例。在“威斯康辛州诉尤德”一案中，最高法院必须做出判定：威斯康星州法律要求孩子在16岁之前都必须上学念书的规定是否能适用于阿米什家庭，后者认为这条法律规定干涉并威胁了阿米什的宗教活动。阅读以下对此案的描述，思考其中涉及的相互冲突的责任，然后分小组完成第245页的表格。

威斯康辛州诉尤德案（1972年）

在此案发生的年代，威斯康辛州要求所有父母将自己的孩子送到公立或私立学校，一直到他们年满16岁。这项法律规定的目的是为让所有孩子都有受教育的机会。任何违反此项法律的人都会被当局处以罚款或监禁。

乔纳斯·尤德是威斯康辛州一个老派阿米什（门诺）教会的教徒。该教会认为，他们必须根据老派阿米什教的信条来抚养自己的孩子。他们希望阿米什教的青少年在上完八年级后（通常是14岁）就离开学校，通过与父母一道工作来继续自己的教育。这能让阿米什青少年获得特定的技能，足以在成年后成为阿米什农夫或主妇。他们也会接受注重手工劳动和自力更生的阿米什教人生观。同时，阿米什青少

阿米什孩子在16岁之前都必须上学的规定，与阿米什的宗教信仰是相互冲突的。法庭应当如何平衡社会的利益和希望坚持某种独特生活方式的团体的利益？

年也有机会加深自己的宗教信仰，为成年后承担阿米什教徒的宗教义务做准备。阿米什教徒的生活就是通过这种方式得以维系和强化的。

阿米什人坚信，上高中并不能让他们的孩子为成年后的阿米什教徒生活做好准备。他们认为，高中学生会更有机会接触到科学、机器与现代生活方式，这将使青年人背离传统的宗教信仰和职业。威斯康辛州则认为，在16岁之前接受学校教育对所有孩子来说都十分重要，阿米什人不应享有与威斯康辛州其他居民不一样的待遇。另外，威斯康辛州还提出，如果有阿米什孩子决定离开他们的宗教社会，他们会不会无法适应美国社会的生活。

乔纳斯·尤德拒绝让自己15岁的儿子上高中。1968年，尤德先生和其他几位拒绝送小孩上学的阿米什父母遭到逮捕和审判，并被判定触犯了威斯康辛州法律。尤德先生等人要求威斯康辛州高等法院推翻定罪，这个案件最终被提交到联邦最高法院审理。

	尤德		威斯康辛州	
1. 这个案件中包含了哪些责?	依照阿米什的宗教信仰教自己的孩子	遵守威斯康辛州的法律	执行有关未成年人接受教育的州法律	允许其公民享有宗教信仰自由
2. 这些责任的来源是什么?				
3. 承担这些责任会有哪些回报?				
4. 不承担这些责任会有哪些惩?				
5. 承担这些责任有什么好处?				
6. 承担这些责任有哪些损失?				
7. 每一种责任有多重要?				
8. 这个决定有多紧迫?				
9. 承担责任需要多少时间?				
10. 承担责任需要哪些资源?				
11. 承担责任还涉及了其他哪些价值观或利益?				
12. 还有哪些可能的替代解决办法?				

就尤德案举行一场模拟法庭听证会

你们要举行的模拟法庭听证会与上诉法庭或高等法院听证会基本相同。在听证会中，由法官组成的审判团将决定是否维持下级法院的判决。在模拟听证会中，不会传召证人，也不会就案件中的基本事实（即本案中发生了什么）进行辩论。在这种改良后的模拟法庭听证会中，你们的论辩不必囿于现有的法律，或受限于相似案件的法律判决。你们可以依据联邦宪法中寻找到的原则，或你们所选择的任何合理的立场来进行论辩。

老师将把全班分为三组，一组扮演审判团审理案件，第二组代表尤德家，第三组将代表威斯康辛州。为准备此次听证会，每组应选出一个或多个人代表小组进行陈述发言，并由一位同学负责做记录。然后全班应按照以下程序来举行模拟听证会：

1. 审判团的主审法官应宣布听证会开始，并确保听证会依照程序进行。在各方代表陈述论点时，法官们可以打断发言人并对他们提问。
2. 威斯康辛州发言人应陈述自己的论据，并回答法官们可能提出的问题。
3. 尤德家的发言人应陈述自己的论据，并回答法官们可能提出的问题。
4. 审判团的法官们应一起讨论案件并做出判决，然后向全班陈述并说明他们的判决。
5. 随后，全班应讨论此次模拟听证会、听证会的程序以及这个案件所提出的有关责任的问题。

知识运用

1. 针对陪审团的法官们在上述模拟法庭听证会中的判决，写一篇评论进行反驳。
2. 试想，如果你刚刚发现一位最好的朋友在学校售卖毒品，尽管你强烈反对吸食毒品，但你觉得你有义务不举报自己的朋友。此外，你也觉得自己应该对学校和社区负责。那么，你应该举报你的朋友吗？为什么？制作一个类似第245页的表格，帮助自己在相互冲突的责任之间做出选择。
3. 你认为一位新闻记者应该参与政治示威吗？是记者言论自由的权利比较重要，还是媒体在自己的新闻报道中尽量保持客观的责任更重要？写一篇文章，描述这个问题，并运用本课中学到的知识工具，说明你认为哪种责任应有更大的优先权。

第四单元：谁应该承担责任？

单元目标

在讨论责任这一概念的前三个单元中，你们主要关注的是责任的其中一种含义——涉及人们的本分或义务的责任。

在本单元中，你们将了解责任的另一个不同方面。你们将学习判断谁应当为某件已经发生的事情负责的方法。这种判断“谁应该承担责任”的能力可以帮助我们做以下事情：

为某些积极的成就而奖赏个人

在涉及某种错误或伤害时，判断是否需要补救

运用这些信息作为我们未来行动的指南

在许多情况下，判断谁应当负责是相对比较容易的，然而，有些时候却非常困难。在本单元中，你们将判断许多复杂的情况下谁应当负责。你们还将学习新的知识工具以帮助自己做出决定。

如何判断谁应当为某项成就负责？

如何判断谁应当为战争罪行负责？

如何判断谁应当为一次事故或伤害负责？

第八课：如何明确责任？

本课目标

我们应当在什么时候判断个人对某项成就或某个错误负责？在本课中，你们将研究一组新的知识工具，有助于判断此类问题。学完本课后，你们应当能够运用这些知识工具做出有关责任的决定。

掌握词汇

精神状态	故意
鲁莽	粗心
了解可能产生的结果	控制或选择

重点思考练习

评估信息以判定责任

我们通常在急于谴责或表扬某人的时候会说：“哦，这是你做的！这是你的功劳！（哦，这是你干的！这是你的责任！）”我们真正想表达什么意思？你们如何判断谁应该为一件事负责？

阅读下面两篇故事，其中一个是关于认为某人应该对某个伤害事件负责，另一个故事关注的是为某项成就而鼓励表扬某人。在这两种情况中，我们都需要判断谁是事情的责任人。

谁应为事故负责？

一天清晨，夏洛特在一条狭窄的居民区街道上开着她的小跑车。刚好在这个时候，乔治正在将自己的旅行车倒出车库。因为有辆搬家大卡车停在路边，挡住了他的视线，因此乔治并没有看见正往他倒车的方向开过来的跑车。与此同时，有只猫正好穿过马路，转移了夏洛特的视线，她也没有及时注意到正在倒车出库的旅行车。结果，两辆车相撞了。

你怎么看？

1. 如果有人需要为这次撞车负责的话，谁是责任人？
2. 班上的同学们对上述问题的答案普遍一致吗？
3. 人们应该怎么判定此类问题？

谁应为发现治疗方法而受到嘉奖？

在过去几十年里，全世界的科学家都致力于发现癌症的治疗方法。这项事业虽然进展缓慢，但这些进展很大程度上要归功于科学家之间观点的交流，他们往往通过信件联系，在专业期刊发表文章以及在各种学术会议上做报告等方式汇报自己的进展（无论成功还是失

两辆车相撞，谁应为此负责？

败）。医学界正在一步步地接近最终的解决方案。每一次进步都建立在科学家个人的经验，以及他们对其他人工作的综合知识的基础之上。当最终发现一种或多种治疗方法时，对此发现负责任和有贡献的科学家将获得许多嘉奖，同时也赢得公众的赞扬和经济上的回报。

你怎么看?

1. 假设许许多多的科学家工作数十年，试图找到某种治疗方案，在这种情况下我们应该怎么判定谁才是最终发现癌症疗法的责任人?
2. 如果你是诺贝尔奖委员会的一员，并要将诺贝尔医学奖项授予发现癌症疗法的某个科学家，你将如何做出公平的抉择?

哪些知识工具有助于判定责任?

每天，人们在学校、社区和政府机构中都会面临这样的问题：谁应当为这件或那件事负责？有时候做这种判定很容易，但在某些情况下，做出合理而公平的判断却非常困难。

以下知识工具可以帮助你们以一种系统的、深思熟虑的方式来决

科研小组中的哪位成员应被视为某项重要医学发现的责任人？

定谁应当为某件已经发生的事情负责。前三项工具将有助于你们合理地判定某人应当为某种情况负责。而当你们想要为某些错误追究责任时，必须用到所有七项知识工具。

1. 需要有人承担责任的事件或事情是什么？

判断责任的第一步，是确认事件或情况本身。

例如：你需要判定责任的事件或情况可能是：

- 一起交通事故
- 发现某种疾病的治疗方法
- 足球队赢得了州冠军
- 学校里发生的故意破坏公物事件

2. 事件中涉及了哪些人可能要对已发生的事情负责？

一旦明确了具体事件或事情，你可以列出可能需要为这起事件或事情负责的人的名单。

例如：本课开头描述的那起撞车事故中，以下这些人有可能要为事故负责：

- 夏洛特
- 乔治
- 将搬家大卡车停靠路边的人
- 猫的主人

3. 如何认定某个人导致了事件或情况的发生？

在列出可能要为某个事件或事情负责的所有人之后，你需要评估每个人的行为如何促成或导致了这一事件或情况。也就是说，这个人的行为是不是这一事件或情况发生的主要原因之一？或者即使这个人用不同的行为方式，这一事件或情况依然会发生？

例如：你可能会说，以下这些人促成或导致了本课开头描述的那起事故：

- 夏洛特，因为她没有集中精力看路
- 乔治，因为他在没有确认道路安全的情况下就倒车出车道

- 把搬家大卡车停靠路边的人，因为卡车阻挡了乔治看路的视线
- 将猫放出来的猫主人，因为猫分散了夏洛特的注意

4. 这个人的行为是否违背了自己的责任，或者是否未能履行自己的责任？

当判定某个人的行为如何促成或导致了事件或事情发生后，你应该评估这个人是否本来有义务或责任以另一种方式行事。也就是说，这个人是不是没能履行自己的责任或义务，才因此要对这个错误负责？还有，这个人的行动是否是在自己的权利范围内？

例如：联系思考本课开头描述的事故：

- 夏洛特可能违反了要小心安全驾驶的义务
- 乔治倒车进入主路的时候违反了避让路权的义务（译者注：倒车出库的车辆应让路给正常行驶的车辆）
- 将搬家大卡车停靠在路边的人并没有违反自己的责任或义务，除非他非法或粗心地将卡车停靠在一个危险的位置上
- 把猫放出来的猫主人也没有违反自己的责任或义务，因为并没有法律规定要把猫关在家里或者系上皮带。

5. 当某个人的行为导致某个事件或事情发生时，这个人的精神状态如何？

要回答这个问题，需要思考以下几点：

故意：这个人（这些人）是有意或存心导致了事件或事情的发生吗？换句话说，他们是故意这样做的吗？例如，一位司机驾车蓄意撞向另一辆车。

鲁莽：是因为这个人鲁莽的行为导致了事件的发生吗？鲁莽的意思是明明会造成严重伤害，却故意忽视这种危险。例如，在繁忙拥挤的城市街道上以60英里/小时的速度行驶。

粗心：是因为这个人的粗心或者疏忽导致了事件的发生吗？粗心或者疏忽的意思是对于本来可以预见到的伤害或破坏的危险，却没有给予足够的注意。也就是说，没有用适度合理的谨慎和关注避免对自

己或他人造成伤害。例如，让年幼的孩子在无人照看的情况下待在池塘或湖泊边。

了解可能产生的结果：这个人（这些人）知道或原本应该知道自己的行为可能产生的结果吗？“了解可能产生的结果”意味着知道自己的行为很可能导致哪类事情发生。

在判定责任的时候，为什么我们应当考察责任人的精神状态？因为责任人的精神状态会影响我们如何评估他们的行为。

例如：弗雷德导致了一场车祸。在他驾车撞向另一辆车的时候，以下不同的精神状态是否会让他的行为产生不同的结果？

- 蓄谋（故意）
- 因为他醉酒驾驶（鲁莽）
- 因为他没有注意到红灯（粗心）

例如：卡特里娜用打火机点燃了窗帘，整栋房子烧成了灰烬。以下不同的精神状态是否会让她的行为产生不同的结果？

- 她只有2岁（行动时不了解可能产生的结果）
- 她10岁，但认为自己可以把火扑灭（了解可能产生的结果，但行事鲁莽）
- 她30岁，想通过火灾获得保险金（了解可能产生的结果，但故意这么做）

6. 这个人（这些人）是否控制了自己的行为？他们是否还有不同于自己现有行为的选择？

如果无法控制自己的行为，或是在没有其他选择的情况下，一个人通常不应为自己的行为负责。

例如：华妮塔走进银行存工资时，一伙蒙面劫匪闯进银行抢劫。他们用一把枪抵住华妮塔的后背，强迫她驾车帮助他们逃走。

例如：在学校下楼梯时，乔治撞倒了艾维，艾维跌下楼梯的时候又无法躲避地撞到了苏珊，结果害苏珊也跌倒了并扭伤了脚踝。

7. 是否有更重要的价值观、利益或责任驱使这个人（这些人）这样做？

有时候，重要的价值观、利益和责任可以为可能要承担责任的个人行为进行辩护或开脱。

例如：邻居家着火了，胡安砸坏了邻居家的门，是因为要救被困在里面的三个小孩。

例如：当某个剧院发生火灾时，剧院的招待员打昏了一个歇斯底里大声尖叫的人，然后冷静地引导剧院观众从安全出口逃生。

重点思考练习

运用知识工具来判定责任

要运用你刚才学到的知识工具并不总是像看起来那么容易。在以下的虚构场景中，你会如何运用这些知识工具来判定谁应该对此事负责？

事故

彼得、马里奥和马蒂看起来比他们的实际年龄要老，这三个高年级的高中生组建了一支他们自己命名为“马利的鬼魂”的乐队。他们的表演不错，并得以在当地的表演场所驻唱。尽管州法律规定最低

饮酒年龄是18岁，这些17岁的学生却可以毫不费力地用假身份证买到酒。

周五的晚上，在梅花A酒吧结束了一场激情四溢的演出之后，彼得、马里奥和马蒂待在酒吧里喝了一到两个小时的啤酒。当他们在凌晨两点半醉醺醺地走出酒吧打算开车的时候，马蒂说："我觉得我不能开车，我喝的太多了。"但彼得说："得了吧，你可以的。更何况，我和马里奥跟你喝的一样多，放轻松点儿，一不留神我们就都到家了。"

这三个年轻人爬进了汽车，马蒂开车，彼得坐在副驾驶座上，马里奥在后座昏睡。但这条回家的路程却未能顺利走完。为了躲避一辆迎面驶来的汽车，马蒂急忙打方向盘转弯，车子失控撞上了路边的一棵大橡树。幸运的是，他系着安全带，仅仅有一些脑震荡和皮外伤。马里奥却没有这么走运，他撞向前排座椅的椅背，肩膀脱臼，脊背受了重伤。经过治疗，肢体的主要活动能力大部分得以恢复，但可以预见的是，他的后半生将不得不一直忍受背部的疼痛。而彼得在未来却不必面临任何痛楚了：他被抛出了车子，摔到了树上，造成了致命伤，在救护车赶来带他们去医院前，他就死了。

知识运用

1. 和你们的老师一起，邀请一位律师或法官，来班上和同学们一起讨论他在判定责任时会考虑哪些因素？
2. 和你们的老师一起，去法庭参观并旁听一场审判。这场审判是否要为某个事件或事情判定责任？被审判的事件或事情是什么？在审判中运用了哪个知识工具？向全班报告你的发现。
3. 假设你是学校“优秀社团领袖奖”评审委员会中的评审员，你会用什么标准来判定谁是为学校团队精神做出最大贡献的责任人？在你的笔记中写一篇文章，描述你会如何做出选择。

第九课：谁应该为“漏油事件”负责？

本课目标

在第八课中，你们学会了运用知识工具来帮助自己判定责任。在这一课中，你们将在某个具体案例中运用这些工具。完成本课学习后，你们应该能够解释自己是如何运用这些知识工具来判定责任人的。

重点思考练习

辨清谁负有责任

老师会把全班分为若干个3到5个人的小组以完成此次练习。每个小组应该阅读这篇故事——“埃克森·瓦尔迪兹号的沉没”，并完成本课后面的表格。

对这场油轮失事所导致的灾难中谁应该为此负责的问题，各组应选择一种观点，并向全班进行陈述发言。在小组发言结束后，全班同学应该一起分析并评估每组所选择的观点。

埃克森·瓦尔迪兹号的沉没

大量详尽的记载为我们完整描述了1989年3月24日埃克森·瓦尔迪兹号的触礁事件。这艘油轮在进入午夜后不久撞上了一处在地图上有清楚标识的礁石，这块礁石离瓦尔迪兹的阿拉斯加输油站有25英里。油轮的油箱泄露了大约1100万加仑北坡原油。州政府与联邦政府一致认为此次事件当中，运油公司的海上抢救措施太过迟缓且不足，导致对阿拉斯加海岸线近1300英里的全面或部分清理工作从1989年一直持续到1992年6月。

埃克森·瓦尔迪兹号在3月23日晚上9点载着20名船员（规模是其他油轮船员数的三分之二）离开港口。埃克森号声称新技术能在船员人数减少的情况下保证安全驾驶，而海岸警卫队也批准了埃克森号缩小船员规模的决定。然而，船员们在航程中常常不得不长时间工作，只能睡很少的觉，平均每月要加班140个小时，疲劳驾船是常有的事。

埃克森·瓦尔迪兹号在最初两小时的时间里由领航员引导开出港口。他将船的控制权转交给黑兹尔伍德船长后，于晚上11点24分下船。11点25分，黑兹尔伍德船长用无线电联系海岸警卫队，并获批转向南驶入回程航道。大约15分钟后，黑兹尔伍德船长将船的驾驶权转交三副格里高利·T. 卡津斯，并在交待了卡津斯有关如何绕开威廉王子湾的冰山等注意事项后，回到了自己的船舱。尽管海岸警卫队明文禁止船员饮酒驾船，黑兹尔伍德仍然在开船前4小时在城里喝了不少酒，以至于在船触礁10小时后，还能测出他在法定醉酒标准之内。同时，三副卡津斯并没有在威廉王子湾领航的有效执照，但他现在却主管着整艘油轮。

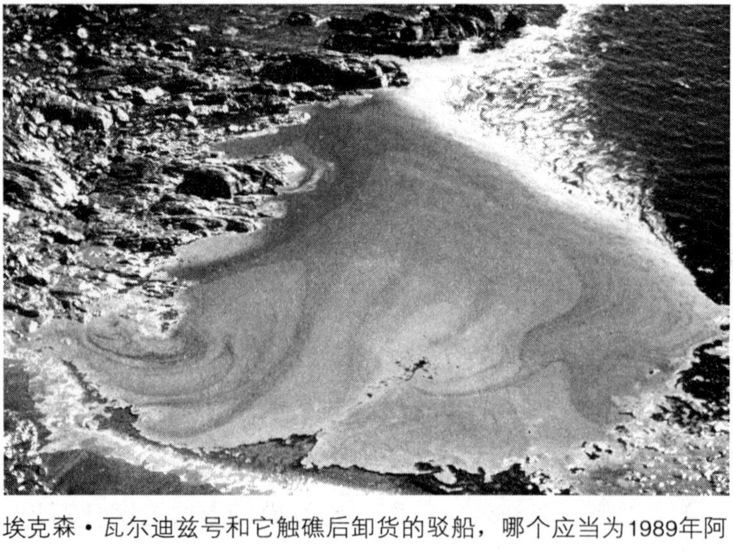

埃克森·瓦尔迪兹号和它触礁后卸货的驳船，哪个应当为1989年阿拉斯加漏油事件负责？

穿越威廉王子湾的通道很狭窄，因此在这片特殊区域过往的船只必须依靠海岸警卫队的指引。然而，海岸警卫队却与埃克森·瓦尔迪兹号失去了联系。警卫队声称，糟糕的天气、陈旧的设备以及警卫换班等因素，使海岸警卫队未能在雷达上及时追踪到这艘油轮。

进入午夜之后没多久，埃克森·瓦尔迪兹号搁浅了。根据黑兹尔伍德船长的指示，三副卡津斯掉转方向，让船驶离既定航道，以避开浮冰。但他没能来得及将船驶回海峡，船就重重地撞上了布莱礁。船上装载的原油迅速开始泄露到威廉王子湾中。

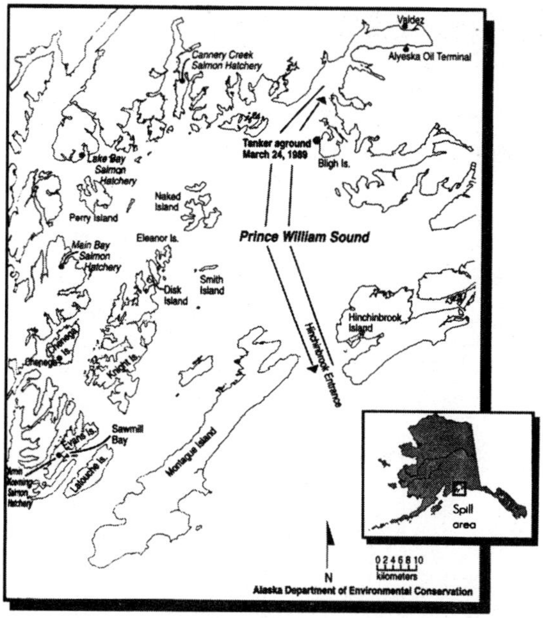

在漏油事故期间和事故之后，谁应当为清理环境以及看管野生生物负责？

埃克森·瓦尔迪兹号的失事所造成的灾难是毁灭性的，原油泄漏对这片区域内的鱼类和野生生物造成了巨大的伤害。沙滩和海岸线都变黑了，并且恢复起来非常缓慢。尽管在这片区域内从事经营的石油公司曾事先保证他们会控制任何漏油事故，然而在几个月甚至几年后的阿拉斯加海岸沿线，仍可以看到此次漏油事故的影响。

知识运用

1. 在你刚刚读过的故事中涉及了四个人或者四组人，给编辑写一封信，为当中任何一个人或一组人的行为进行辩护。
2. 到图书馆搜索资料，寻找更多有关埃克森·瓦尔迪兹号漏油事故及其造成的灾难的信息。针对这场事故写一篇分析文章，并对谁应为此事承担责任的问题说明你的结论。

判定责任人的知识工具表				
1.要讨论的事件或事情是什么？				
2.哪些人可能要对这件事负责？				
3.当中涉及的每个人是如何导致了事件或事情的发生？				
4.这个人的行为违背了或未能承担什么责任或义务（如果有的话）？				
5.这个人的精神状态是什么？请考虑： a. 故意 b. 鲁莽 c. 粗心 d. 了解可能产生的结果				
6.这个人是否失去了控制？他是否可以有不同的行为方式选择？解释你的答案。				
7.如果有的话，什么重要的价值观、利益或责任能为这个人的行为解释？				

第十课：谁应该被视为“签订和平协议”的责任人？

本课目标

我们要对责任进行判定，通常是为了惩罚某人，或阻止、避免某些人做错事。然而有时候，我们对责任的判定也是为了肯定或奖励那些值得受到嘉奖的人。在本课中，你们将对谁应当因某种成就而受到奖励进行评估并做决定。

完成本课学习后，针对谁应因缔结和平协议而受到嘉奖的问题，你们应当能够解释自己是如何运用学过的知识工具来判定责任人的。

重点思考练习

评估、选择和论证某种观点

你们班将为一个虚拟的组织——国际和平大奖委员会举办一次模拟会议。每年这个委员会都将为当年对世界和平做出最大贡献的个人或团体颁发这项声望卓著的大奖，同时还要向得奖人或团体颁发一笔数目可观的奖金。

要完成此次练习，全班将分成若干个3到5个人的小组。每组都要阅读下文的“和平协议”，并仔细阅读“判定责任时需要考虑的信息”这一部分。接下来每组都要回答“你怎么看？”部分的问题，并按照“准备并举行听证会”中的说明举行会议。

和平协议

坡托姆斯河谷是司康行星上最肥沃的地区之一，从有历史记载之前开始，就有人类因河谷丰富的资源而定居于此。从远古时代至今，无数群体（从小部落到现代国家）都在争夺这块土地的所有权。

在过去30年里，两个工业化国家——萨尔尼亚和刚吉斯，一直统治着这一区域。尽管双方之间不断发生战争，但它们都未能取得对彼此的绝对胜利，两国都为常年战争付出了巨大的财力和物力。

两国国内也对如何实现两国之间的和平产生了分歧。各国都有一部分人相信和平是无法实现的，除非一方向另一方彻底投降；也都各自有一部分人认为持续的战争是无法避免的，除了忍受别无他法。还有一些人再也不想自己的生活和财产持续遭受破坏，愿意不惜一切代价获得和平。有人认为，和平的关键是妥协，他们希望能通过谈判签订一份能满足两国要求的和平协议。

萨尔尼亚国内：在最近的一次选举中，萨尔尼亚人选出了一位温和的、支持签订和平协议的领袖阿尔特弥斯。在选举过程中，阿尔特弥斯遭到许多势力集团（包括国内许多重要报纸和电视台所有者）的反对。萨尔尼亚的议会由五个党派的代表组成，其中没有一个党派在议会中占据绝对多数席位。很明显，要想在议会中通过和平协议的提案，就要获得法律规定的三分之二选票，不同党派的成员必须合作。

刚吉斯国内：3年前，像阿尔特弥斯一样支持通过协商达成和平协议的波特以微弱优势击败激进的竞争对手，当选刚吉斯的国家领袖。和萨尔尼亚一样，刚吉斯的议会也分裂为许多党派，都不占有多数席位。和萨尔尼亚不一样的是，刚吉斯的新闻媒体倾向通过协商解决两国的分歧，有一个代表大部分民众意见的激进宗教派别则反对和平解决争端。

自从阿尔特弥斯当选后，两国政府的代表开始频繁接触。他们起草了一份和平协议，希望得到各自国家的议会及大多数公民的支持。

谈判的过程并不顺利。两个国家的极端主义分子都试图破坏双方缔结和平的努力。而同时，协商谈判的支持者们也竭尽全力为即将实现的和平协议提供支持。

阿尔特弥斯和波特的同僚们将协议草案提交给两国议会的主要成员传阅。阿尔特弥斯的幕僚致力于说服新闻媒体中的反对者减少对该和平协议的激烈反对。而波特的下属则同样尝试缓和刚吉斯激进派的反对力度。

最终，协议的谈判者们召开了一次两国首脑会议，举行了盛大的庆典，并向全球发布新闻报道。阿尔特弥斯与波特进行了会晤，随行的有双方的协议谈判者及两国政要。

尽管双方谈判组的成员都清楚，在两国议会正式批准之前，这份和平协议是无法生效的，但他们坚信自己已经完成了绝大部分的基础工作。两个月后，在双方付出极大努力，反复磋商之后，这份和平协议正式获得两国议会批准。经过连年战争，千万条生命的牺牲之后，两国终于缔结了和平协议，为导致两国分歧的主要问题提供了有效的解决方案。

如何判定谁是让两个敌对国家成功缔结和平协议的责任人？

判定责任时需要考虑的信息

下面列出了一些萨尔尼亚与刚吉斯的和平进程中涉及的主要人物或群体。仔细阅读这份名单，加入任何你认为应当包括其中的个人或群体，然后回答“你怎么看？”这一部分的问题。

萨尔尼亚

阿尔特弥斯

政府

谈判者及其助手

阿尔特弥斯的幕僚

说服其成员支持该协议的少数党领袖

报纸的所有者

电视台的所有者

反对该和平协议的利益团体

支持该和平协议的利益团体

刚吉斯

波特

政府

谈判者及其助手

波特的幕僚

说服其成员支持该协议的少数党领袖

报纸的所有者

电视台的所有者

反对该和平协议的利益团体

支持该和平协议的利益团体

你怎么看?

1. 谁应被视为缔结和平协议的责任人？为什么？
2. 国际和平大奖应该颁发给谁？为什么？

准备并举行听证会

1. 每组都应选出一位发言人和一位记录者，然后小组讨论选出应为缔结和平协议负主要责任的人。准备陈述发言，解释为什么自己小组提名的人应该赢得国际和平大奖。
2. 模拟代表国际和平大奖委员会的小组应选出一位主席和一位记录者。委员会小组应准备一份提问清单，列出针对每个提名者的问题和考虑因素。
3. 每组将有2到3分钟时间介绍自己推荐的国际和平大奖提名者。然后全班应一起分析和讨论各组的提名人选，并投票选出哪位提名者将获得国际和平大奖。

在监督与影响公共政策的变更方面，公民负有什么责任？

知识运用

1. 假设你是一位报社记者，正在报道萨尔尼亚与刚吉斯缔结和平协议的庆典，根据你对参与此次庆典的两国公民分别进行的采访，写一篇文章。
2. 写一篇简短的笔记，反对国际和平大奖委员会的最终决定。说明你认为谁应被视为缔结和平协议的责任人，并解释你的选择。

Justice

正义

1963年华盛顿民权运动游行上马丁·路德·金的“我有一个梦想”的演讲提出了什么有关正义的问题？

导言

“我梦想有一天，我的四个孩子将在一个不是以他们的肤色，而是以他们的品格优劣来评价他们的国度里生活。”

以上摘自1963年8月28日小马丁·路德·金在林肯纪念堂台阶上发表的演讲，演讲中对正义的呼声一直激励着我们。几乎在过去的每一天里，我们都会考虑某件事是否公正。正义问题出现在我们的日常生活中，在新闻媒体、娱乐节目、我们的政府和其他人的行动中。联邦宪法的前言当中写道：“美国政府的主要目标之一就是建立一个公平正义的国家”。“效忠誓词”的最后一句也正是以“自由”和“正义”这两个词汇结束的。

正义的主要观念是公平。但是，尽管我们相信正义，在很多情况下仍然很难判断什么是公平。在本课程的学习中，你们将有机会对一系列具体情况中的正义问题进行研究并做出判断。通过这种方式，你们将学会几组知识工具，并将它们运用于不同种类的正义问题。

知识工具是有助于研究问题和制定决策的一系列观念与问题的集合，这也是一种思想工具，如果使用时经过深思熟虑并且熟练地运用，就能形成对研究对象的理解。运用这些工具，应当能够帮助你们更好地理解与正义相关的问题，并使你们在日常生活中遇到正义问题时具备有效处理这些问题的能力。

第一单元：什么是正义？

单元目标

什么是正义？如何判断某件事是否公正？

本单元将提高你们处理类似问题的能力。正如你们将学到的，正义的本质是公平，某些特定情况在不同方面可能是公平的，也可能是不公平的。例如，在分配某些物品时，有人可能没有得到他或她应得的那一份；有人可能都没有一个公平的机会为自己辩解；有人会受到相对于他或她的错误行为来说不公正的惩罚。

正义问题可以分为三类：分配正义、矫正正义和程序正义。本单元将向你们介绍这三类正义。学完本单元后，你们应该能够识别和区分正义问题，并说明这样做为什么是有用的。你们也应该能够在日常生活中找到分配正义、矫正正义和程序正义问题的例子。

以上这些照片如何反映出分配正义、矫正正义和程序正义之间的区别？

第一课：正义问题有哪些不同种类？

本课目标

本课介绍了你们将研究和讨论的三类正义问题。学完本课后，你们应当能够识别不同的正义问题并解释这么做的用处。

掌握词汇

分配正义　利益　矫正正义

负担　程序正义

“法律，在它崇高的平等之下，禁止富人也不允许穷人睡在桥下、在街上乞讨和偷一块面包。”

——阿纳托尔·法朗士《红百合》，1894 年

是否总能通过公平对待他人来实现正义？

重点思考练习

我们认为，正义的本质即公平，公平的本质即平等待人。但正如上文引述阿纳托尔·法朗士的话所说，即使在每个人都遵守同样的规则、甚至犯规的人也会受到同样的惩罚时，有关正义的问题也会出现。正义的问题往往是复杂且多方面的，需要进行仔细分析。首先，重要的是要承认并能区分不同类型的正义问题。阅读下面的材料，问问自己，对材料中描述的当事人来说，什么是公平的？什么是不公平的？然后回答“你怎么看？”这一部分的问题。准备好与全班分享你的答案。

• 周末，简领到了她的薪水，一共是275美元。当她得知跟她做同样工作且工作量相同的保罗拿到了410美元工资时，她感到非常沮丧和愤怒。

• 在骚乱期间，秘密警察逮捕了汉斯，把他从大街上拖走，扔到了一间小牢房里。当晚汉斯被带到一个房间里，三个男人粗暴地讯问了他大约 10 分钟。正当他开始意识到他正在接受审讯的时候，其中一个男人在桌子上敲槌宣布 :“反政府叛乱罪名成立！判处死刑，立即执行枪决！”随后有几个人把汉斯带走，命令他靠墙站着，并开枪杀死了他。

• 维克多·雨果的小说《悲惨世界》里的主人公冉·阿让因为偷了一块面包给他的姐姐和她正在挨饿的孩子而被判入狱。

你怎么看?

1. 上述各种情况哪些是公平的？哪些是不公平的？
2. 你有没有经历过或者看到过类似的事情？
3. 上述各种情况与发生在你们社区的事情有什么相似之处？
4. 有没有什么传统、规则或法律是用来促进上述材料中描述的正义或公平问题的？
5. 上述各种情况中描述的正义问题在哪些方面是相似的？在哪些方面是不同的？请说明。

为什么我们将正义问题分成不同种类？

阅读上页描述的每一种情况时，你们可能有一个共同的反应：“这不公平！”或者“这不公道！”上述每一件事例分别代表了一类正义问题。我们对正义的热忱和对实现正义的愿望有助于改变历史，同时也在我们生活的社区、国家乃至全世界，在私人生活和公共生活中引发了许多争议。

两千多年来，研究正义问题的学者们将正义分成了以下三类：

分配正义：分配正义问题关注的是，在某些个人或某些团体中分配某些事物的公平性。被分配的可能是某种福利，例如工作的报酬、言论或投票的权利；也可能是某种负担，例如缴税、家务活，或者做功课。

矫正正义：矫正正义问题关注的是，对某些个人或团体造成的某种错误或伤害做出的回应的公平性。常见的回应包括要求那些犯了错或伤害他人的人承受某些形式的惩罚，例如，偿还偷窃的某些物品或赔偿损失等。

程序正义：程序正义问题关注的是，获取信息的方式和（或）做出决策的方式的公平性。例如，涉嫌犯罪的某个人可能会在认真、公正的调查中提供案件信息，也可能是在酷刑之下招供。要对某事做决策的人可能会听取所有对这个问题感兴趣的人的意见，也可能完全忽略这个步骤而自行决定。在这里，需要强调的是，程序正义针对的是我们获取信息或做出决策的方式的公平性，而不是我们获得的信息或我们所做的决定的公平性。

将正义问题划分为不同种类是有必要的，因为每一类正义问题都需要用到不同的观念或知识工具。换句话说，从分配正义的角度判断某一种情况是否公平时，你需要提出一组问题，这些问题不同于从矫正正义的角度提出的问题。比如说：假设你打算修理汽车发动机，或者你想画一幅画，缝补一下衣服。很显然，你不会用画笔来修补衣服，也不会用一台缝纫机来修理汽车发动机。因此，为完成每项不同的任务，都需要使用不同的工具。

解决正义问题也一样。在解决以上三类正义问题中任何一类时，都需要使用不同的观念或知识工具。幸运的是，你们不必进行新的发明创造，在过去的几千年里，哲学家、法官、政治学家和政治人物们已经创造了许多解决这些问题的工具。

在我们尝试用知识工具来分析正义问题之前，重要的是要识别并区分这些正义问题是分配正义、矫正正义或程序正义，这样你就不会打算用缝纫机去修理汽车发动机了。

重点思考练习

识别分配正义、矫正正义和程序正义问题

与一位同学一起或分成小组来完成本次练习。当你们阅读以下案例时，判断当中提到的是分配正义、矫正正义，还是程序正义问题，然后回答“你怎么看？”这一部分的问题。

1. 在最近的一宗法庭案件中，一名男子控告那位撞到他的车的司机并要求赔偿 5000 美元汽车修理费、4300 美元的医疗费用，以及 1000 美元用于弥补此次事故对他造成的诸多不便。
2. 警察部门通常只聘用那些身体健康、受过一定程度的教育以及有过警察部队经验的人。
3. 某个周末，5 名男孩被指控破坏了学校的公物之后的那个星期一，他们被带到了校长办公室并接受询问，当中有两名男孩说，他们没有做这件事，事情发生的时候他们在朋友家里。校长询问了他们的朋友，以此来判断这两名男孩说的是否属实。随后他请两位男孩的父母到学校来，以便进一步验证他们的说法。
4. 在聘用某个人担任某政府机构的职位之前，该机构必须公示这个职位的招聘启示，并为所有申请人提供参加笔试和面试的机会。

在美国，有哪些方法可以保障公民和新移民之间就业机会的公平分配？

5. 根据《富布赖特法案》，美国联邦政府每年都会为优秀的学生提供奖学金，以支付美国学生到国外学习深造、进行研究或担任教职的费用。
6. 在 19 世纪 80 年代，成千上万的爱尔兰人移民来到美国。但他们常常因为其爱尔兰血统而被剥夺就业机会。
7. 在中世纪，有时在残酷的刑罚折磨之下，人们不得不认罪。
8. 汤姆借了朋友的车，但他在用车的时候把车子的挡泥板刮花了，他同意为此支付修理费。
9. 如果你被控犯有某项罪行，政府有责任提供一名律师协助你。如果你无法负担律师费用，则由政府使用公费来支付。
10. 在决定是否批准使用某版教科书之前，国家课程委员会必须举行公开听证会，让有兴趣的人士或团体提出他们对于此版教科书的意见。
11. 在一些城市的残疾人专用区域违例停车要被处以 330 美元的罚款。
12. 为了获得驾驶执照，你必须拥有足够的交通法规知识、充足的驾驶技术，并至少符合一定的年龄条件。

你怎么看?

1. 上述哪一个案例中提到了以下正义问题：
   - 分配正义？
   - 矫正正义？
   - 程序正义？
2. 以上案例中你认为哪些是公平的？哪些是不公平的？请说明你的推理。
3. 想想上述 12 个有关正义问题的案例中你的推理。你是如何评价某个案例是否公平或公正的？
   - 在有关分配正义的案例中，你提出了哪些问题？或你考虑了什么因素？
   - 在有关矫正正义的案例中，你提出了哪些问题？或你考虑了什么因素？
   - 在有关程序正义的案例中，你提出了哪些问题？或你考虑了什么因素？
4. 你曾经历过或看见过哪些与上述案例中描述的正义问题相似的情形？

知识运用

1. 简单描述某个你看见过或经历过的有关分配正义、矫正正义或程序正义问题的情况。
2. 观看一档电视新闻节目，找出某个有关分配正义、矫正正义和程序正义的新闻报道，并向全班描述这些问题。
3. 浏览报纸和杂志上有关分配正义、矫正正义和程序正义的文章，将新闻剪报带到班上，并准备向全班描述这一新闻报道。

第二课：美国的立国文献如何促进了正义？

本课目标

我们国家的立国者致力于实践正义的理想。在本课中，你们将有机会阅读美国最重要的两份立国文献——《独立宣言》和《美国联邦宪法》的选段，并判断每一段材料中提出的不同种类的正义问题。

学完本课后，你们应该能够解释《独立宣言》和《美国联邦宪法》如何促进了分配正义、矫正正义和程序正义问题。

掌握词汇

归化	管辖	公民权利剥夺法案
追溯既往的法律	习惯法	人身保护权

血统玷污（译者注：禁止重罪犯享有继承财产、称号等的法律规定，此法律在英国已于1870年废除）

起诉	大陪审团	强制程序
人头税	合理根据	宣誓或代誓宣言

重点思考练习

研究一种国家理想——正义

以下阅读材料均摘自《独立宣言》和《美国联邦宪法》，这两份文献都旨在保护和促进我们正在学习的一种或几类正义。老师将会把全班分成小组来完成本次练习，每个小组应当阅读各自被分配的段落，并完成以下任务：

- 判断该段材料的目的是解决分配正义、矫正正义还是程序正义问题。某些材料中可能会包含一种以上的正义问题。
- 回答材料后“你怎么看？”部分的问题，准备向全班报告你们组的答案。

第一组

摘自《独立宣言》：

我们认为下面这些真理是不言而喻的：人人生而平等，造物者赋予他们若干不可剥夺的权利，其中包括生命权、自由权和追求幸福的权利。

摘自《美国联邦宪法》：

第一修正案（1791 年权利法案）：国会不得制定关于下列事项的法律：确立国教或禁止宗教活动自由；限制言论自由或出版自由；或

保障了集会和请愿权利的第一修正案是否促进了分配、矫正或程序正义？

剥夺人民和平集会向政府请愿申冤的权利。

第八修正案：（1791年权利法案）不得要求过多的保释金，不得处以过重的罚金，不得施加残酷和非常的惩罚。

第二组

摘自《美国联邦宪法》：

第十四修正案，第一款（1868年）：凡在合众国出生或归化合众国并受其管辖的人，均为合众国和他们居住州的公民。任何一州，都不得制定或实施限制合众国公民的特权或豁免权的任何法律；不经正当法律程序，不得剥夺任何人的生命、自由或财产；对于在其管辖下的任何人，亦不得拒绝给予平等法律保护。

保障平等法律保护的第十四修正案是否促进了分配、矫正或程序正义？

第一条第九款（三）：不得通过公民权利剥夺法案或追溯既往的法律。

第七修正案（1791 年权利法案）：在习惯法的诉讼中，其争执价值超过 20 美元，由陪审团审判的权利应受到保护。由陪审团裁决的事实，合众国的任何法院除非按照普通法规则，不得重新审查。

第三组

摘自《美国联邦宪法》：

第一条第九款（二）：不得中止人身保护状之特权，除非发生内乱或外患时公共安全要求中止这项特权。

保障18岁以上公民投票权的第二十六修正案是否促进了分配、矫正或程序正义？

第二条第二款（一）：总统……有权对危害合众国的犯罪行为颁赐缓刑和赦免，但弹劾案除外。

第五修正案（1791 年权利法案）：无论任何人，除非根据大陪审团提出的报告或起诉，不得受判处死罪或其它不重罪之审判，惟发生在陆、海军中或发生在战时或出现公共危险时服现役的民兵中的案件，不在此限。任何人不得因同一犯罪行为而两次遭受生命或身体的危害；不得在任何刑事案件中被迫自证其罪；不经正当法律程序，不得被剥夺生命、自由或财产；不给予公平赔偿，私有财产不得充作公用。

第二十六修正案第一款（1971 年）：年满 18 周岁或 18 周岁以上的合众国公民的选举权，不得因为年龄而被合众国或任何一州加以剥夺或限制。

第四组

摘自《美国联邦宪法》：

第三条第三款（二）：国会有权宣告对叛国罪的惩罚，但对因叛国

保护律师帮助权的第六修正案是否促进了分配、矫正或程序正义？

罪而被褫夺公民权的人，其后人继承财产的权利不受影响，叛国者的财产只能在本人生存期间才能被没收。

第六修正案（1791年权利法案）：在一切刑事诉讼中，被告享有以下权利：由犯罪行为发生地的州和地区的公正陪审团予以迅速而公开的审判，该地区应事先已由法律确定；得知被控告的性质和理由；同原告证人对质；以强制程序取得对其有利的证人；取得律师帮助为其辩护。

第十三修正案第一款（1865年）：在合众国境内或受合众国管辖的任何地方，奴隶制和强迫劳役都不得存在，惟作为对依法判罪者犯罪之惩罚，不在此限。

第二十四修正案第一款（1964年）：在总统或副总统、总统或副总统选举人、或国会参议员或众议员的任何预选或其他选举中，合众国公民的选举权不得因未交纳人头税或其他税而被合众国或任何一州加以剥夺或限制。

第五组

摘自《美国联邦宪法》：

第三条第二款（三）：除弹劾案外，一切犯罪皆由陪审团审判；此种审判应在犯罪发生的州内举行；但如犯罪不发生在任何一州之内，审判应在国会以法律规定的一个或几个地点举行。

第四条第二款（二）：在任何一州被控告犯有叛国罪、重罪或其他罪行的人，如逃脱该州法网而在他州被寻获时，应根据他所逃出之州行政当局的要求将他交出，以便解送到对犯罪行为有管辖权的州。

第四修正案（1791年权利法案）：人民的人身、住宅、文件和财产不受无理搜查和扣押的权利，不得侵犯。除依照合理根据，以宣誓或代誓宣言保证，并具体说明搜查地点和扣押的人或物，不得发出搜查和扣押状。

第十九修正案第一款（1920年）：合众国公民的选举权，不得因性别而被合众国或任何一州加以剥夺或限制。

保障妇女投票权的第十九修正案是否促进了分配、矫正或程序正义？

你怎么看？

1. 以上材料涉及了以下哪类正义问题：

分配正义：在有关分配正义的材料中，涉及了哪些利益或负担？每段材料试图保护或促进的价值或利益是什么？

矫正正义：在有关矫正正义的材料中，涉及了哪些回应？每段材料试图保护或促进的价值或利益是什么？

程序正义：在有关程序正义的材料中，涉及了哪些程序？每段材料试图保护或促进的价值或利益是什么？

2. 哪段材料涉及到一种以上的正义问题？

知识运用

1. 请一位律师或法官帮助你们找一个有关正义问题的法庭判例，或摘录一段法庭判决书。阅读并分析这些判例的观点中所包含的原则、价值和利益。可以从以下高等法院的里程碑式案件中选择一个来进行分析：
   - 布朗诉教育委员会案（347 U.S. 483；1954）；
   - 高尔特案（387 U.S. 1；1967）；
   - 斯坦福诉肯塔基州案（492 U.S. 361；1989）；
2. 以下每篇小说都有涉及正义问题的内容。阅读其中一篇小说，并向全班描述其中有关分配正义、矫正正义或程序正义问题的具体情节：
   - 哈珀·李：**《杀死一只知更鸟》**
   - 乔治·奥威尔：**《动物庄园》**
   - 马克·吐温：**《哈克贝利·费恩历险记》**

第二单元：什么是分配正义？

单元目标

在第一单元中你们已经学会将正义问题区分为三类：分配正义、矫正正义和程序正义。在这一单元中，你们将学习分配正义问题，即如何在社会中的个人和团体之间公平地分配利益或负担的问题。

在某些情况下，要决定如何在几个人之间公平地分配某个利益或负担，相对是比较容易的，例如，如果一个班上所有学生都有权参与班级讨论，通常人们认为这对所有同学来说都是公平的，只要他们尊重别人的发言权。然而，在其他情况下，要做出公平的决定却比较困难。例如，学生的作业应该写多好才能得到A？一个中等收入的个人应该拿出多少钱来帮助那些需要救助的人？

我们在日常生活中面临的某些最困难的问题，都与分配正义有关。本单元将增进你们处理类似问题的相关知识和技能，将向你们介绍一组知识工具，用来研究分配正义问题，并对这些问题形成合理的观点。

这些照片如何反映了分配正义问题？

第三课：研究分配正义问题时应当使用什么知识工具?

本课目标

本课将向你们介绍一组用于解决分配正义问题的知识工具。学完本课后，你们应当能够运用这些工具，并说明其用途。

掌握词汇

相似原理　　相关的
需求　　价值
能力　　利益
值得与否

什么是分配正义问题?

正如之前你们所学到的，分配正义涉及到两个或多个人之间、社会中的团体之间在利益和（或）负担分配上的公平性。

利益可以是工资、言论自由或选举自由，也可能包括在一群人中分配的、所有被认为是有用的、值得拥有的事，例如：赞扬、奖励、受教育的机会、工作、组织机构的会员资格或者金钱。

负担可能包括义务和责任，例如家庭作业或家务活、工作赚钱、纳税或照顾其他人，也可能包括在一群人中分配的、所有被认为是不受欢迎的、不需要的事，例如：因为做错事而受到责骂或惩罚。

在某些情况下，判断什么事情是公平的，可能相对来说很容易，例如：当需要决定一个团队中谁可以参加比赛，或者在学校竞选中哪些学生可以投票时。但在其他情况下，要进行这样的判断就不太容易了，需要经过仔细的思考。在有些情况下，考虑到其他价值和利益时，某种公平分配的解决方法也许就不那么合理了。

有关分配正义的疑难问题可能出现在以下方面：

是不是所有人都要缴纳同样额度的税收？或者政府是否要求某些人支付比其他人更多的税收？如果是这样，要高出多少？为什么？

是不是所有人都应当有接受同样的公费教育的机会？或者某些人是否应当有比其他人接受更多的帮助和机会？

出于某些原因，有工作的人的部分收入是否应当给那些没有工作的人？如果是，为什么？怎么给？该给谁？应当给多少？

发达国家的财富是否应当被用来帮助发展中国家？

这些问题提出了一些有关分配正义的疑难之处，也是我们作为个人和社会的一份子都要面对的问题，无论是在美国还是其他国家。

如何判定分配正义问题?

在确认某个分配正义的问题（区别于矫正正义或程序正义问题）之后，以下将介绍几种有助于对这类问题进行研究和决策的知识工具：第一种工具是相似原理。简单地说，这一原理意味着在某种特殊情况下，某些重要条件一样或相似的人们应当得到同等或平等的对待，某些重要条件不同的人们应当得到不同或差别对待。例如：假设有10个人困在一个岛上，其中有3个人生病了，但药物有限，因此，在某种重要条件——需求上，3个病人是相似的。他们都有相同的对药品的需求，公平就是给这三个人每人配发均等的药。剩下的7个人与这3个病人在某种重要条件——需求上是不同的，他们都不需要药，因此公平就是将这7个人和病人区别对待，不给他们配发药品。

考虑需求因素将如何有助于解决分配正义问题？

运用相似原理时需要考虑哪些因素？

在上文中，我们研究了人们在自身需求方面的相似和不同之处；在其他情况下，我们会考察人们之间在能力方面的相似和不同之处；还要依据值得与否（即他们是否值得）来考察彼此之间的异同。这三种考虑因素（需求、能力和值得与否）当中的一种或一种以上都是我们运用相似原理时所必需的。

以下是对这三种考虑因素及其概念的简要定义，以及运用每一种考虑因素的某些简单案例。在现实生活中，有关分配正义的许多问题通常并不像案例中的问题这么简单。要为分配正义问题寻找一种合理的解决方案，需要以下一种或更多考虑因素：

需求：无论要分配的事物是什么，个人或团体对分配事物的需求在多大程度上是相似的或不同的？需求的种类可能包括：生理需求，例如饥饿；心理需求，例如安全感；经济需求，例如金钱；政治需求，例如影响力。

例：假设你要给 50 个人分配食物，当中有 17 个人 3 天没有吃东西了，而其他人则有规律的饮食。

1. 在其他条件都相同的情况下，你应当怎么分配食物？

2. 运用相似原理做决定时，考虑需求因素有何作用？

能力：无论要分配的事物是什么，要参与分配的个人或团体在能力方面多大程度上是相似的或不同的？能力可能包括以下几种：生理上的、心理上的、智力上的、经济上的和精神上的。

例：假设有10名男性、6名女性同时申请消防局的工作，当中有8名男性和3名女性通过了严格的身体强度和体能测试，这足以证明他们的能力可以满足这份工作的生理需求。

1. 在其他条件都相同的情况下，如果只有3个职位空缺，你应当选择谁？为什么？

2. 运用相似原理做决定时，考虑能力因素有何作用？

值得与否：无论要分配的事物是什么，无论是出于他们的行为或是身份（地位），个人或团体是否值得获得分配对象？这在多大程度上是相似的或不同的？这些个人或团体在行为或地位方面的相似性是否值得获得相似的对待？或者他们在行为或地位方面的不同是否值得获得不同的对待？

例1：假设在美洲杯帆船赛上，决赛将在澳大利亚队和美国队之间进行，这将是一系列共7场比赛。在每天比赛的过程中，两队都互有先后，但在终点线上美国队率先冲线4次，澳大利亚队率先冲线3次。

1. 哪一只帆船队将最终获得美洲杯帆船赛的冠军？为什么？

2. 运用相似原理做决定时，考虑“值得与否”因素有何作用？

例2：美国联邦宪法第26条修正案中有以下声明：联邦或任何一州都不得因年龄而否认或剥夺已满18岁或18岁以上的美国公民的选举权。

1. 赋予所有已满18岁或18岁以上公民以选举投票权有什么内在原因？宪法修正案是否禁止例外的存在，例如以能力为基础来给予选举权？如果考虑“能力”或“值得与否”等因素，在某些情况下否定已满18岁或18岁以上公民的选举权，这样会公平吗？

2. 运用相似原理来决定谁应当获得投票权时，考虑“值得与否”因素有何作用？

在运用相似原理的过程中会出现什么疑难问题？

有关分配正义问题最常出现分歧的其中两个领域是：

- 在某种特定情况下，决定应当运用或考虑哪些异同因素（需求、能力或值得与否）
- 根据团体成员的需求、能力或值得与否因素，来判定他们在什么程度上是相似的或不同的

以下练习中将说明这些疑难问题。

重点思考练习

识别相关考虑因素

与一位同学一起完成本次练习的两个部分。准备与全班分享你们的答案。

1. 讨论并找出哪些考虑因素（需求、能力或值得与否）在分配以下事物时是最相关的：

- 罚款
- 政治权利
- 大学奖学金
- 驾驶执照
- 福利

2. 假设有100个人要申请某大学大一新生班里的25个空缺名额，应该用哪些考虑因素（需求、能力或值得与否）来决定人选？根据你所选择的这些相关考虑因素，应该如何判断申请者在什么程度上是相似的或不同的？

应当考虑什么价值和利益?

在很多情况下，运用相似原理和需求、能力或值得与否的考虑因素来判断什么是公平或正义是非常重要的。然而在判定什么是正义之前，我们有必要考虑除了分配正义之外的其他价值和利益。价值是某些你认为是值得的和重要的、正确或良好的、你应当努力实现的事物，例如：仁慈、诚实、忠贞、隐私和自由。利益是指某些你想要的或你关注的事物，例如：自由的时间、健康的身体或各种各样的奖励等。

例如：假设某个州设立了一项计划，用来资助本地社区的防洪设施的建设。在这项计划中，如果本地社区用财产税来支付该计划费用的一半，州政府将会支付改善设施所需费用的另一半。如果我们假设：这项增加税收来修筑防洪设施以保护某个河岸边小镇的提案，一直遭到镇上选民的否决。就在某年春天，下过几场大暴雨后，河流涨潮漫过了河堤，洪水冲进了镇上，冲毁了成千上万的房屋和商店，镇上居民因此向州政府请求援助救灾。

在决定是否要帮助一场国家灾难中的受害者时，应当考虑哪些重要的利益和价值?

有关分配正义问题的知识工具表	
问题	答案
1.要分配的利益或负担是什么？	
2.谁要获得利益或接受负担？	
3.人们之间在以下方面有哪些重要的相似或不同之处： 需求 能力 值得与否	
4.在决定谁应当获得利益或接受负担时，应当考虑以上哪些相似或不同之处？说明你的观点。	
5.基于以上你所选择考虑的相似或不同之处，什么是公平的分配利益或负担的方式？	
6.按照以上公平的方式进行分配的优势和劣势是什么？ 如果按照不同的方式分配利益或负担，有可能兼顾其他价值或利益吗？	
7.你认为应当怎样分配利益或负担？说明你的观点。	

第四课：政府应当如何分配福利救济金？

本课目标

在本课中你们将运用知识工具来决定谁应当有资格获得福利救济金。你们将针对这一问题发表并论证自己的看法。学完本课后，你们应当能够说明自己是如何运用所学到的知识工具来评估、选择和论证有关分配正义问题的观点的。

谁应当有资格获得福利救济金？

每年各州政府都会以收入补贴和福利金的形式将数百万美元的税款发放给人们。发放的基本原则是给那些需要帮助的人提供援助，使他们能至少维持一种最低标准的生活水平。在各州有资格领取政府福利救济金的人有很多种，以下是某些通常有资格领取政府福利救济金的民众群体或种类：

- 年纪太大、无法工作，没有足够收入维持生活的老人
- 眼盲的成年人，没有足够收入维持生活
- 身体或心理障碍的成年人，无法赚取足够的收入来维持自己的生活，并且没有其他方式的援助
- 有年幼儿童的家庭，没有足够收入维持家庭和孩子的需要
- 因为某种原因无法找到工作的成年人，并且没有其他方式的援助
- 年幼儿童的母亲，因为要照顾孩子而无法工作，并且没有其他方式的援助
- 有工作的成年人，但没有足够收入维持自己和家庭的最低生活水平

如何判定谁符合州政府发放福利救济金的资格？

你怎么看？

1. 将这些人分组或分类所依据的考虑因素是哪些？需求、能力还是值得与否？
2. 以上每一类人是否有资格申领政府福利救济金？为什么？
3. 如果给以上每一类人中具备资格的人发放福利救济金，会产生哪些结果？哪些结果是优势？哪些是劣势？
4. 什么价值和利益决定了你的看法？

重点思考练习

评估州政府福利救济金申请者的资格

有许多人都在申领州政府的福利救济金，你需要通过运用相似原理以及需求、能力和值得与否的考虑因素，来帮助你判断哪些人有资格获得救济金。老师会将你们班分成6组，举办一场“州长救济金资格评定委员会”的模拟听证会。其中一组将扮演资格评定委员会，听取其他组代表的团体所做的论证发言。其他每个组要分别扮演以下描述的五位申请者之一，并向委员会陈述发言，说明为什么自己组代表的申请人有资格领取福利。

首先，每个组应当阅读以下描述的五个假设案例。其次，代表申请人的小组应当准备自己的论据，并选出一到两位发言人向委员会进行陈述发言。委员会应当运用第298页的“解决分配正义问题的知识工具表”来做出决定。代表申请人的小组也应当参照该知识工具表，并准备自己的论据。论据要强调从需求、能力、值得与否和其他价值及利益方面，说明那些能最有力支持自己所代表的申请人的论点。

在其他组准备论据时，委员会小组应当运用第三课中的知识工具表对哪些申请者有资格领取福利金形成某些初步印象，并选出一位主席主持听证会。在各组代表申请人发表论据时，资格评定委员会应当针对申请人是否有资格领取福利救济金而做出决定，并向全班解释自己的决定。最后，全班应当一起讨论第305页“你怎么看？”这一部分的问题。

第一组：古怪的创作者

用常人眼光来看，鲍里斯·阿克塞尔罗德有些很古怪的习惯，他每天白天睡觉，晚上工作，创作各种创意作品，其中包括作曲、发明各种机器。他还撰写有关爱情和爱国主义的实质的哲学论文，并希望能最终发表这些文章。鲍里斯生活节俭，喜欢华丽的二手衣。他的创意作品并没能给他赚多少钱，并不是因为他缺乏天分，主要是他不懂商业运作。

鲍里斯的父亲在他很小的时候就离开了家，此后杳无音讯。他的母亲在世时可以供养鲍里斯，她去世以后，鲍里斯发现必须要想办法养活自己继续创作。鲍里斯的个人意识有些顽固，他有时候也会找到一份类似勤杂工的工作，但他喜欢在晚上工作，而这样的工作往往很难找。有一次，他得到了一个做夜间看守员的工作机会，但他很快就全神贯注地开始创作一部音乐剧组曲，于是忘记了要去上班，直到两个星期后他才意识到自己已经被解雇了。

鲍里斯几乎没有任何亲戚和朋友，少数认识他的人说："他永远都无法坚持做一份长期的工作。"后来，一个邻居建议他去申请政府的福利救济金。

在决定鲍里斯·阿克塞尔罗德是否应当获得政府福利救济金时，应当评估哪些考虑因素（需求、能力或值得与否）？

第二组：非熟练技术工人

约翰·哈伍德和他的妻子露易丝不断艰难工作养活他们的 8 个孩子，最小的只有 1 岁，最大的 12 岁。他们两个都没受过任何职业培训和教育，这也使他们很难找到工作。 因为要在家照看孩子，露易丝不能离开家工作。

约翰已经申请了超过 17 家工厂和各种社区机构，但这些地方都没有单纯体力劳动的空缺。哈伍德夫妇无法为自己和孩子们提供最基本的住宿、食物或其他必需品，因此他们决定申请政府的福利救济金。

第三组：失业的工程师

安德烈·贝尔曾经是一名航空航天工程师，她为某个航空实验室工作了7年，后来因政府取消了与航空实验室的合同，实验室解雇了数百名员工，其中就包括安德烈。安德烈的专业是水文，负责设计水下导弹发射装置。在失去工作后，她花了几百美元写工作简历并分发到各个潜在雇主手里。她收到为数不多的几个模棱两可的答复，最后找到了一份比她在航空实验室的薪资低得多的工作。因为这家公司在另外一个州，而她的家人却不想离开这里。几个月后，安德烈已经花光了她的26周失业补偿金和个人积蓄，她极不情愿地开始申请政府福利救济金，以便获得援助。

在决定安德烈·贝尔是否应当获得政府福利救济金时，应当评估哪些考虑因素（需求、能力或值得与否）？

第四组：半身不遂的工人

唐纳德·皮尔斯出生时患了小儿麻痹症，双腿瘫痪，只能依靠轮椅行动。为了保证他的健康，他需要经常去医生那里接受定期物理治疗。

唐纳德聘请家教在家学习了英语和政治学，出于对公民事务和时事活动的兴趣，他开始给当地的新闻报社写信。报社的编辑们很认可唐纳德在分析社区问题和提供完善意见方面的能力，他们邀请他担任报社的兼职作者。

唐纳德在这份工作上领到与他人相同的工资。然而，因为他的特殊状况，他每个星期只能工作几个小时。尽管唐纳德能够也愿意贡献自己的力量，但他仍然需要帮助，并有必要申请州政府的福利救济金。

第五组：被遗弃的孩子

玛丽·琼斯是一位有两个孩子的26岁母亲，同时也是一位吸毒者，因为一宗毒品案，她已经被关在监狱中大约一年的时间。在监狱里，她参加了匿名戒毒集会，并了解到吸毒成瘾被美国医学协会认定为一种疾病。她从监狱中释放出来时发誓要远离毒品。

出狱后，玛丽和她的丈夫乔治又有了第三个孩子，这让他们感到了巨大的压力，他们再次开始吸毒。玛丽的工作收入不足以满足她和乔治的毒瘾，也无法负担他们的生活需要，玛丽因此开始开空头支票，银行的账户也严重透支。

当琼斯夫妇出门寻找钱和毒品的时候，他们经常将孩子们单独留在家里。由于孩子们还年幼，无法照顾自己，邻居们常听到他们在房间里哭泣，并看到他们浑身脏兮兮，一日三餐也不定时。

一天晚上，乔治病了，并因过量吸食毒品而失去了意识。玛丽叫来了救护车，但当晚乔治死了。玛丽认为她无法在独自照顾孩子的同时兼顾工作，于是她决定申请政府的福利救济金。

你怎么看?

1. 在决定哪些申请人有资格领取政府福利救济金时，哪一种考虑因素（需求、能力和值得与否）是最重要的？哪一种是最不重要的？为什么？

2. 运用相似原理决定领取福利救济金的申请人资格时，会产生哪些利益和损失？

3. 在判断5位申请人的资格问题上，你的看法里包含了哪种价值观？

知识运用

1. 在报纸或新闻杂志中找一篇文章，从中找出一个有关分配正义的问题。判断在解决这一问题时所用到的需求、能力和值得与否这些考虑因素。准备与全班讨论这一问题。
2. 邀请一位学校管理者来班上，说明学校在有关特殊教育机会分配方面的政策。讨论如何在制定学校政策时考虑需求、能力和值得与否的因素。
3. 请老师、图书管理员或一位律师帮助你们找到最高法院对以下案例所做的判决的书面文档：富利拉夫诉克卢茨尼克案（448 U.S. 448，1980），圣安东尼奥独立学区诉罗德里格斯案（411 U.S. 1，1973），或其他有关解决分配正义问题的案例。阅读以上案例描述和法院判决，并在班级讨论中进行总结发言。

第五课：在公共教育中应当如何实现分配正义？

本课目标

在本课中你们将评估一个由筹集美国公共教育经费而产生的分配正义问题。你们班将针对这一问题进行一场模拟法庭辩论，并针对要保持或是要改变现有的体制进行投票。学完本课后，你们应当能够评估、选择和论证有关分配正义问题的观点。

掌握词汇

党团会议

重点思考练习

评估纳税人在公共教育中的角色

多数州采用的是用财政税收来资助公立学校的体制，这种体制的公平性遭到了一些人的质疑，由此产生了一个有关分配正义的问题：缴纳税款以支持公共教育的负担应当如何分配？针对这一问题所做的任何决定，都必须考虑到分配正义，以及我们社会中的其他价值和利益。

财产税负担的分配

在美国，财产税是地方社区集资支持公立学校的最常用的方式。大部分财产税款来自于对房屋、公寓楼、商店、工厂和其他商业或工业建筑以及空地征收的税收。在大多数州，拥有以上类型财产的人必须每年缴纳基于自己的不动产的市场价值之上的税款。例如，如果一个人的房子的市场价值是75000美元，不动产所在地的税率是市场价值的 2%，那么这个人每年需要缴纳的税款就是 1500 美元（75000 美元 x 0.02）。大部分财产税都将用于资助当地的教育系统。

房产所有者必须直接从自己的收入或存款中支付财产税。公寓、商店、企业和工厂的所有者，通常是用租住或购买其产品和服务的人支付给他们的收入来缴纳财产税的。因此，即便是那些没有自己房产的人也会通过支付租金、购买商品和服务而间接缴纳了财产税。

这种形式的财产税涉及了某些有关分配正义的基本问题。1978 年，加利福利亚州发生了抗税行动，发起这场行动的人们认为，该州房屋和企业的财产税率很不公平。随后，州议会通过了一项法律，限制了地方政府可以征收的财产税的额度，这项法令也导致了公立学校资金来源的危机。但是，当人们开始重新审视自己被征税的方式、财产税和其他税收方式的公平性时，这项法令也得到了全国范围内的反响。

谁应当纳税以资助公立学校？

一个纳税问题

许多人认为当前用征税来资助公立学校和其他地方政府服务的方式是不公平、不合理的。他们特别指出，一个家庭的税收负担应当根据家里学龄儿童的人数来决定。针对美国政府目前所使用的征税体制来看，这种要求提出了现有体制在行为和基本原则方面的问题。

为理解和评估这些要求，思考以下范例：

布朗家、弗兰克家、戴维森家和史密斯家是邻居，他们的房子在市场价值上是一样的，各家也支付相同数目的财产税。布朗家没有孩子，弗兰克家有两个孩子，一个现在已经成年上了大学。戴维森家有三个在公立学校读书的孩子，同时，史密斯家出钱让自己的三个孩子上了当地教会办的一所私立学校。

你怎么看？

1. 布朗家、弗兰克家、戴维森家和史密斯家在对待各自的纳税负担方面有什么相似或不同之处？
2. 对于从公立学校获得的利益来看，布朗家、弗兰克家、戴维森家和史密斯家之间有什么相似或不同之处？
3. 根据三种考虑因素（需求、能力或值得与否）的相似或不同之处，怎样才能（如果可以的话）使布朗家、弗兰克家、戴维森家和史密斯家之间现在的纳税负担分配可以变得更公平？
4. 支持现在四家之间纳税负担的分配应当考虑哪些其他因素？
5. 现在的分配方式有什么优势和劣势？
6. 思考你对以上问题的回答，现在纳税负担的分配公平吗？为什么？这种分配是理想的吗？为什么？
7. 如果可以，你会建议应当对四家之间纳税负担的分配做什么改变？为什么？

重点思考练习

针对纳税以支持公立学校的问题选择并论证一种观点

在本次练习中，你们班将参与一场州议会的模拟辩论会，内容是关于集资支持公共教育的方式。具体来说，你们将讨论是否应当改变目前集资资助公共教育的体制，转而使一个家庭的纳税负担取决于家里学龄儿童的数目。为了进行本次练习，老师将把你们班分成四个组，每个组都应当根据以下说明准备辩论。

第一组：财产税委员会

你们组代表州议会议员，民众要求你们评估现有的财产税制度的公平性。为了向州议会汇报你们有关改变或维持现有体制的建议，你们组应当完成以下几项任务：

1. 选择一位发言人主持你们委员会的会议。
2. 讨论现有财产税收制度的公平性，关注一个家庭的纳税负担是否应当取决于家中学龄儿童的数目问题。
3. 讨论什么改变可能会使财产税收制度变得更公平。
4. 投票决定是否要建议改变现有的财产税体制，或是建议维持现状。
5. 准备一个3分钟的发言（多数派报告），说服整个议会支持你们的建议。
6. 如果你们愿意，准备一个3分钟的发言（少数派报告），向整个议会说明委员会当中反对最后决议的成员的意见。
7. 选出发言人向议会陈述你们委员会的报告。

第二组：城市的立法党团会议

你们代表州议会中代表各大城市居民的议员。你们的选民包括许多中低收入家庭和一些富裕家庭。尽管你们的选区有部分住宅的价格很低，某些大型商业区却有很高的价值，并为本地区带来了可观的财产税收入。你们的地区包括某些人数最多的学校和某些州内历史最悠久的学校。然而，你们区有些学校的特别计划并不包括州内的郊区或农村的学校。

你们组应当完成以下几项任务：

1. 选出一位主席来主持你们组的会议。
2. 讨论你们的选民将会如何看待目前财产税体制的修改计划，这一更改将主要是使征收税款的数额根据家庭中学龄儿童的数目来决定。
3. 考虑到你们的选民的利益和你们自己对该问题的观点，决定你们组是否会支持任何对现有财产税体制的修改计划？
4. 准备论据支持你们认为自己会选择的观点。

第三组：郊区的立法党团会议

你们是州议会中代表州内郊区居民的议员，你们的选民包括许多中等收入家庭和许多富裕家庭，你们选区内的大部分居住区都有很高的价值，并贡献了相当可观的财产税收。你们的选区中有州内某些设

在决定谁应当纳税以支持公立学校时，州议员应当考虑什么论据？

施最完备的学校，同时你们地区大部分的学校都是新建的。

你们组应当完成以下几项任务：

1. 选出一位主席来主持你们组的会议。
2. 讨论你们的选民将会如何看待目前财产税体制的修改计划，这一更改将主要是使征收税款的数额根据家庭中学龄儿童的数目来决定。
3. 考虑到你们的选民的利益和你们自己对该问题的观点，决定你们组是否会支持任何对现有财产税体制的修改计划？
4. 准备论据支持你们认为自己会选择的观点。

第四组：农村的立法党团会议

你们是州议会中代表了州内农村居民的议员，你们的选民包括许多中等收入家庭和许多贫困家庭，你们的选区内大部分房产价值很低，并且没有多少财产税收入。你们地区包括了州内一些最缺乏财政支持的学校，而且你们区大部分的学校设施和校舍都很陈旧。

你们组应当完成以下几项任务：

1. 选出一位主席来主持你们组的会议。
2. 讨论你们的选民将会如何看待目前财产税体制的修改计划，这一更改将主要是使征收税款的数额根据家庭中学龄儿童的数目来决定。
3. 考虑到你们的选民的利益和你们自己对该问题的观点，决定你们组是否会支持任何对现有财产税体制的修改计划？
4. 准备论据支持你们认为自己会选择的观点。

举行一场议会辩论

辩论开始以后，财产税委员会的发言人应当首先做陈述发言。每个立法党团会议的成员应当随后陈述各自的观点。如果时间允许，委员会成员应当有机会回答其他议员提出的问题。在辩论后，全班应当对委员会提出的计划进行投票。

这些照片如何反应了矫正正义问题？

第六课：矫正正义的目标是什么？

本课目标

本课将向你们介绍矫正正义的目标，并研究错误和伤害之间的区别。学完本课后，你们应当能够定义矫正正义，说明其目标，并在不同的情况下明确错误和伤害。

掌握词汇

错误　　伤害　　制止　　矫正　　预防

什么是矫正正义？

《汉谟拉比法典》是现存最完整的巴比伦法律集。这部制定于汉谟拉比时期（公元前1792年至1750年）的法典，有282项判例法，包括涉及价格、关税、贸易和商业的经济条款，涉及婚姻和离婚的家庭法，

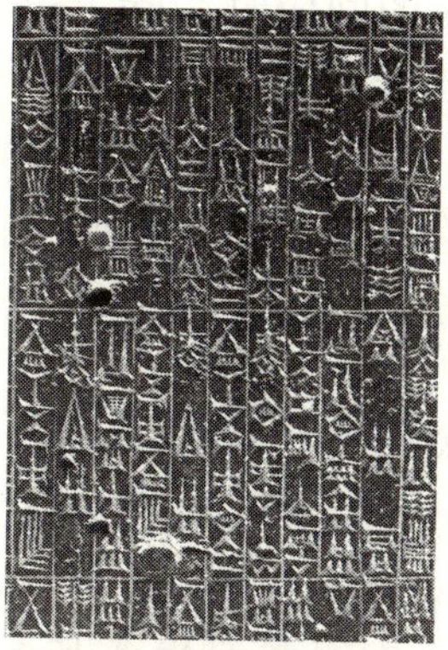

你认为“以牙还牙”原则是否是对错误或伤害公平的回应？

回应是适当的。

你怎么看?

1. 列出你所看到的最常见的对错误或伤害的回应。
2. 哪些情况下对错误或伤害的回应是公平的？为什么是公平的？
3. 哪些情况下对错误或伤害的回应是不公平的？为什么是不公平的？
4. 如果人们没有实施任何措施对错误和伤害进行公平的回应，或是去制止和预防它们，那么家庭、学校、社区或国家会发生什么事？为什么？
5. 在哪些情况下，最正确的方法是不去矫正错误或伤害行为，而是做某些事情确保类似的错误或伤害不再发生？

应当如何解决矫正正义问题?

在某些情况下，决定如何应对某个错误或伤害可能很简单，例如，

你认为让犯轻微罪行的人去做社区服务是否是对错误的一种公平的回应？

当一个孩子拿走了其他孩子的玩具（物品），只需要单纯地将玩具还给物主，我们对正义的感受就能得到满足，只要告诉孩子，不经过他人允许拿别人的东西是不对的，这样我们预防类似事情再次发生的想法也能得到满足。人们希望这些举动能教会孩子正确的行为方式。

在其他情况下，要找到对某种错误或伤害公平的回应方式可能就比较困难了。遗憾的是，没有简单、通用的公式帮助我们在不同情况下做出恰当的回应，然而，仍然有许多知识工具有助于我们做类似决定。这些知识工具组成了下述解决矫正正义问题的程序，你们可以运用这些工具来针对如何应对错误或伤害做出深思熟虑的决定：

1. 识别错误和（或）伤害的重要特征；
2. 识别造成错误或伤害的单个或多个人的重要特征；
3. 识别受到错误侵害或伤害的单个或多个人的重要特征；
4. 研究对错误或伤害的常见回应以及它们的目标；
5. 思考其他重要价值和利益，判断什么是适当的回应。

上述程序中的每一个步骤和包含的知识工具都在第七课和第八课中具体探讨。下面，我们将首先讨论错误和伤害之间的区别。

错误和伤害之间的区别是什么？

在研究矫正正义问题时，理解错误和伤害之间的区别是非常重要的。正如你们学过的：

- 错误是指违背了由法律、规则、传统或道德原则规定的义务或责任的行为。
- 伤害是指对个人或财产的损害，或对个人权利的侵犯。

在某些情况下，人们的行为可能是错误的，并同时造成某种伤害，例如，当某个人抢劫了一家商店并枪击了收银员。在某些情况下，人们的行为可能会是错误的，但并没有造成伤害，例如，当某个人携带过期驾照开车。也有可能没有任何错误的行为，也会产生伤害，例如，一个足球运动员在运动中因正常的冲撞而受伤。以下练习要求你们判断某种情况中是否有错误的行为，或是造成了某种伤害，亦或两者皆有。

重点思考练习

识别错误和伤害

与一位同学一起阅读以下阅读材料，并回答练习后面的问题。准备与全班分享你们的答案。

1. 瞬变电流失控引发的大火导致数十人死亡，数百座房屋被烧毁。
2. 瓦莱丽在排球决赛中为了救一个球而推倒了莫妮卡，莫妮卡因此而骨折。
3. 乔治开着车闯了红灯，幸运的是，没有发生任何事故。
4. 机械师威尔在换完轮胎后忘记拧紧螺丝，顾客驾车时左前轮突然脱落，导致车主撞上了一辆停在路边的卡车。
5. 保安向银行劫匪射击却没有击中，银行劫匪随后劫持了一名人质以确保自己安全逃离，最后，人质安全获救。

你怎么看?

1. 在以上每一种情况中，哪些行为是错误的（如果有）？哪些造成了伤害（如果有）？
2. 在以上情况中，你的正义感或公平感是否使你希望能以某种方式回应这些错误或伤害，并让事情得到矫正？
3. 在以上情况中，哪些你认为会得到公平和正义的回应？
4. 你计划的回应方式有什么目的或目标？

重点思考练习

针对如何回应错误和伤害，评估和选择一种观点

全班需分成小组来评估以下材料。针对每一种情况，各小组都要回答练习最后“你怎么看？”这一部分的问题。准备与全班分享你们

组的答案。

1. 莱斯利走进一家百货商店，试了一件衬衫，她确实很喜欢这件衣服，但她没有足够的钱买下来。莱斯利决定要偷这件衬衫。她把衣服放到了自己包里，然后走出了商店。突然，保安抓住了她的胳膊，她被捉住了。

2. 阿尔曼在跟朋友们看足球比赛的时候喝了太多酒，在回家路上，他没能让车子在红灯前停住，将车撞到了路旁的一辆小型载货卡车，卡车内的乘客当场死亡，司机受了重伤。同车的弗兰克也受了伤，他的双腿也不可能再恢复正常功能了。

3. 阿妮塔和她一岁的女儿刚刚开车离开家，突然，有两个人出现在车边，并打开了她的车门。他们大叫："出来！我们要这车！"阿妮塔叫道："我的孩子！"其中一个人抓住阿妮塔，把她从车里拖出来，跳进车子并启动开走了车。阿妮塔的手臂被驾驶座的安全带绑住了，她被挂在车外一侧，随着车子拖行，开车的人也没有停车，反而将车子撞向路边的篱笆，试图摆脱阿妮塔。阿妮塔当即死亡。男人把车停下来，将车里的孩子放在路边，然后开车逃跑了。4 个小时后，他们被逮捕了。

你怎么看?

1. 上述情况中哪些是错误，哪些是伤害？
2. 根据上述信息，对以上每一段阅读材料中描述的错误和伤害来说，什么是公平或适当的回应？
3. 你设计的这种回应希望达到什么目的或目标？
4. 针对上述错误和伤害，在判断什么是公平或适当的回应时，你还需要什么其他辅助信息来帮助你做决定？为什么这种辅助信息是必要的？

知识运用

1. 采访某个工作中需要负责处理错误和伤害行为的人。你可以考虑采访警察、律师、法官、看守所警官或学校校长，请他们描述自己在处理这类问题时遇到的某些案例，从中找出他们认为对错误和伤害最好的回应是什么。
2. 《汉谟拉比法典》第 125 条法规规定：如果任何人将自己的财物放在别人家里妥善保管，那么无论是遇到小偷或是劫匪，对方家里和其他人的财物都丢失了，因为自己的疏忽大意，房屋的所有者应当赔偿所有那些将物品交给他保管的人们的损失。房屋的主人也应当随后追踪并从窃贼处寻回自己的财产。在你看来，这条法例对伤害的回应公平吗？为什么？为什么不？

第七课：对矫正正义问题进行决策时应使用什么知识工具？

本课目标

本课将向你们介绍某些在研究矫正正义问题时有用的知识工具。学完本课后，你们应当能够运用这些工具来评估、选择和论证有关矫正正义问题的观点。

掌握词汇

比例	程度	持续时间
影响	恶劣性	故意
鲁莽	疏忽	可能的结果
辩护	悔恨	遗憾

评估矫正正义的首要步骤是什么？

步骤一：识别错误和（或）伤害的重要特征

1. 哪些是错误或伤害？

矫正正义解决的是对错误和伤害回应的公平性问题，因此在评估矫正正义问题时，逻辑上的首要步骤就是在某个特殊情况下识别哪些是错误和伤害。明确错误和伤害不仅是重要的，同时也可以帮助我们评估某种伤害是否源于某种错误的行为，即是否源于某种对责任的违背。

明确伤害是否是由某个人违背了自己的责任（义务）造成的，这对决定什么是公平或适当的回应有至关重要的作用。例如，假设一个小孩突然冲到大街上，并被一辆车撞倒。在决定什么是公平或适当的回应时，如果司机是很专注地开车并遵守交通规则，或如果司机是因为驾驶超速而无法及时刹车避免车祸，将产生两种截然不同的判断。

2. 错误或伤害的程度有多严重?

评估某种特定情况下错误和伤害的严重性是非常重要的，因为，公平地回应错误或伤害与这种错误或伤害本身的严重性是相关联的。我们称之为比例原则（相称性原则）。这种原则意味着对错误或伤害的回应，应当与错误或伤害本身的严重程度成正比，这就是我们为什么会说：罪罚相当。比例原则（相称性原则）意味着我们在决定哪种回应是公平或适当的时候，必须考虑到这种错误或伤害的严重性。

例如，假设迈克尔在高速公路上开车超速时，看到警察的灯在他的后视镜中反光。如果他立即降低车速并尽快停在路边，或者如果他

判断某种伤害是否由错误的行为导致为什么是重要的?

开得更快了以便尽快脱身，并在逃逸的过程中撞翻数辆汽车，这两种情况的结果会有区别吗？

正如你们所看到的，要决定什么是公平、适当的回应时，评估某种错误或伤害的严重性是非常重要的。你们将如何进行这样的评估？在评估某种错误或伤害的严重性时，你们可以用到许多不同的考虑因素：

- **程度**：有多少人或事受到了影响？
- **持续时间**：产生错误或造成伤害的行为持续了多久？
- **影响**：伤害或损失有多严重？这将是永久性的吗？
- **恶劣性**：根据你的是非观念、人的尊严或其他价值观判断，这种错误有多令人反感？

为什么必须在决定应当如何回应时考虑错误或伤害的严重性？

重点思考练习

评估错误和伤害的严重性

与一位同学一起，阅读以下材料——“两家违规工厂”。通过回答材料后“你怎么看？”部分的问题，评估每家工厂的错误和造成的伤害的严重性。准备与全班讨论你们的答案。

两家违规工厂

我们假设有两家工厂被指控违反了有关潜在有害废物处理的环境保护法。

1. 盟多公司污染了一个大约有 10，000 人居住的大型社区的空气。该公司 5 年内连续将有害污染物排放到空气中，这些污染物将导致肺气肿等呼吸系统疾病，并有可能引发癌症。该公司拒绝采取任何措施来控制污染物排放，尽管经核实，这一地区已经确定出现了病情严重的病例报告。

2. 择农公共事业公司位于某个城市的郊区，该公司电厂排放的污

在判断工业污染导致的错误或伤害的严重性时，你会考虑哪些因素？

染物令人难以忍受却并非危及生命。这些污染物影响了居住在附近的大约 1000 多位居民，他们认为电厂所排放出的气体味道实在太过难闻，使他们完全无法待在家里。电厂已经排放这种气体 2 个多月了，但该公司也正在努力采取措施，控制机器运行过程中的污染问题，但当地居民对此并不满意。

你怎么看?

1. 上述两家工厂的错误或伤害影响的范围分别有多广？有多少人或事受到了影响？
2. 两家工厂的错误或伤害持续的时间分别有多长？造成错误或伤害的行为分别持续了多久？
3. 每家工厂的错误或伤害的影响是什么？伤害或损失有多严重？这些伤害或损失是永久的吗？
4. 每家工厂的错误或伤害有多恶劣？根据你的是非观念、人类尊严或其他价值观来判断，这种错误有多令人反感？

重点思考练习

评估对惩罚的需要

在之前的练习中，你们研究了有助于评估错误或伤害严重性的知识工具，但矫正正义的问题单靠评估错误或伤害的严重性是无法得到解决的，我们还需要考虑其他因素。

全班应当分成几个小组，每一组都要阅读以下材料——“火灾”，并讨论“你怎么看？”这一部分的问题。准备与全班分享你们的答案。

火灾

乔治和他的朋友丹都已经 7 岁了，两个男孩常常一起到邻居家里、院子里和车库里玩耍。他们曾经看到过邻居叔叔用火烧树叶，并问他错误对待或受伤害的人的重要特征。

重点思考练习

运用知识工具识别重要特征

阅读以下程序中的每一个步骤，然后准备：

- 讨论每一个步骤的作用
- 举例说明每一个步骤在你所经历或看过的情况中的运用

步骤二：识别造成错误或伤害的一个或多个人的重要特征

步骤二当中的问题 1 至 5，需要在决定如何处置造成错误或伤害的人之前回答。

1. 精神状态：在他造成错误或伤害的时候，这个人的精神状态如何？

当人们希望找到一种应对错误或伤害公平的回应时，一个人的精神状态是最重要的考虑因素之一。要决定某个人的精神状态，应当考虑的因素如下：

故意：某个人是否故意（有意）导致了错误或伤害？

鲁莽：某个人是否故意（有意）忽略了明显的严重伤害的风险？

粗心：某个人是否采取了轻率的行为方式，对可预见的风险缺乏足够的重视？

了解可能的结果：某个人是否了解，或有能力了解他所做的事情是错误的，或可能会造成伤害？

控制：某个人是否能从生理和精神上控制他的行动？

义务或责任：某个人是否有为了避免错误或伤害而采取行动或不行动的义务？

更重要的价值和利益：某个人是否有任何其他更重要的价值、利益、责任或动机，可以用来证明的自己的行动或成为行动的理由？

例 1：思考上个练习中有关“火灾”的故事，如果乔治和丹故意用火点燃帆布罩，结果会有什么不同吗？如果他们年龄更大一些，了解可能会发生的事，那结果会有什么不同吗？

例 2：思考某个人在高速公路上超速驾驶的例子。如果司机是着急送一位伤者去医院，结果会有什么不同吗？或者如果他超速的原因仅仅只是因为他喜欢开快车呢？

2. 过去的经历：某个人过去是否犯过相似的错误，或是制造过相似的伤害？

3. 个性和人格特质：一般来说，某个人是否值得信任、细心谨慎、考虑到他人的权利以及无暴力倾向？

4. 感到遗憾或悔恨：某个人是否为自己的行为感到后悔，或者对自己造成的错误或伤害无动于衷？

5. 角色：某个人是单独行动，还是与他人一起？是领导者或者是次要参与者？

一个决定做出什么判决的法官应当考虑哪些因素？

第八课：决定如何回应错误和伤害时应考虑哪些价值和利益？

本课目标

本课将向你们介绍在研究矫正正义问题中用到的其余两种知识工具。你们会学习某些常见的对错误和伤害的回应，以及这些回应所要实现的目标。你们也将研究在判断对错误和伤害适当的回应时需要考虑的某些价值和利益。

学完本课后，你们应当能够说明某些常见的对错误和伤害的回应所要实现的目标。你们也应当能够运用所学的知识工具来评估不同情况下的矫正正义问题。

掌握词汇

宽恕

复原

赔偿

研究矫正正义问题的程序的最后步骤是哪些？

到目前为止，你们已经按照决定矫正正义问题的程序的前三个步骤进行了思考：步骤一，识别错误或伤害的重要特征；步骤二，识别造成错误或伤害的一个或多个人的重要特征；步骤三，识别受到错误对待或受伤害的一个或多个人的重要特征。程序中接下来的两个步骤是：步骤四，研究对错误和伤害的常见回应以及它们的目标；步骤五，考虑相关价值和利益，判断什么是适当的回应。

正如你们所学到的，对错误和伤害可能有许多种回应方式。为确保你们选择了最佳的回应，就应当评估所有可能性，并研究相关的价值和利益。

步骤四：研究对错误和伤害的常见回应以及它们的目标

如前所述，矫正正义的主要目标是对错误或伤害提供一种公平或适当的回应，使事情得以矫正。回应不仅可以用来纠正错误或伤害，也能预防人们犯更多的错或制造更大的伤害，以及制止其他人犯错或制造伤害。在某些情况下，人们会选择一种回应方式来满足其他价值和利益的需要，而不是服从矫正正义的目标。以下是一系列常见的对错误和伤害的回应方式，以及对每一种回应方式目标的简要说明。通常，人们可能会选择一种以上的回应方式，通常其中也包含了一种以上的目标。

1. 我们可以告知犯错者所做的事情是错误的或造成了伤害。这种回应方式的目的是，通过向犯错者说明他的行为是错误的或造成了伤害，以此来预防未来的错误和伤害。在这种情况下，人们并没有对错误或伤害进行矫正，除非同时还选择了其他某些回应方式。

例1：交警拦下了一位携带外州驾驶执照的摩托车，交警告诉车手：本州的交规规定，红灯时右转是非法的，但他会允许摩托车手继续驾车，不会给他开罚单。

例2：六岁的克雷格因为玩火柴而将草地引燃，这场小火灾后来被他的父母扑灭。随后，消防部门的一位工作人员上门拜访了克雷格和他的父母，并告诉克雷格，他错误的行为会为他自己和其他人带来某些危险及伤害。

2. 我们会忽视或忽略某种错误或伤害。有时候我们决定忽视或忽略某种错误或伤害，因为它们并不值得我们用时间和精力去纠正。有时候我们会认为犯错的人只是希望吸引他人的注意。忽略这种错误的行为可能反而会起到制止类似的行为的作用。在这种情况下，人们不会对错误或伤害进行矫正。

例1：负责递送新电视机到凯文家的J-M公司的卡车司机不小心撞毁了凯文最心爱的玫瑰花丛，尽管凯文有点郁闷，但他什么也没说。

例 1：大卫在购买豪泽尔家的房屋时涉嫌欺诈，法官要求他归还房产证。

例 2：一位保安发现杰森在健身房的墙面上涂鸦，杰森必须用下星期六的时间重新将这面墙恢复原貌。

6. 我们会要求犯错者为错误或伤害进行赔偿或支付。在许多时候，某些错误或伤害在某种意义上不可能被撤销，也就是说，被拿走、损伤或破坏的事物不可能得到复原或还原。在这样的情况下，我们会要求犯错者通过支付金钱或其他有价物品的方式，赔偿受错误伤害的人受到的损失。要求犯错者为错误或伤害进行赔偿和支付，也能起到预防未来错误和伤害的作用。

例 1：伯恩斯先生丢了一本从图书馆借的书，他必须按照原书的价钱支付费用，以赔偿他丢失的那本。

例 2：一家汽车制造厂商生产的汽车爆炸，司机当场死亡，司机

教育如何为实现矫正正义的目标服务？

家属起诉了该汽车公司。经审理，法官判决汽车制造商应赔偿司机的妻子 100 万美元，以弥补她失去丈夫的巨大伤害。

7. 我们会对犯错者进行治疗或教育。对犯错者进行治疗或教育并不是要试图纠正他们犯的错误或造成的伤害，而是要通过教给他们知识和技能，使他们变成社会中负责任的、自立的成员，预防他们造成更多的错误或伤害。

例 1：在美国堪萨斯州的托比卡，所有被判入狱的人都要接受精神病医生及其他精神健康专家的检查和治疗。研究表明，比起没有接受治疗的犯人，这些人在释放后再犯入狱的比率减少了 25%。

例 2：卡罗开车开得太快了，他因为超速收到一张罚单。考虑到他是初犯，法庭允许卡罗参加驾驶学校的培训以代替罚款。

你怎么看?

1. 在哪些情况下你会决定不去惩罚那些犯错或制造了伤害的人？在这些情况下你还会选择哪些其他回应错误或伤害的方式？为什么？
2. 在你看来，如果有人无心伤害了其他人或损坏了他人的物品，应当如何回应？如果伤害或损坏是故意造成的，应当如何回应？
3. 如果一个成年人过去犯了错，他也已经被警告不再这么做，如果他再次犯错，应该如何回应？如果犯错者是个婴儿，你的答案会不同吗？如果是青少年呢？说明你的答案。

步骤五：考虑相关价值和利益，判断什么是适当的回应

正如你们学过的，矫正正义的基本目的是当错误和伤害发生时以一种公平的方式纠正错误。通常，我们也希望能预防相似的错误和伤害再次发生，因为我们希望生活在一个有序和公平的社会。因此，在决定如何回应错误和伤害时，我们应当考虑矫正、预防和制止的目标。为确保回应是公平的，我们应当考虑比例原则（对称性原则）。

同时，我们也应当考虑其他价值和利益。一方面，我们会希望满

9. 回应方式如何满足复仇的欲望？

从远古时代开始，人类就在自己有关正义的观念里包含了对复仇的欲望，希腊神话中就有一位复仇女神叫涅墨西斯。今天，有些人认为，在选择或评估回应方式时，人们不应当考虑要复仇。而其他人仍然相信，复仇的欲望是自然的，允许社会“报复”可以看作是纠正错误的一种方式。

例如，1625年弗朗西斯·培根爵士这样写道：“复仇是一种野蛮的正义，人的本性越是倾向它，就越应该用法律消除它。”

你怎么看?

1. 对价值和利益的考虑因素如何有助于保障纠正错误和伤害的正义性？
2. 如果在决定如何回应错误和伤害时不考虑价值和利益因素，会产生什么问题？
3. 当复仇的欲望与人类尊严或人类生命相冲突时，回应方式将如何满足人们复仇的欲望？这种冲突应当如何解决？为什么？

重点思考练习

运用知识工具评估一个矫正正义的问题

阅读以下根据费奥多尔·陀思妥耶夫斯基（1821-1881）的小说《罪与罚》改编的故事，分成小组完成346—347页的知识工具表。填完表后，回答第345页的“你怎么看？”这一部分的问题。准备与全班分享你们的答案。

《谋杀阿廖娜·伊万诺芙娜》

拉斯柯尔尼科夫离开了他在俄罗斯乡村的家，搬到了圣彼得堡去大学学习。他的家庭虽然很贫困，但仍艰辛地给他寄很少的钱以维持他的学业。拉斯柯尔尼科夫住在一间又小又黑的房间里，节衣缩食。

在判断拉斯柯尔尼科夫所犯的错误和带来的伤害的严重性时，应当考虑哪些因素？

他发现自己越来越无法集中精神学习，他自身的贫困并没有困扰他，但他却一直想着他的家人为他所做出的牺牲。

这位年轻的学生幻想着进行一次完美的犯罪，可以将他的家人从贫困潦倒中解救出来，并且并不仅仅是单纯为了钱而犯罪。这次犯罪是为了用生命交换更好的生活，拉斯柯尔尼科夫将会因为这次犯罪而得到感谢。拉斯柯尔尼科夫决定谋杀阿廖娜·伊万诺芙娜，一个上了年纪的高利贷当铺老板娘。有很多学生来找她用家族的传家宝换钱，这个老妇人从许多像拉斯柯尔尼科夫这样的学生手上赚了很多钱，变得越来越富有。然而，她却强迫她的继妹莉扎薇塔，一位善良但反应迟钝的女人辛苦工作以增加增加家庭财富。在拉斯柯尔尼科夫的心目中，当铺老板娘是不应该活着的人，他认为如果她死了的话，莉扎薇塔和世界都会变得更好。

拉斯柯尔尼科夫去阿廖娜·伊万诺芙娜和莉扎薇塔的家里，他知道莉扎薇塔此时正在店里工作，他假装跟阿廖娜说他有一个银质烟盒要当。当她转过身背对着他时，他用一把斧头袭击了她。当他确定她已经死了以后便开始抢劫公寓。突然，莉扎薇塔回家了，她看到了自己继姐的尸体，感到非常恐惧，甚至无法言语和行动。拉斯柯尔尼科夫意识到莉扎薇塔会指认他是谋杀老板娘的凶手，在莉扎薇塔尖叫着逃离公寓前，他也用斧子砍死了莉扎薇塔。

他跑出公寓回到自己的房间里将斧头藏了起来。很快，他就开始对杀人罪行感到悔恨，他向朋友们透露他知道谁是杀人凶手。当警察讯问拉斯柯尔尼科夫时，他也给他们提供了讯息，使他们直接确认了自己就是杀人凶手。在警察逮捕他之前，拉斯柯尔尼科夫就坦白自己犯了两宗谋杀案。

对这个故事里描述的错误和伤害，一种公平和适当的回应应该是什么？这种回应方式将实现哪种矫正正义的目标？

你怎么看?

1. 对故事中描述的错误和伤害来说，适当的回应应当是什么？
2. 如果拉斯柯尔尼科夫的两宗谋杀罪行得到了不同的两种回应，谋杀阿廖娜·伊万诺芙娜的会比杀死莉扎薇塔的更严重吗？为什么？为什么不会？
3. 你所提议的回应方式是用来纠正错误或伤害的吗？
4. 你所提议的回应方式是用来预防未来的错误或伤害的吗？

知识运用

1. 假设你生活在沙俄时代伊万诺芙娜谋杀案发生的年代，选择以下其中一个题目，写一篇有关“拉斯柯尔尼科夫案”的新闻评论，以及你认为应当对此事做出的回应。
   - 谁是真正的受害人？
   - 正义的曲解
   - 为了公民秩序的利益
   - 以眼还眼，以牙还牙
   - 真诚的忏悔
   - 伤害妇女的暴行
2. 调查不同社会如何回应以下罪行，向全班报告并说明你的发现
   - 谋杀
   - 抢劫
   - 偷窃政府财物

矫正正义问题的知识工具表	
问题	答案
一、识别错误或伤害： 1.哪些是错误或伤害？ 2.错误或伤害的程度有多严重？请考虑： 程度 持续时间 影响 恶劣性	
二、识别造成错误或伤害的一个或多个人的重要特征： 1.犯错或制造伤害的时候，这个人的精神状态如何？请考虑： 故意 鲁莽 粗心 了解可能的结果 控制或选择 义务或责任 重要的价值、利益或责任 2.在决定如何公平回应时，这个人的过去经历中有哪些事实与之相关？ 3.在决定如何公平回应时，这个人的个性中有哪些事实与之相关？ 4.在犯错或制造伤害之后，这个人表达了哪些感受？ 5.这个人在犯错或制造伤害中扮演了什么角色？	
三、识别受到错误对待或伤害的一个或多个人的重要特征： 1.这个（些）人是否也要对他遭受的错误或伤害负责？ 2.这个人从错误或伤害中复原的能力如何？	

矫正正义问题的知识工具表	
问题	答案
四、研究对错误或伤害的常见回应以及它们的目标： 1.我们是否应当告知犯错者他所做的事情是错误的或造成了伤害？为什么？ 2.我们是否应当忽视或忽略这种错误或伤害？为什么？ 3.我们是否应当原谅或宽恕犯错或带来伤害的人？为什么？ 4.我们是否应当因为某种错误或伤害而惩罚犯错者？ 5.我们是否应当要求这个人复原那些被拿走或被损害的东西？为什么？ 6.我们是否应当要求人们为错误或伤害进行赔偿？为什么？ 7.我们是否应当对犯错者进行治疗或教育？为什么？	
五、考虑相关价值和利益，判断什么是适当的回应： 1.什么回应方式可以纠正错误或伤害？ 2.哪些回应方式会制止或预防未来的错误或伤害？ 3.哪些回应方式会促进分配正义？ 4.哪些回应方式会保护人类尊严？ 5.哪些回应方式会促进人类生命的价值？ 6.根据现有的资源，什么回应方式是实际可行的？ 7.哪些回应方式会保护自由，不仅是犯错者的，还包括社会其他成员的？ 8.哪些回应方式会与错误或伤害的严重性成正比？ 9.哪些回应方式会满足复仇的欲望？	
六、说明你所做的决定的理由。	

都应当扮演一个工作小组，完成以下步骤：

阅读证词提要

- 填写第 354—356 页的知识工具表
- 为证词提要中描述的每个人建议一种回应方式
- 准备向全班说明你们组所提议的回应方式

以下证词提要摘自市长工作小组举行的听证会笔录。

多恩·R·德钦斯基，建筑规范办公室主任，证词记录时间：2 月 5 日早上

多恩·R·德钦斯基

德钦斯基先生是一位 37 岁的离婚男人。他为这座城市工作了 17 年，8 年前开始做现在这份工作。他的工资是每年 4 万美元。

德钦斯基先生有一份良好的公民服务纪录，在他最后的个人评估中，他的上司给了他“优秀”的评价。他没有任何前科和犯罪纪录。在他的证词里，德钦斯基先生说：“我对外界谣传的我办公室的下属的行为一无所知。也许我应该对此有所了解，但我的确不知道。”有人提醒德钦斯基先生，市长去年曾请他深入调查有关建筑规范检查员收受贿赂的投诉。这位部门领导耸耸肩膀说：“有关这件事我问过几个我的下属，他们说没有人收受贿赂。要是你在市政府的时间跟我一样长，你就会学会不要问太多问题。

罗伯特·曼宁，建筑承包商，证词记录时间：2月4日下午

罗伯特·曼宁

证人52岁，已婚，育有4个从11岁到26岁的子女。他拥有州政府承包商执照第#15683-A号已经将近25年了。曼宁先生知道他的个人资产已超过了100万美元，但不愿意透露他是如何获得这些资金的细节。州政府的档案显示：1980年曼宁先生曾被暂停承包业务6个月的时间，暂停的原因是提供了与合同不符以及有问题的建筑材料。他并没有任何前科和犯罪记录或职业违规记录。

在提供证词时，曼宁先生承认他的确是像新闻报道里写的那样做的，但他看起来很惊讶本报的系列报道引发的轩然大波。他认为自己的行为没有什么地方是不正常的："这就是海湾市，"他说，"我在这里做承包商已经超过20年了，事情一直是这样做的，并将一直继续这样下去。"

吉奈恩·莱佩尔，海湾市消防局公务员，证词记录时间：2月5日早上

公务员莱佩尔23岁，是两个孩子的母亲。她在消防局担任检查员已经两年了。她在部门的个人记录非常好，她没有任何前科和犯罪记录，但曾经因为在海湾市高中的一次考试中作弊而被暂时停学两个星期。

吉奈恩·莱佩尔

在她的证词中，公务员莱佩尔承认了自己收受贿赂。她说：“你们看，我知道这是错的。当我开始在这个部门工作的时候，我从没有收过贿赂，后来我看到在其他检查员收取贿赂后似乎也没什么人在乎，我一个人要带两个小孩，消防局的工资并不多。因此我想，如果我收一点点贿赂，就能让我的孩子们可以有更好的衣服穿。”

在2月6日早上的证词记录中，公务员莱佩尔向工作小组递交了一封信，信中说，如果工作小组能保荐她不被起诉，她愿意为其他检查员收取贿赂的行为做证。

你怎么看？

1. 针对上述证词提要中描述的每个人，你们组建议怎么回应？
2. 对本报系列报道中描述的错误和伤害，是否所有组都同意做出同样的回应？
3. 大家所提议的回应方式如何保证公平？请说明。
4. 大家所提议的回应方式会纠正错误或伤害吗？
5. 大家所提议的回应方式会预防未来类似的错误或伤害吗？

知识运用

1. 邀请一位政府“监察”机构的代表到班上，讨论与本课阅读材料类似的实际案例。询问代表在这样的案例中他的机构会做出什么回应。
2. 从以下政府丑闻中选出一个来进行调查，找出针对该案例的回应：
   - 1972 年水门丑闻
   - 20 世纪 80 年代末伊朗门丑闻

   向全班报告你的发现。
3. 在你的学校、社区或州里找出一个有关矫正正义的问题，向全班发表你的报告，说明这一问题，并描述这一问题如何涉及了矫正正义，以及说出这问题中可能涉及的其他价值和利益。运用第八课的知识工具表，基于可用的事实材料，形成你对这一问题的观点，或说明你为什么无法对这一问题形成一种合理的观点。

矫正正义问题的知识工具表			
一、识别错误或伤害： 1.哪些是错误或伤害？ 2.错误或伤害的程度有多严重？请考虑： 程度 持续时间 影响 恶劣性			
二、识别造成错误或伤害的一个或多个人的重要特征： 1.犯错或制造伤害的时候，这个人的精神状态如何？请考虑： 故意 鲁莽 粗心 了解可能的结果 控制或选择 义务或责任 重要的价值、利益或责任 2.在决定如何公平回应时，这个人的过去经历中有哪些事实与之相关？ 3.在决定如何公平回应时，这个人的个性中有哪些事实与之相关？ 4.在犯错或制造伤害之后，这个人表达了哪些感受？ 5.这个人在犯错或制造伤害中扮演了什么角色？			

矫正正义问题的知识工具表			
三、识别受到错误对待或伤害的一个或多个人的重要特征： 1.这个（些）人是否也要对他遭受的错误或伤害负责？ 2.这个人从错误或伤害中复原的能力如何？			
四、研究对错误或伤害的常见回应以及它们的目标： 1.我们是否应当告知犯错者他所做的事情是错误的或造成了伤害？为什么？ 2.我们是否应当忽视或忽略这种错误或伤害？为什么？ 3.我们是否应当原谅或宽恕犯错或带来伤害的人？为什么？ 4.我们是否应当因为某种错误或伤害而惩罚犯错者？ 5.我们是否应当要求这个人复原那些被拿走或被损害的东西？为什么？ 6.我们是否应当要求人们为错误或伤害进行赔偿？为什么？ 7.我们是否应当对犯错者进行治疗或教育？为什么？			
五、考虑相关价值和利益，判断什么是适当的回应： 1.什么回应方式可以纠正错误或伤害？ 2.哪些回应方式会制止或预防未来的错误或伤害？ 3.哪些回应方式会促进分配正义？			

矫正正义问题的知识工具表			
4.哪些回应方式会保护人类尊严？			
5.哪些回应方式会促进人类生命的价值？ 6.根据现有的资源，什么回应方式是实际可行的？ 7.哪些回应方式会保护自由，不仅是犯错者的，还包括社会其他成员的？ 8.哪些回应方式会与错误或伤害的严重性成正比？ 9.哪些回应方式会满足报复的欲望？			
六、说明你所做的决定的理由。			

第四单元：什么是程序正义？

单元目标

本单元讨论的是程序正义问题，即以公平的程序或公平的方式行事。你们将会学习为什么程序正义是重要的，以及评估、选择和论证有关程序正义问题的观点时所需要运用的知识工具。

学完本单元后，你们应当能够定义程序正义，并说明它的重要性。你们也应当能够运用本课学到的知识工具，对有关程序正义的问题做出深思熟虑的决定。

这些照片如何反应了程序正义问题？

第十课：为什么程序正义是重要的？

本课目标

本课将主要向你们介绍程序正义的内容。你们会学习程序正义的定义，以及为什么它是重要的。学完本课后，你们应当能够定义程序正义，说明它的重要性，并在你们个人的经历中识别涉及程序正义的问题。

掌握词汇

程序正义

正当法律程序

重点思考练习

研究程序正义问题

与一位同学一起，阅读以下每个阅读材料，并回答“你怎么看？”这一部分的问题。准备好与全班分享你们的答案。

某人投诉你做了某些错事，并立刻惩罚了你，没有给你任何机会为自己辩解。

你和几个朋友决定去看电影，当你到其中一个朋友的家里打算跟大家讨论要看什么影片的时候，你发现大家没等你发表意见就已经决定去看一部你完全不感兴趣的电影，你被激怒了。

市政厅举行了一次听证会，以决定如何使用500万美元税款。市政厅将听证会的通告张贴了出来，以吸引社会中有兴趣的个人和团体来参加听证会，并表达他们自己对财政税收使用方面的观点。

在美国，这些行动通常由执法机构和法院的工作人员来执行。

我们将有关人类生命和财产的重要权力赋予那些在政府机构工作的人，因此，我们需要一套规则来限制他们的权力，并对应当如何使用这些权力做出界定。其中一套规则是：在缺乏法律正当程序的情况下，禁止政府剥夺个人的生命、自由和财产。在大多数情况下，这意味着未经公平的审判和听证，政府不能对个人采取不利的行动。正当程序也要求执法机构在收集信息和逮捕嫌犯时尊重某些重要的价值，例如隐私、人类尊严、公平和自由。

执法机构和法院必须尊重的某些程序正义的规则来自国会、州议会和其他政府机构批准的法律和规章制度。

《联邦宪法》与《权利法案》中规定了其他一些重要的程序正义规则。例如：

第四修正案（1791年权利法案）：人民的人身、住宅、文件和财产不受无理搜查和扣押的权利，不得侵犯。除依照合理根据，以宣誓或代誓宣言保证，并具体说明搜查地点和扣押的人或物，不得发出搜查和扣押状。

第五修正案（1791年权利法案）：无论任何人，除非根据大陪审团提出的报告或起诉，不得受判处死罪或其它不名誉罪行之审判，惟发生在陆、海军中或发生在战时或出现公共危险时服现役的民兵中的案件，不在此限。任何人不得因同一犯罪行为而两次遭受生命或身体的危害；不得在任何刑事案件中被迫自证其罪；不经正当法律程序，不得被剥夺生命、自由或财产；不给予公平赔偿，私有财产不得充作公用。

第六修正案（1791年权利法案）：在一切刑事诉讼中，被告享有以下权利：由犯罪行为发生地的州和地区的公正陪审团予以迅速而公开的审判，该地区应事先已由法律确定；得知被控告的性质和理由；同原告证人对质；以强制程序取得对其有利的证人；取得律师帮助为其辩护。

为什么监督政府的行政和立法机构是很重要的?

我们通常更关注执法机构和司法机构的活动中产生的程序正义问题，对政府其他部门的活动中出现的程序正义问题则不太关注。这可能是因为，相比政府的行政或立法机构的活动来说，犯罪和审判通常更容易引起广泛的关注。

但更重要的是，我们要监督社区、各州和国家的行政与立法机构的活动。这些政府部门也有收集信息和做出决策的权威，对我们的日常生活有很重要的影响。例如，他们可以宣战、管理贸易、征收税费并决定如何使用税收。

因为人们授予所有政府机构的权威是如此庞大，也因为他们所做出的决策是如此重要，确保政府机构运用适当的程序收集信息和做出决策，是至关重要的。运用适当的程序是必需的，这不仅可以增加做出明智、公正决策的机会，也可以确保公众对这些决策的支持。

为什么国会在影响公民福利的事务上遵照适当程序来制定决策是很重要的?

你怎么看?

1. 以上摘录的每一项宪法修正案都建立了执法机构和法院应当使用的程序，他们在收集涉嫌犯罪、犯错或制造伤害的人的信息，以及收集用来制定决策的信息时使用这些程序。那么，以上每一项修正案以什么方式促进了程序正义的目标？
2. 地区、各州或联邦政府的立法或行政部门人员做出的哪些决策对你的生命、自由或财产有至关重要的影响？
3. 你经历过或看到过哪些案例中政府的立法或行政部门人员坚持公平的程序，使人们加强了对政府的信任？

程序正义一直这么重要吗?

通过不公平的程序判定一个无辜的人有罪，这实际上触犯了每个人的正义感。另一方面，如果通过不公平的程序判定被起诉的人的确犯有严重的罪行，又会怎么样？在对这些犯错者的审判中使用什么程序真的很重要吗？还是预防他们再次犯错更重要？

数个世纪前尼科洛·马基雅维利(1469-1527)提倡了“只要目的正当，可以不择手段”的观点。在《君主论》中，马基雅维利认为，如果你的目标是好的，例如建立一个自由的民主国家，那么通过什么方式去达到这样的目标并不重要。用他的话说就是：“当行为指控他时，行为的结果却应宽恕之。”

马基雅维利的这一观点——“如果你的目标是好的，通过什么方式来实现这一目标并不重要”可能会出现什么问题？这一观点与程序正义有什么关联？

美国的立国者从自身经历中了解到，如果没有程序正义就会发生压迫。当时的英国殖民政府认为美国的这些爱国者是叛徒，并判定他们为罪犯，悬赏追捕他们。英国殖民政府官员还非法搜查了许多公民的住宅，将许多公民遣送出国进行秘密审判，审判中通常只有一位法官，没有任何陪审团。

基于这样的经历，美国的立国者们希望限制政府行使管理公民个人的权威。因此，当他们决定组建自己的国家时，他们努力寻找方法来确保自己建立的国家不能对公民进行不公平的搜查、逮捕、讯问、审判和监禁。

美国的立国者们希望建立一种体系或程序，来保证在任何时候普通公民可以行使支配自己政府的权力。创建政府的目的就是为了服务公民个人，他们希望能对政府控制个人的权威加以限制。

你怎么看?

1. 以马基雅维利的理论为基础的社会里，程序正义是否重要？为什么？为什么不？
2. 一个以马基雅维利的理论为基础的社会有什么优势？有什么劣势？
3. 以马基雅维利理论为基础的社会，与以美国立国者的理论为基础的社会，哪一种政府体制能更好地阻止犯罪？哪一种政府体制能更好地压制政治分歧？哪一种政府体制能更好地保障个人自由？

知识运用

1. 在新闻或电视报道中找出有关程序正义的问题，向全班同学描述这些问题，并讨论在这些问题中人们收集信息和做出决策时所使用的程序的公平性。
2. 阅读《权利法案》和《联邦宪法》第十四修正案全文，找出其中有关政府收集信息和做出决策所使用的程序的条款。这些条款怎样确保了人们得到公平听证的机会？这些条款如何保护了重要的价值，例如隐私、人的尊严或自由？

第十一课：如何评估程序以判断它是否公平?

本课目标

本课将讨论程序正义的目标，并向你们介绍用来解决程序正义问题的三组知识工具。完成本课后，你们应当能够解释这些工具的用途。下一课将学习第四组知识工具。

掌握词汇

完整性	通知	可预测性	灵活性
可靠性	不偏不倚	发现错误	

如何研究程序正义问题?

学到这里，你们应当已经明确了程序正义的目标是：

- 为制定明智和公正的决定，增加收集所有必需信息的机会。
- 确保决策过程中信息得到明智和公正的使用。
- 保护重要价值与利益，例如，隐私权、人类尊严、自由、分配正义和矫正正义以及提高效率。

你们可以运用这些基本目标来衡量程序是否公平，但这些目标是很宽泛的，在某些特定情况下，人们会很难用到它们。因此，我们将采用以下四个步骤或四组知识工具，来判断某个政府机构或其他团体所使用的程序是否公平。

本课将介绍研究程序正义的前三个步骤，下一课将介绍第四个步骤。当你们将这些步骤运用到本单元所使用的案例和以后的事例中时，你们会发现并不是所有知识工具都能适用于每一个案例。

重点思考练习

识别信息收集时所使用的知识工具

你们可以按照老师指导的步骤通过课堂讨论来完成本次练习，或者你们可以分成小组来学习这些步骤，再与全班一起讨论你们的答案。

阅读程序中的每一个步骤，将其运用到案例中，并回答其中的问题。讨论每一个步骤的用途，举例说明每个步骤可以怎样运用到你经历过和看见过的事情中。

步骤一：识别信息收集程序的目标

人们要寻找的信息是什么？为什么需要这些信息？

例 1：一位女警察驾车经过一家银行时听到警铃响，一个看上去很慌乱的人，匆忙从银行走出来，她拦住了这个人，并对他进行了搜身。

例 2：市政厅召开了公共听证会，讨论要在一个市立公园里修建哪一种娱乐设施。

召开市政厅会议的适当程序是什么？

步骤二：评估收集信息时使用的程序

这些程序是否确保收集到了做出明智、公正决定所需的所有可靠信息？

为了回答这一问题，我们应当根据以下考虑因素来评估程序：

1. 完整性。程序是否完全或完整？也就是说，为做出明智、公正决定，程序是否能确保从所有与事件有利害关系的人当中收集到所需的所有信息？

例1：尽管沃尔特·雷利爵士因为涉嫌阴谋策划叛国而被准予接受审判，但法院不允许他为自己申诉辩护。

例2：国会的各个委员会通常会在华盛顿特区召开听证会，讨论主题是那些他们认为有必要制定新法律的议题，例如医疗护理或空中旅行安全等。有兴趣的民众和团体，如果他们愿意来到华盛顿并陈述自己的观点都可以参加这些听证会。

克拉伦斯·厄尔·吉迪恩（1910–1972）。你认为最高法院对“吉迪恩诉温赖特案”的判决有哪些利弊得失？

2. 通知。这些程序是否对召开听证会的理由和时间进行了充分的通知或告示，以便让所有有兴趣参加听证会的人做好充分的准备？

例 1：当局不会告诉凯莉将以什么罪名起诉她，也不会告诉她什么时候对她进行审判。

例 2：某市政厅决定召开一个公共听证会讨论城市区划问题，他们提前两个月在市里进行了广泛的宣传。

3. 有效表达。这些程序是否允许有兴趣参加听证会的人，都能有效地陈述他们希望决策者考虑的信息？

例 1：请不起律师的刑事案件被告在审判中无法获得律师为他们辩护，除非是在涉及死刑的案件中。这一情况直到最高法院 1963 年，“吉迪恩诉温赖特案”的判例后才得以改变。

例2：现在，被起诉有罪的人如果没有足够的钱聘请律师，通常会接受纳税人资助的公共辩护律师为他们辩护。有时公共辩护律师，有太多的人要帮助，导致他们可能平均只有10到15分钟的时间准备一个听证会或审判。

4. 可预测性与灵活性。这些程序是否具备充分的可预测性（是否是提前建立的）和灵活性（能够为促进正义而进行改变或调适）。

例1：法庭在审判艾丽西亚的过程中才建立了审判程序。

例2：尽管萨拉的名字已经被安排在她的社区小组会议的发言议程中，她却因为车轮爆胎而迟到了。当她赶到会场时，会议已经快结束了。但在她解释了自己所发生的事情后，小组组长允许她继续发言，尽管她已经错过了议程上原定的发言时间。

5. 可靠性。这些程序是否确保了收集的信息是可靠的或值得信赖的？

例1：法院不允许沃尔特·雷利爵士交叉询问控告他犯叛国罪的人。

例2：法院允许一位目击证人对他所目睹的大桥倒塌时的情况做证，然而，因为证人并没有任何建筑或结构工程学方面的学位，法院不允许他对大桥垮塌的原因提出证词。

步骤三：评估用来制定决策的程序

这些程序是否确保了收集的信息将得到明智、公正的使用？

为了回答这个问题，这些程序必须根据以下考虑因素来评估：

1. 不偏不倚。这些程序是否在制定决策的过程中确保不偏不倚——没有成见或偏见？

例1：参与对沃尔特雷利爵士审判的其中一位法官是雷利不共戴天的仇敌。

在过去，通常法官的报酬来自于他们判定违法犯罪的人所缴纳的罚款。

2. 公众观察。这些程序是否允许有兴趣的公众观察制定决策过程中信息的使用方式？

例1：警察半夜秘密逮捕了玛丽亚，没有任何陪审团，当局判她入狱。她居住的村子里没有人知道发生了什么事，除了法官、警察和对她提出不利证词的证人。

例2：《联邦宪法第六修正案》规定，所有被控犯罪的人都有权利接受公开审判。

3. 发现和纠正错误的措施。这些程序是否允许有兴趣的人核查已经完成的事项，以便发现（察觉）并纠正错误？

例1：盖里被判有罪后立刻被处以死刑。他完全没有任何机会对自己案件的判决提起上诉。

例2：在市政会议上，当他们决定一位申请者获得一项建设一所新学校的合约的时候，没有任何人对此做了会议记录。

你怎么看?

1. 是否应当允许政府机构的职员用任何他们希望的方式来收集个人信息？为什么？为什么不？这样做会威胁哪些价值和利益？
2. 上述考虑因素（完整性、通知、有效表达、可预测性和灵活性以及可靠性）如何帮助你们评估信息收集程序的公平性？
3. 上述考虑因素（不偏不倚、公众观察、发现和纠正错误的措施）如何帮助你们评估制定决策程序的公平性？

知识运用

1. 在新闻媒体或电视节目中找出程序正义问题的案例，向全班说明这些问题。讨论这些案例中人们用来收集信息、制定决策的程序的公平性。
2. 阅读《权利法案》和《联邦宪法》第四修正案全文，从中找出有关政府用来收集信息和制定决策的程序上的规定。这些规定如何确保了人们将会得到一个公平的听证会？它们怎样确保保护了某些重要的价值，例如隐私、人类尊严和自由？

2. 人类尊严。这些程序是否违反了某些基本观念，即无论人们的信仰或行为如何，所有人都应有权被有尊严地对待。

例 1：在某些国家，当局为从他们嘴里获得信息，酷刑对待涉嫌犯罪的人。

例 2：在美国，涉嫌参与某类案件的人可能会要求法庭不公开审理他们的案件。

3. 分配正义。这些程序是否违反了分配正义的基本原则？

例 1：在最近一次有关社区重要问题的市政厅会议中，某个团体有 30 分钟的时间进行陈述发言，而其他团体却分别只有 10 分钟时间。

例 2：美国历史早期，政府只允许白人男性投票和担任陪审员。

4. 务实的考虑。这些程序是否符合理性和务实的考虑？

例 1：在被告数度暴怒中断审判之后，法官警告他，如果他再干扰审判，就会将他逐出法庭。

例 2：玛莎将她的邻居山姆带到小额赔偿法庭，试图让他支付 35 美元以弥补他的狗给她的草坪带来的损失。她请另一位邻居为她做证，但邻居拒绝了，他觉得即便自己认为她是正确的，却不希望花时间请假出庭。玛莎认为除非她能迫使这位邻居去做证，否则她不会得到公平的听证会。

你怎么看？

1. 在评估程序正义问题时，考虑隐私、自由、人类尊严、分配正义等价值的目的是什么？
2. 在评估程序和正义问题时，为什么考虑务实因素非常重要？
3. 一种收集信息的有效方式，会如何违背重要价值和利益？

重点思考练习

用知识工具评估程序

阅读以下根据著名小说家亚历山大·大仲马（1802 — 1870）的《基

督山伯爵》改编的材料。虽然这是一部虚构的作品，但大仲马是基于19世纪法国政治犯的实际经历创作了这部小说。分成小组或与一位同学一起完成第382页的知识工具表。准备与全班其他同学讨论你们的答案。

《囚禁爱德蒙·唐太斯》

船长的请求

那是1815年的冬天。一艘三桅帆船航行在地中海上，驶往马赛。在船舱下面，船长因为得了脑膜炎而发着高烧，奄奄一息地躺着。他叫来了他的大副，年轻的爱德蒙·唐太斯，并对他做了最后的请求。"我亲爱的唐太斯"，他说："发誓按照我跟你说的去做，因为这是非常重要的事情。"

"我发誓。"唐太斯回答。

"我死后，你将成为船长。把船停在厄尔巴岛，将这封信交给拿破仑。或许他会给你另外一封信，如果他这样做了，把信传出去，就像我活着的时候会做的那样。"

年轻的唐太斯的故事中体现了什么程序正义问题？

“那么，我是自由的了，先生？”唐太斯高兴地喊道。

“是的，但是你得先把你要带去巴黎的信交给我”。

“已经给您了，警官早就从我身上把信拿走了，就在您的桌子上。”

“等等，”正当唐太斯去拿他的帽子和手套的时候，维尔福说：“这封信是写给谁的？”

“给巴黎的诺瓦蒂埃先生。”

当时，即使是一道闪电击中了房间，维尔福都不会如此震惊。他倒在椅子里，将那封伪装的信取出来，带着恐惧的神色看着它。

“巴黎的诺瓦蒂埃先生？”他说，脸色愈发苍白了。

“是的！”唐太斯答道：“您认识他？”

“不！”维尔福回答：“一个对国王忠诚的奴仆是不会认识叛徒的。”

“那么说，这是阴谋了？”唐太斯问，“我对此一无所知。”

“是的，但你知道这封信的收信人的名字。”

“我必须知道地址才能知道要交给谁。”

“你有没有将这封信给任何人看过？”

“没有，我以名誉发誓。”

维尔福又跌坐进他的椅子里。“噢，如果国王知道诺瓦蒂埃是我的父亲，我就毁了！”他低声说：“唐太斯，我无法立刻放你自由了，我必须要与法官讨论。但我会看看怎样能帮到你，对你不利的事情都在这封信里。”维尔福走近壁炉，将信丢进了火中。“你看，我把它销毁了。”

“喔！”唐太斯喊道：“您拯救了我！”

“你现在信任我了吗？”维尔福问。

“是的，完全。”唐太斯回答。

“那么听我的建议，无论发生什么事，都千万别告诉任何人关于这封信的事，一切都会没事的。”

“我发誓我不会说的。”唐太斯说。

唐太斯了解了自己的命运

维尔福拉响了铃，一位警官走进来，维尔福在他耳边低声说了几句，警官点了点头。

“跟他走！”维尔福说。

当晚，四个武装宪兵将唐太斯带上了一辆马车，穿过镇上的街道，马车停在了港口，又有12名宪兵从夜幕中出现。

“难道他们都是为了我吗？”唐太斯想。

他被带到一艘小船上，并坐在武装宪兵中间。桨手用力地划着船，小船行进在夜色笼罩的水面上。

“你们要把我带到哪里去？”唐太斯问。

“你很快就知道了。”一名宪兵回答。

唐太斯心中闪过一些可怕和奇怪的念头。难道他们打算在某个偏僻的地方放走他？港口并没有大船，他们并没有把他绑起来，这似乎是意味着他们会放他走。而且，维尔福告诉过他，只要他不提那封信，或诺瓦蒂埃的名字，他就会得到自由。他安静地等待着，瞪着眼前的一片黑暗，他能看到远处美西蒂丝房间的灯光。

如果他大声喊出来，她就能听到自己的声音。他想，如果他像个疯子一样大喊大叫，宪兵们会怎么想呢。

他转向那个靠他最近的宪兵说：“朋友，我以一个基督徒的身份请求你，请告诉我我们要去哪里？我是唐太斯船长，一个忠诚的法国人，虽然我被控叛国，请告诉我你们要带我去哪里？我以我的人格担保我不会反抗。”

“现在我告诉你也无妨，你是从马赛来的水手，还不知道我们要去哪里吗？”

“我向你发誓，我一点也不知道。”

“那么看看你周围。”

唐太斯站起来，向前望去。他看到黑森森的岩石上耸立着的是伊夫堡。这座三百多年历史的阴森恐怖的古堡现在是一座监狱，对唐太斯来说，这看上去就象是刽子手和断头台。

“我们为什么要去那儿？”唐太斯喊道。

程序正义问题的知识工具表	
问题	答案
1.要寻找的信息是什么？为什么需要这些信息？	
2.这些程序是否确保收集了做出明智、公正的决策所需的所有可靠信息？请考虑： 1）完整性 2）通知 3）有效表达 4）可预测性与灵活性 5）可靠性	
3.这些程序是否确保了所有收集的信息都将被明智、公正地用于制定决策？ 1）不偏不倚 2）公众观察 3）发现和纠正错误	
4. 这些程序是否保护了重要的价值和利益？请考虑： 1）隐私和自由 2）人类尊严 3）分配正义 4）务实的考虑	
5.你认为这些程序是否足以实现程序正义的目标？如有必要，你认为需要进行哪些更改？	
6.说明你的观点	

第十三课：这个案例中使用的程序公平吗？

本课目标

现在你们可以将自己在本单元中学到的知识工具运用到一件历史案件中。你们将会评估用来为20世纪20年代萨科和万泽蒂谋杀与武装抢劫案中进行起诉和辩护的程序。你们将模拟一次州长的赦免委员会听证会，对是否要提议对被告施以死刑做出决定。

学完本课后，你们应当能够针对这件案例中所使用的程序的公平性，评估、选择和论证相关观点。

重点思考练习

针对一宗历史案件中涉及的程序正义问题，评估和选择一种观点

运用你在本单元中学到的知识工具，解决下述程序正义问题。

以下是围绕有关尼古拉·萨科和巴托洛梅奥·万泽蒂的审判的历史事实的描述节选。这宗案件发生在20世纪20年代，吸引了全世界的关注。尽管被告被控谋杀，许多人怀疑他们实际上是因为政治信仰而被审判，这次审判所使用的程序引发了许多问题。

阅读有关这一案例的描述，与一位同学一起完成第382页的“程序正义知识工具表”，将它运用到萨科和万泽蒂的案例中。你会提出什么论据来说服州长支持或反对延期执行死刑？讨论故事后面提出的问题。

《萨科和万泽蒂案》

罪案

1920年4月15日，马萨诸塞州南布伦特里的斯莱特和摩利尔鞋厂共计15, 776. 51美元的工资款正在送往工厂的途中。这笔钱装在工资袋里，并被放进了两个钢制箱子里。

下午3点，发薪出纳员和工厂保安一起把钱箱子从街上抬回工厂。这时他们看到两个男人靠在围栏上。突然，其中一个人走上前，掏出一支枪并射杀了保安。保安中弹后蹒跚向前跌倒了，又再次中枪。出纳试图跑开，但背部也被击中两枪。

就在此时，一辆坐着数名男子的黑色轿车开了过来。凶手将钱箱丢到车里，跳进车，随后驾车扬长而去。车子离开的时候，车内的人又再次开枪射击保安。保安当场死亡，出纳第二天也死了。

调查

罪案发生时，警察正在调查另一个城镇发生的相似案件。两宗案件中都有驾驶黑色轿车的犯罪团伙，两宗案件的目击证人都说他们认为罪犯是意大利人。

武装抢劫案发生后不久，警察在一个车库里发现了一辆待修理的车，似乎符合证人对逃逸车辆的描述。这辆车属于一个意大利人，名

逮捕一个既不太会说也不太听得懂英语的人时，公平的程序会是什么？

叫迈克·博达。1920年5月5日晚上，博达和另外三个男人前来车库取车，事先被警察警告过的车库主人告诉他们，车子还没有修好。

博达和另外一个男人骑着摩托车离开了，目击者看到另外两个男人上了一辆有轨电车。他们离开后，车库主人的妻子报了警。警察逮捕了有轨电车上的两名男子，那原本是为博达设下的圈套，然而博达消失了，再也没有出现过。

警察逮捕的这两个人都没有过任何犯罪记录。当他们被逮捕的时候，两个人都荷枪实弹。他们报出自己的名字是尼古拉·萨科和巴托洛梅奥·万泽蒂。他们都是意大利人，都是外国人。

在电车上逮捕他们的时候，警察并没有告诉萨科和万泽蒂他们为什么被逮捕。这两个人都不太会说英语，也不怎么明白他们所拥有的某种宪法权利。

在逮捕两人时，警察没有意识到他们是积极参与无政府主义活动的政治激进主义者。无政府主义者通常认为所有形式的政治权威都是不必要的，也是不受欢迎的。当警长询问萨科和万泽蒂他们的政治信仰时，他们并没有诚实回答。他们认为自己的无政府组织会让他们陷入麻烦当中。

尽管仍然没有人告诉萨科和万泽蒂他们为什么被逮捕，地区检察官已经开始审讯这两位嫌疑犯。当他问到他们的政治信仰时，他们又再一次撒谎了。然而当局获悉萨科和万泽蒂没有说实话时，他们推论嫌犯绝不仅仅只是隐瞒了自己的政治信念，还有更多事情他们没说。

审判

1921年5月31日，萨科和万泽蒂因涉嫌谋杀而当庭受审。他们的律师弗雷德·摩尔，本身就是一位政治激进主义者，并毫不掩饰自己的政治信仰。实际上，他不仅从不隐瞒自己的政治观点，他还让所有人都知道他认为这宗案件是资本主义制度残害底层劳动人民的明显案例。从审判一开始，法官韦伯斯特·塞耶和被告律师之间就互相产生的枪。

控方还试图证明杀死警卫的子弹是来自萨科的枪。萨科和万泽蒂的律师没能挑战这个证词，尽管后来他们展示了辩方的弹道学说专家的证据，表明子弹并非来自萨科的枪。实际上，逮捕这两人的警官也没能妥善地标记枪支和弹药。

在审判过程中，控方一直强调被告的政治观点的非正统性，以及他们在第一次世界大战期间为逃避兵役跑到墨西哥的事实。

在控方陈述后，轮到被告为自己辩护时，辩方律师首先叫了万泽蒂，然后是萨科到证人席上。有关谋杀案发生当天他们在哪里的问题，两人都很难对陪审团给出令人满意的证明。

萨科没有工作，万泽蒂是卖鱼的个体小贩，无法证明自己当时身处何地。当万泽蒂被问及为什么要随身带着一支枪的时候，他解释道，他带着很多钱要去渔市买鱼，他需要枪来自我防卫。万泽蒂承认当警察讯问他的时候，他对自己的政治信仰撒谎了，但他说这是因为他害怕如果被他们知道自己是一个无政府主义者就会被遣返回意大利。

轮到萨科被交叉讯问的时候，他承认尽管生活在美国让他获得了许多好处，但他还是对政府有不少批评意见。他的辩护律师对这个问题提出了反对，认为这个问题与萨科和万泽蒂是否犯谋杀罪毫无关系。然而，法官塞耶一再宣布律师反对无效。辩方律师接着提供了可以证明谋杀案发生时被告在其他地方的证人。

判决

1921年7月4日，控辩双方都进行了最后陈述。当法官向陪审团做出指示时，许多观察者认为法官的评论存在针对萨科和万泽蒂的偏见。在他最后一次指示中，法官塞耶要求陪审员们要“以至高无上的对美国的忠诚”，“作为真正的士兵”行动起来。

在审判过程中，塞耶允许了很多针对被告政治信仰的提问。许多参加审判的人都认为，他们听到法官在法庭外对被告发表了嘲讽和敌对的言论。然而，这些说法从未被追究。

陪审团在做出判决前商讨了5个小时。两个被告判决结果是相同的：他们都被判一级谋杀罪。辩方律师请求新的审判。请求重新审判的申诉在法律系统里缓慢传递并审议的时候，萨科和万泽蒂在监狱里等待了六年。

上诉

辩方提出了新的证据，以支持进行新一轮审判的要求。一个叫做古尔德的人说，警卫和出纳被枪击的时候，他就走在他们的后面。他发誓无论是萨科还是万泽蒂都不在那辆逃逸的车辆里。然而，根据马萨诸塞州当时的法律，申请新一轮审判的请求必须提交给聆讯过首轮审判的法官。法官塞耶拒绝了这一请求，并裁定单只有这一项证据不足以重新审判。

辩方律师接着声称，判定萨科和万泽蒂有罪的陪审团长曾经说过，不论他们两人是否有罪，这些激进分子都应当被绞死。法官塞耶又再次拒绝了重新审判的请求。

好几个月过去了，他们又提起了新的上诉。控方的主要弹道专家说，如果审判时直接问他，给了警卫致命一枪的子弹是否来自萨科的手枪，他会说不是。法官塞耶又一次拒绝了重新审判的上诉。

法官韦伯斯特·塞耶

紧接着，1925年11月18日，一名被判有罪的杀人犯——塞莱斯蒂诺·马德罗斯，坦承自己作为臭名昭著的乔·莫雷利团伙的一员参与了鞋厂的抢劫和谋杀案。在这一全

你怎么看?

1. 程序正义的目标是否在萨科和万泽蒂一案中实现了？为什么？为什么没有？
2. 该案审判结束 50 多年后，案件信息才得以向公众开放，有些人认为这些信息显示出萨科犯有谋杀罪。他从属于并宣誓效忠于意大利西西里的一个秘密激进团体。最近公布的联邦调查局档案表明，州政府可能没有足够的证据来判定万泽蒂谋杀罪名成立，虽然也有证据显示他可能以某种方式参与了武装抢劫。但是，其他信息看上去却是指向莫雷利团伙的。以上信息是否在某种意义上，改变了你对本案中所使用的程序是否公正这一问题的看法？
3. 马萨诸塞州州长最终否决了缓期执行死刑的请求。世界各地都激起了反对的声浪，在某些国家，游行的队伍聚集在美国大使馆门前。在法国、意大利和美国，工人们举行了罢工。费城和纽约发生了爆炸案。与此同时，萨科和万泽蒂继续坚持认为自己是清白的。随着死刑期限的临近，数千人聚集在监狱外，有数百名武警与示威人群对峙。最终，1927 年 8 月 23 日，在监狱服刑长达七年之后，萨科和万泽蒂被处死在电椅上。

   在二人被处决后，抗议仍在继续。1959 年 4 月，马萨诸塞州州议会的一名议员提出了一项议案，州长可以宣布一种有追溯力的赦免，这项提案的论据是拒绝对萨科和万泽蒂进行公平审判的行为，违反了《联邦宪法第十四条修正案》的“正当程序”条款，以及触犯了马萨诸塞州宪法中《权利法案》的保护。如果你也是那时的议员，你会投票支持这一法案吗？为什么？为什么不？
4. 如果有的话，萨科和万泽蒂案件中提出了哪些有关矫正正义和分配正义的问题？

知识运用

1. 美国政治家丹尼尔·韦伯斯特（1782年—1852年）曾写道："正当程序就是在定罪之前必须听取意见，根据调查询问进行审理，并且只有在审讯之后才能做出判决的程序。"根据韦伯斯特的定义，正当程序如何能促成程序正义的目标？
2. 1920年9月的《克莱尔蒙特老鹰时报》评论称："整件事的事实是，许多人都将整个程序（搜查、逮捕和驱逐出境）视为彻底的错误和对正义的嘲弄。如果哪怕有一点点证据可以指控这些违反法律秩序的策划者和煽动者，权威者的责任和职责就是要检查这些指控在法庭上是否可以被证明。"

   与萨科和万泽蒂案不同的是，许多在20世纪20年代的"红色突袭"事件中被逮捕的人，甚至从未有机会接受法庭审讯。假设你是1927年的一位报纸评论员，根据在本课中所学到的三类正义，写一篇关于萨科和万泽蒂案件的评论。
3. 安排一次访问，观察一家专职收集信息或制定决策的本地政府机构的工作，列出他们所使用的程序，并准备讨论与班里同学讨论这些程序的正义性。例如，你可以旁听一次法院审理、一次教育委员会的听证会、一次分区委员会的听证会或一次市政厅的听证会。
4. 针对你在本课中学到的萨科和万泽蒂案中的程序正义问题，写一篇评论文章或画一幅政治漫画，或选择其他程序正义问题作为你的主题。在你的评论或漫画中，应当突出强调如果没有程序正义将可能产生的问题。

词语解释

Authority　《权威》

废奴主义者（《权威》第四课）：在美国支持废除奴隶制的人。

负责任的（《权威》第八课）：有义务为某人的行为负责。

贵族（《权威》第二课）：通常由世袭贵族组成的统治团体或上层阶级。

权威（《权威》第一课）：管理（或支配）我们生活的规则或人；影响（或指挥）人们的思想、观点或行为的力量。

法警（《权威》第九课）：在法庭看管囚犯和维持秩序的警官。

提案（《权威》第七课）：提交立法机关审议的法律议案。

《权利法案》（《权威》第八课、第十四课）：美国宪法的前十项修正案，是对保障人民反抗政府干预的基本权利和特权的总结。

封锁（《权威》第十二课）：用军队或战舰封闭某座城市或港口，阻断人员和物资进出。

特性（《权威》第六课）：与众不同的、显著的特点、特质或属性。

公民的不服从（《权威》第十四课）：由于某项法规或政府的政策在道德上是不公正的，公民拒绝遵守这项法律或反对这项政策。

良知（《权威》第二课）：来源于宗教、伦理和个人道德的一些基本的是非观念；基于一种“要做正确的事”或“要做一个好人”的责任感，而对个人的行为、动机或个性中的道德良善或应受谴责之处的观念或意识。

同意（《权威》第二课）：对行为或观点的赞同。

标准（《权威》第六课）：赋予显著特性的标志或特点；为做出某种判断或决定可依据的准则。

习俗（《权威》第二课）：（人们）视之为不成文法的长期确立的习

惯；影响和控制社会生活的习惯、惯例与传统的。

困境（《权威》第十二课）：涉及到需要在两个同样不足的选项中做出选择的状况。

勤奋（《权威》第四课）：持续的、非常认真的以及积极的努力。

神授的权利（《权威》第二课）：相信上帝授予了那些拥有皇家血统的人以统治其臣民的权利。

职责（《权威》第四课）：由身份地位、社会习俗、法律或宗教所决定的个体行为。

经济成本（《权威》第八课）：维护机构或获得收益所需的花销。

效率（《权威》第八课）：通过生产与成本之间比较，并以能源、时间和金钱来衡量的有效运营。

濒危物种（《权威》第七课）：濒临灭绝威胁的一组生物上近似的动物或植物。

间谍（《权威》第十二课）：从事秘密侦察活动，或用间谍来获取某外国政府的计划或行动的情报。

灭绝（《权威》第七课）：不再存在。

鞭刑（《权威》第十一课）：用鞭子抽打。

世袭、遗传（《权威》第二课）：某些特性从父母到子孙后代的传递路径；基因传递。

更高的法律（《权威》第十四课）：用于描述某一种法律体系，特指某一种法律凌驾于另一种法律之上。例如，美国宪法对于其他联邦或各州法律来说是一种“更高的法律”。在自然权利哲学里，它意味着自然法和神的法高于人类所制定的各项法律。

人道（《权威》第十课）：对人类或动物的怜悯与同情，或为人类或动物考虑。

假设（《权威》第六课、第十三课）：假定、假如；基于某种猜测。

难以接近（《权威》第八课）：无法接近的状态（样子）。

无能（《权威》第八课）：缺乏足够的能力或资质。

机构、制度（《权威》第二课）：在某一社会的文化生活中具有重要意义的一套既定的实践、习俗或行为模式。

集中营（《权威》第十二课）：特指在战争时期人们被集中扣押的地方。

私设法庭（《权威》第一课）：法律和正义的准则被忽视或扭曲的模拟（伪）法庭。

征收（税款）（《权威》第五课）：由合法权威实施或收取的费用。

限制（《权威》第十课）：使受到限制或保持在规定范围内。

君主（《权威》第二课）：由单一个人拥有的不可分割的治权或绝对主权。

半军事化（《权威》第一课）：正规军事力量之外有组织的模拟军事单位

惩罚（《权威》第十四课）：法律或权威针对某种犯罪、行动或触犯法律的行为所设定的不利后果、损失和苦难。

污染（《权威》第五课）：空气、水或土地被有毒物质污染。

权威职位（《权威》第四课）：某种职能，担当该职能的人同时被赋予了影响思想、观点或行为的权力。

权力（《权威》第一课）：控制或命令某事或某人的能力；拥有对他人的控制、权威或影响力。

特权(《权威》第四课):作为利益、优势或恩惠而被特许赋予的权利。

公告（《权威》第十二课）：一种官方的、正式的、公开的宣告。

公设辩护律师（《权威》第九课）：为无法支付辩护费用的被告人提供法律援助的律师。

资格（《权威》第四课）：某个人适合担任某个特定职位的资质或技能。

职能（《权威》第二课）：某个人的特定职责与能力；个人的典型特征和预定（expected）行为。

蓄意破坏（《权威》第十二课）：战争时期敌方情报人员或抵抗组

织战士故意破坏财物或阻断工作进程的行为。

范围（《权威》第十课）：一个人的理解、思想、行为或能力的范畴；能力所及的领域。

脱离（《权威》第十二课）：从某个联盟（联邦）中退出。

权威来源（《权威》第二课）：影响或控制人们的思想、观点或行为的权力的来源

自然状态（《权威》第三课）：一种想象中的状态，人们共同生活在没有政府的环境中。

至高无上的神（《权威》第二课）：上帝。

禁酒（《权威》第四课）：节制或戒除含酒精的饮料。

警觉（《权威》第八课）：特指为避免危险的警惕性。

福利计划（《权威》第五课）：政府为贫困民众提供财政援助的计划。

野生动物保护（《权威》第七课）：保障非驯养动物的安全，使它们免于损伤、危害或毁灭。

妇女选举权（《权威》第四课）：妇女投票选举的权利。

人身保护令（《权威》第十二课）：由法院签发的命令，要求羁押者将被羁押者提交法院或法官（以审查羁押的合法性），以保护个人不受非法拘禁。

Privacy　《隐私》

习惯法（《隐私》第十三课）：源自英国发展起来的法律体系，司法判定主要基于并未写入成文法令或条例的传统和判例。这是英国和美国联邦各州（除路易斯安那州外）法律体系的基础。

私密（《隐私》第二课）：被秘密告知的；被委托以私人事务。

一致性（《隐私》第六课）：行为或举动与当前的规则、习俗或原则相一致。

同意（《隐私》第九课）：对行为或观点的赞同。

创造力（《隐私》第六课）：独创性；发明创造的能力。

数据库（《隐私》第十一课）：一种信息储存（系统）。

利益（《隐私》第九课）：对某事（物）的支配权或有权要求做某事得到某物。

财产（《隐私》第九课）：有形的所有物（财物）。

排斥（《隐私》第二课）：使事物（事情）保持私密的行为；将他人排除在外。

行政部门（《隐私》第八课）：政府中主管有关法律付诸实行的部门。

因素（《隐私》第四课）：有助于带来某种结果的某事。

信息自由法（《隐私》第九课）：1966 年美国国会通过了该法案，赋予了美国人民获得联邦政府文件的合法权利，除非这些文件中包含了某些类型的秘密或机密信息。

谣言（《隐私》第七课）：从他人处听说的消息或新闻；传闻。

禁制令（《隐私》第八课）：禁止或规定某一具体行动计划的法令。

公共机构（《隐私》第三课）：在某一社会的文化生活中具有重要意义的一套既定的实践、习俗或行为模式。

智力刺激（《隐私》第六课）：增进脑力的运用。

隔离（《隐私》第二课）：（处于）隔开的、单独的、或不受外界干扰的状态。

合法性（《隐私》第九课）：（是）合法的事实。

法律义务（《隐私》第九课）：由法律规定的责任。

此处修改译文（原译为"责任"）：P33 第九课掌握词汇、P28 第七课第四行"波考认为道德义务应优先于法律义务"

诽谤（《隐私》第十三课）：不正义地伤害了某人的名誉，或使他（她）遭受他人嘲笑和侮辱的书面或印刷文书及陈述。

生前遗嘱（《隐私》第十二课）：提前公开某人的遗嘱，以防出现某种威胁生命的疾病或发生事故使立嘱人精神上失去行为能力。

逗留（《隐私》第十课）：百无聊赖地站着；没有目的地闲晃。

道德义务（《隐私》第九课）：源于（人们）内心的是非观念而产生的责任和义务。

职业（《隐私》第四课）：一种维持生计的方式；一种行业或工作。

隐私（《隐私》第一课）：隔离、隐秘或远离他人的状况。

预先制止令（《隐私》第八课）：在某项行动或事件发生前制止或阻止。（译者注：司法上预先禁止公布某项陈述或表达意见）

信息检索（《隐私》第十一课）：特指运用电脑，在文件、图书馆等当中找出数据或信息的位置，并使之可用。

角色（《隐私》第四课）：一个人的特定职责；个人的特性和预期行为。

隐秘（《隐私》第二课）：隐藏、隐蔽。

扣押（《隐私》第九课）：美国宪法第四修正案（权利法案）禁止政府对公民进行"无理的搜查和扣押"；强行拿取的行为或过程。

造谣（《隐私》第十三课）：为诋毁一个人的名誉而在口头上蓄意编造的虚假证词。

孤独（《隐私》第一课）：独自一人的状态（独处）。

极权主义（《隐私》第六课）：某种政府形式中只有一个政党对人们生活的所有领域行使绝对的控制权，同时不允许其他反对党的存在。

价值观(《隐私》第四课、第九课):被认为是有价值的或理想的准则、标准或品质。

授权（《隐私》第九课）：来源于美国联邦宪法第四修正案。授予国家搜查和扣押权利的权威的依据或象征；在国家没有事先提出合理根据（即怀疑罪案已经发生的理由）的前提下无法颁发准许搜查的法令（搜查令）。

协查令（《隐私》第六课）：美国独立战争前，殖民地的英国官员使用一种叫做“协查令”的一般搜查令，这样他们可以随时进入殖民地居民的家中，搜寻他们的犯罪证据。

Responsibility 《责任》

删减（《责任》第二课）：缩减范围；限制或减少。

议程（《责任》第四课）：需要考虑或完成的事项列表、纲要或计划。

阿米什（《责任》第七课）：在美国定居的门诺派教徒（译者注：16世纪起源于荷兰的基督教新派）。

任命（《责任》第一课）：非选举产生的工作职位。

分派（《责任》第一课）：指派担任某一职位或职责。

利益（《责任》第三课）：使…得益；优势。

负担（《责任》第三课）：某些有压迫性的或让人烦恼的事情。

粗心（《责任》第八课）：漫不经心或粗心大意的行为。

公民原则（《责任》第一课）：一种与公民身份相关的行为准则或规范。

有意识的选择（《责任》第一课、第二课）：经过思考的选择。

损失（《责任》第三课）：在获得的同时随之而来的损失或惩罚。

妥协（《责任》第五课）：解决争议双方分歧的某种方法，双方都各自放弃自己的某些主张，同意对方的某些要求。

选民（《责任》第一课）：一群人中选出一个人来代表群体内其他人担任公共职务。

契约（《责任》第一课）：在两个或更多人之间、或群体之间达成的、具有法律强制执行效力的正式协议。

控制或选择（《责任》第八课）：管控或选择的权威、权力。

困境（《责任》第六课）：需要在两种同样不理想的选项之间做选择的境况。

效率（《责任》第三课）：通过产品和成本之间的对比，衡量在能源、时间和金钱方面的有效运行。

依据职权（《责任》第四课）：来源于拉丁文。由于一个人的公职或职位所拥有的特权或责任。（译者注：在本书中“ex officio member”是指“当然成员”）

美国联邦宪法第四修正案（《责任》第二课）：人民的人身、住宅、文件和财产不受无理搜查和扣押的权利，不得侵犯。除依照合理根据，以宣誓或代誓宣言保证，并具体说明搜查地点和扣押的人或物，不得发出搜查和扣押状。

故意（《责任》第八课）：（有）目的或意图。

利益（《责任》第五课）：对某事（物）的支配权或有权要求做某事得到某物。

希波克拉底誓言（《责任》第二课）：通常由即将开始行医的人所宣读的一份有关行医道德准则的誓言。

了解可能产生的结果（《责任》第八课）：理性的期望。

道德原则（《责任》第一课）：一种用来辨别是非的行为准则或习俗规则。

义务（《责任》第一课）：出于某种职责或责任一个人必须要做的某事。

可预见的（《责任》第三课）：在观察、经验或科学理性的基础上能够被预言的。

公共听证会（《责任》第四课）：听取和采纳某个与社区相关的议题的证言与证据的公开会议。

鲁莽（《责任》第八课）：缺乏适当的谨慎；不顾个人行为的后果。

相对重要性（《责任》第四课）：不是绝对的或单独的重要性（可比较的）。

不满（《责任》第三课）：对某些被看做是错误、侮辱或伤害的事情感到愤怒的不悦或坚定的厌恶。

资源（《责任》第五课）：用于供给或支持的设备、经验或财政手段；财富或收入的自然来源。

责任（《责任》第一课）：为某人的行为和义务负责的能力；在对

错之间做出抉择的能力。

回报（《责任》第三课）：赠予或收到某物，作为某些行为、服务或成就的回馈和报酬。

安全（《责任》第三课）：免受威胁或免于危险的自由。

精神状态（《责任》第八课）：某种精神或情感状况；情绪。

传唤（《责任》第二课）：权威（机构）通知（当事人）到指定地点履行某种责任。

非法搜查和扣押（《责任》第二课）：没有搜查令或无惧罪行将要发生而搜查某个嫌疑人或扣押嫌犯的财产。

紧迫程度（《责任》第五课）：必须立刻采取行动或予以关注的状况。

价值观（《责任》第五课）：被认为是有价值的或理想的准则、标准或品质。

保证（《责任》第二课）：有关某一产品的完整性、以及制造商负责维修与更换不良零件的书面担保。

Justrice 《正义》

辩护人有效援助（《正义》第二课、第十课）：美国联邦宪法第六修正案（1791 年权利法案）规定：在一切刑事诉讼中，保障被告有权取得律师帮助为其进行辩护。

利益（《正义》第一课）：使…得益；优势。

公民权利剥夺法案（褫夺公权法）（《正义》第二课）：法院颁布的终止一个人的公民权利的法令。美国联邦宪法第一条第九款中禁止实行这一法案。

《权利法案》（《正义》第二课、第十课）：美国联邦宪法的前十项修正案，是对保障人民反抗政府干预的基本权利和特权的总结。

负担（《正义》第一课）：某些有压制性的或带来烦恼的事情。

能力（《正义》第三课）：承担、接受或容纳的才能。

党团会议（《正义》第五课）：同属于一个政党的人们召开的秘密会议。

习惯法（《正义》第二课）：源自英国发展起来的法律体系，司法判定主要基于并未写入成文法令或条例的传统和判例。这是英国和美国联邦各州（除路易斯安那州外）法律体系的基础。

赔偿（《正义》第八课）：对…支付适当的款项。

完整性（《正义》第十一课）：对某一主题全面或广泛涉及。

强制程序（《正义》第二课）：美国联邦宪法第六修正案中规定：在一切刑事诉讼中，被告有权利获得迅速和公开的审判；有权利以法定程序获得对被告有利的证人。

矫正（《正义》第六课）：使…符合某种规范或标准的行动或范例；某种改善措施。

矫正正义（《正义》第一课）：对受到错误对待或伤害的个人或群体的回应的公平性就是有关矫正正义的问题；以重整或改善为目的进行惩罚；调整以使…正确。

血统玷污（《正义》第二课）：终止犯有某种罪行（通常是叛国罪）的罪犯的公民权，禁止其享有继承、保有或遗赠任何财产、爵位或称号的权利。

值得（《正义》第三课）：应得的或理所当然的（事）。

发现错误（《正义》第十一课）：发现某些不正确或错误的事情。

制止（《正义》第六课）：阻碍或拖延。

分配正义（《正义》第一课）：在若干人或群体中分配物品的公平性就是有关分配正义的问题。被分发或分配的可以是某种福利，例如工作的报酬、言论或投票的权利；也可能是某种负担，例如缴税、家务活、或者做功课。

正当法律程序（《正义》第十课）：美国联邦宪法第十四修正案第一款规定：不经正当法律程序，任何一州不得剥夺任何人的生命、自由或财产。一种遵照既定的规则和原则，定期进行的正式诉讼程序。

持续时间（《正义》第七课）：一段时间。

平等法律保护（《正义》第二课）：美国联邦宪法第十四修正案第一款规定：任何一州对于在其管辖下的任何人，亦不得拒绝给予平等法律保护。所有公民不论其宗教、种族、性别、年龄或社会地位都有权受到法律的同等对待。

确立国教（《正义》第二课）：某种特定宗教依法确认并得到公民权威支持而成为一个国家的官方教会。

追溯既往的法律（《正义》第二课）：可追溯的过去的法律。

程度（《正义》第七课）：某一特定领域的规模；某事（物）的广度、等级或大小。

灵活性（《正义》第十一课）：能够适应新的、不同的或不断变化的要求。

宗教活动自由（《正义》第二课）：美国联邦宪法第一修正案中的条款规定：政府不得制定关于禁止宗教信仰活动自由的法律。

大陪审团（《正义》第二课）：针对被控犯罪的被告的指控和罪名

进行审查的陪审团。如果（控方的）证据证实了指控，大陪审团会对被告提起正式指控，被告随后将被法院审判。

人身保护权（《正义》第二课）：参见“人身保护令（权威第十二课）”：由法院签发的命令，要求羁押者将被羁押者提交法院或法官（以审查羁押的合法性），以保护个人不受非法拘禁。

豁免（《正义》第二课）：免受惩罚或限制的自由。

影响（《正义》第七课）：某件事对他人的情感和精神所产生的效果。

不偏不倚（《正义》第十一课）：对一切都同样对待或产生相同的影响。

不可剥夺的权利（《正义》第二课）：人民不可被剥夺的基本权利。

起诉（《正义》第二课）：由检察机关起草的正式的书面声明，针对被告的犯罪指控，提交大陪审团判定指控有效。

伤害（《正义》第六课）：毁坏、危害或创伤。

故意（《正义》第七课）：（有）目的或意图。

利益（《正义》第三课）：对某事（物）的支配权或有权要求做某事得到某物。

强迫劳役（《正义》第二课）：违背个人意愿而被迫为他人劳动的状态。

危险（《正义》第二课、第十课）：刑事犯罪被告在审判过程中会遇到的重复审理）的危险。（译者注：这里特指美国宪法第五修正案所禁止的“一罪两罚 double jeopardy”）

管辖（《正义》第二课）：可以行使权威的范围或领域。

辩护（《正义》第七课）：证明或阐述…是正确的或合理的。

公平赔偿（《正义》第十课）：美国联邦宪法第五修正案（1791 年权利法案）：在政府没收公民私有财产的案例中，政府支付给公民个人的赔偿。

归化（《正义》第二课）：给在国外出生的人给予完整的公民权。

需求（《正义》第三课）：需要支援或救助的状况。

疏忽（《正义》第七课）：没能注意到，不小心。

通知（《正义》第十一课）：有关某事的预警或正式宣告。

宣誓（《正义》第二课）：向上帝或以其他某些神圣对象为见证发

出的誓言，承诺要说出事实或以某种方式行动。

恶劣性（《正义》第七课）：引起愤怒、怨恨或不满。

宽恕（《正义》第八课）：从某个错误或犯罪行为的后果中免除（责任）。

人头税（《正义》第二课）：每个人缴付一定数额的税款以保证自己投票的权利，美国联邦宪法第二十四修正案第一款中禁止了这一条款。

可预测性（《正义》第十一课）：在观察、经验或科学理性的基础上能够被预言的。

预防（《正义》第六课）：防止某事发生的行为。

相似原理（《正义》第三课）：在某种特定情况下，对那些在某些重要方面是相同的或相似的人，应当一视同仁或给予同等待遇。在这种情况下，对在某些重要方面有所不同的人则应当区别对待，或给予不同等待遇。

合理根据（《正义》第二课）：为假设“某个犯罪指控是有根据的”所给出的合理正当的理由。

可能的结果（《正义》第七课）：可能产生的结果。

程序正义（《正义》第一课、第十课）：有关“信息是如何收集的”或“决策是怎样制定的”问题的公平性；与法院或其他法律管理机构所遵循的正规、明确的秩序中的一系列步骤相关。

比例（《正义》第七课）：在规模、程度或强度上保持一致。

鲁莽（《正义》第七课）：缺乏适当的谨慎；不顾个人行为的后果。

纠正（《正义》第二课）：使…恢复正常；改正或补救。

遗憾（《正义》第七课）：对过去发生的事情或行为感到沮丧。

相关的（《正义》第三课）：与正在讨论（考虑）的问题有关键性的、决定性的关联。

可靠性（《正义》第十一课）：可依赖的。

悔恨（《正义》第七课）：为过去所犯的错误而感到痛苦或内疚。

复原（《正义》第八课）：使某事（物）回复到最初或之前的状况。

价值观（《正义》第三课）：被认为是有价值的或理想的准则、标准或品质。

错误（《正义》第六课）：某些与良知、道德或法律背道而驰的事情。

附录 注

美利坚合众国宪法

我们合众国人民，为建立更完善的联邦，树立正义，保障国内安宁，提供共同防务，促进公共福利，并使我们自己和后代得享自由的幸福，特为美利坚合众国制定本宪法。

第一条

第一款　本宪法授予的全部立法权，属于由参议院和众议院组成的合众国国会。

第二款　众议院由各州人民每两年选举产生的众议员组成。每个州的选举人须具备该州州议会人数最多一院选举人所必需的资格。

凡年龄不满二十五岁，成为合众国公民不满七年，在一州当选时不是该州居民者，不得担任众议员。

[众议员名额和直接税税额，在本联邦可包括的各州中，按照各自人口比例进行分配。各州人口数，按自由人总数加上所有其他人口的五分之三予以确定。自由人总数包括必须服一定年限劳役的人，但不包括未被征税的印第安人。][①]人口的实际统计在合众国国会第一次会议后三年内和此后每十年内，依法律规定的方式进行。每三万人选出的众议员人数不得超过一名，但每州至少须有一名众议员；在进行上述人口统计以前，新罕布什尔州有权选出三名，马萨诸塞州八名，罗得岛州和普罗维登斯种植地一名，康涅狄格州五名，纽约州六名，新泽西州四名，宾夕法尼亚州八名，特拉华州一名，马里兰州六名，弗吉尼亚州十名，北卡罗来纳州五名，南卡罗来纳州五名，佐治亚州三名。

注：中译本选自：（李道揆《美国政府和美国政治》，商务印书馆，1999-03版）

任何一州代表出现缺额时，该州行政当局应发布选举令，以填补此项缺额。

众议院选举本院议长和其他官员，并独自拥有弹劾权。

第三款 合众国参议院由［每州州议会选举的］[②]两名参议员组成，任期六年；每名参议员有一票表决权。

参议员在第一次选举后集会时，立即分为人数尽可能相等的三个组。第一组参议员席位在第二年年终空出，第二组参议员席位在第四年年终空出，第三组参议员席位在第六年年终空出，以便三分之一的参议员得每二年改选一次。［在任何一州州议会休会期间，如因辞职或其他原因而出现缺额时，该州行政长官在州议会下次集会填补此项缺额前，得任命临时参议员。］[③]

凡年龄不满三十岁，成为合众国公民不满九年，在一州当选时不是该州居民者，不得担任参议员。

合众国副总统任参议院议长，但除非参议员投票时赞成票和反对票相等，无表决权。

参议院选举本院其他官员，并在副总统缺席或行使合众国总统职权时，选举一名临时议长。

参议院独自拥有审判一切弹劾案的权力。为此目的而开庭时，全体参议员须宣誓或作代誓宣言。合众国总统受审时，最高法院首席大法官主持审判。无论何人，非经出席参议员三分之二的同意，不得被定罪。

弹劾案的判决，不得超出免职和剥夺担任和享有合众国属下有荣誉、有责任或有薪金的任何职务的资格。但被定罪的人，仍可依法起诉、审判、判决和惩罚。

第四款 举行参议员和众议员选举的时间、地点和方式，在每个州由该州议会规定。但除选举参议员的地点外，国会得随时以法律制定或改变这类规定。

国会每年至少开会一次，除非国会以法律另订日期外，此会议在［十二月第一个星期一］[4]举行。

第五款　每院是本院议员的选举、选举结果报告和资格的裁判者。每院议员过半数，即构成议事的法定人数；但不足法定人数时，得逐日休会，并有权按每院规定的方式和罚则，强迫缺席议员出席会议。

每院得规定本院议事规则，惩罚本院议员扰乱秩序的行为，并经三之二议员的同意开除议员。

每院应有本院会议记录，并不时予以公布，但它认为需要保密的部分除外。每院议员对于任何问题的赞成票和反对票，在出席议员五分之一的请求下，应载入会议记录。

在国会开会期间，任何一院，未经另一院同意，不得休会三日以上，也不得到非两院开会的任何地方休会。

第六款　参议员和众议员应得到服务的报酬，此项报酬由法律确定并由合众国国库支付。他们除犯叛国罪、重罪和妨害治安罪外，在一切情况下都享有在出席各自议院会议期间和往返于各自议院途中不受逮捕的特权。他们不得因在各自议院发表的演说或辩论而在任何其他地方受到质问。

参议员或众议员在当选任期内，不得被任命担任在此期间设置或增薪的合众国管辖下的任何文官职务。凡在合众国属下任职者，在继续任职期间不得担任任何一院议员。

第七款　所有征税议案应首先在众议院提出，但参议院得像对其他议案一样，提出或同意修正案。

众议院和参议院通过的每一议案，在成为法律前须送交合众国总统。总统如批准该议案，即应签署；如不批准，则应将该议案同其反对意见退回最初提出该议案的议院。该院应特此项反对见详细载入本院会议记录并进行复议。如经复议后，该院三分之二议员同意通过该议案，该议案连同反对意见应一起送交另一议院，并同样由该院进行复议，如经该院三分之二议员赞同，该议案即成为法律。但在所有这类情况下，两院表决都由赞成票和反对票决定；对该议案投赞成票和反对票的议员姓名应分别载入每一议院会议记录。如任何议案在送交总统后十天内（星期日除外）未经总统退回，该议案如同总统已签署一样，即成为法律，除非因国会休会而使该议案不能退回，在此种情况下，该议案不能成为法律。

凡须由参议院和众议院一致同意的每项命令、决议或表决（关于休会问题除外），须送交合众国总统，该项命令、决议或表决在生效前，须由总统批准，如总统不批准，则按照关于议案所规定的规则和限制，由参议院和众议院三分之二议员重新通过。

第八款　国会有权：

规定和征收直接税、进口税、捐税和其他税，以偿付国债、提供合众国共同防务和公共福利，但一切进口税、捐税和其他税应全国统一；

以合众国的信用借款。

管制同外国的、各州之间的和同印第安部落的商业。

制定合众国全国统一的归化条例和破产法。

铸造货币，厘定本国货币和外国货币的价值，并确定度量衡的标准。

规定有关伪造合众国证券和通用货币的罚则。

设立邮政局和修建邮政道路。

保障著作家和发明家对各自著作和发明在限定期限内的专有权利，以促进科学和工艺的进步。

设立低于最高法院的法院。

界定和惩罚在公海上所犯的海盗罪和重罪以及违反国际法的犯罪

行为。

宣战，颁发掳获敌船许可状，制定关于陆上和水上捕获的条例。

招募陆军和供给军需，但此项用途的拨款期限不得超过两年。

建立和维持一支海军。

制定治理和管理陆海军的条例。

规定征召民兵，以执行联邦法律、镇压叛乱和击退入侵。

规定民兵的组织、装备和训练，规定用来为合众国服役的那些民兵的管理，但民兵军官的任命和按国会规定的条例训练民兵的权力，由各州保留。

对于由某些州让与合众国、经国会接受而成为合众国政府所在地的地区（不得超过十平方英里），在任何情况下都行使独有的立法权；对于经州议会同意、由合众国在该州购买的用于建造要塞、弹药库、兵工厂、船坞和其他必要建筑物的一切地方，行使同样的权力；以及制定为行使上述各项权力和由本宪法授予合众国政府或其任何部门或官员的一切其他权力所必要和适当的所有法律。

第九款　现有任何一州认为得准予入境之人的迁移或入境，在一千八百零八年以前，国会不得加以禁止，但对此种人的入境，每人可征不超过十美元的税。不得中止人身保护状的特权，除非发生叛乱或入侵时公共安全要求中止这项特权。

不得通过公民权利剥夺法案或追溯既往的法律。

[除依本宪法上文规定的人口普查或统计的比例，不得征收人头税或其他直接税。][5]

对于从任何一州输出的货物，不得征税。

任何商业或税收条例，都不得给予一州港口以优惠于他州港口的待遇；开往或开出一州的船舶，不得被强迫在他州入港、出港或纳税。

除根据法律规定的拨款外，不得从国库提取款项。一切公款收支的定期报告书和账目，应不时予以公布。

合众国不得授予贵族爵位。凡在合众国属下担任任何有薪金或有责任的职务的人，未经国会同意，不得从任何国王、君主或外国接受任何礼物、俸禄、官职或任何一种爵位。

第十款　任何一州都不得：缔结任何条约，参加任何同盟或邦联；颁发捕获敌船许可状；铸造货币；发行纸币；使用金银币以外的任何物品作为偿还债务的货币；通过任何公民权利剥夺法案、追溯既往的法律或损害契约义务的法律；或授予任何贵族爵位。

任何一州，未经国会同意，不得对进口货或出口货征收任何税款，但为执行本州检查法所绝对必需者除外。任何一州对进口货或出口货所征全部税款的纯收益供合众国国库使用；所有这类法律得由国会加以修正和控制。

任何一州，未经国会同意，不得征收任何船舶吨位税，不得在和平时期保持军队或战舰，不得与他州或外国缔结协定或盟约，除非实际遭到入侵或遇刻不容缓的紧迫危险时不得进行战争。

第二条

第一款　行政权属于美利坚合众国总统。总统任期四年，副总统的任期相同。总统和副总统按以下方法选举；每个州依照该州议会所定方式选派选举人若干人，其数目同该州在国会应有的参议员和众议员总人数相等。但参议员或众议员，或在合众国属下担任有责任或有薪金职务的人，不得被选派为选举人。

[选举人在各自州内集会，投票选举两人，其中至少有一人不是选举人本州的居民。选举人须开列名单，写明所有被选人和每人所得票数；在该名单上签名作证，将封印后的名单送合众国政府所在地，交参议院议长收。参议院议长在参议院和众议院全体议员面前开拆所

有证明书，然后计算票数。得票最多的人，如所得票数超过所选派选举人总数的半数，即为总统。如获得此种过半数票的人不止一人，且得票相等，众议院应立即投票选举其中一人为总统。如无人获得过半数票；该院应以同样方式从名单上得票最多的五人中选举一人为总统。但选举总统时，以州为单位计票，每州代表有一票表决权；三分之二的州各有一名或多名众议员出席，即构成选举总统的法定人数，选出总统需要所有州的过半数票。在每种情况下，总统选出后，得选举人票最多的人，即为副总统。但如果有两人或两人以上得票相等，参议院应投票选举其中一人为副总统。] ⑥

国会得确定选出选举人的时间和选举人投票日期，该日期在全合众国应为同一天。

无论何人，除生为合众国公民或在本宪法采用时已是合众国公民者外，不得当选为总统；凡年龄不满三十五岁、在合众国境内居住不满十四年者，也不得当选为总统。

[如遇总统被免职、死亡、辞职或丧失履行总统权力和责任的能力时，总统职务应移交副总统。国会得以法律规定在总统和副总统两人被免职、死亡、辞职或丧失任职能力时，宣布应代理总统的官员。该官员应代理总统直到总统恢复任职能力或新总统选出为止。] ⑦

总统在规定的时间，应得到服务报酬，此项报酬在其当选担任总统任期内不得增加或减少。总统在任期内不得接受合众国或任何一州的任何其他俸禄。

总统在开始执行职务前，应作如下宣誓或代誓宣言："我庄严宣誓（或宣言）我一定忠实执行合众国总统职务，竭尽全力维护、保护和捍卫合众国宪法"。

第二款　总统是合众国陆军、海军和征调为合众国服役的各州民兵的总司令。他得要求每个行政部门长官就他们各自职责有关的任何事项提出书面意见。他有权对危害合众国的犯罪行为发布缓刑令和赦免令，但弹劾案除外。

总统经咨询参议院和取得其同意有权缔结条约，但须经出席参议员三分之二的批准。他提名，并经咨询参议院和取得其同意，任命大使、公使和领事、最高法院法官和任命手续未由本宪法另行规定而应由法律规定的合众国所有其他官员。但国会认为适当时，得以法律将这类低级官员的任命权授予总统一人、法院或各部部长。

总统有权委任人员填补在参议院休会期间可能出现的官员缺额，此项委任在参议院下期会议结束时满期。

第三款　总统应不时向国会报告联邦情况，并向国会提出他认为必要和妥善的措施供国会审议。在非常情况下，他得召集两院或任何一院开会。如遇两院对休会时间有意见分歧时，他可使两院休会到他认为适当的时间。他应接见大使和公使。他应负责使法律切实执行，并委任合众国的所有官员。

第四款　总统、副总统和合众国的所有文职官员，因叛国、贿赂或其他重罪和轻罪而受弹劾并被定罪时，应予免职。

第三条

第一款　合众国的司法权，属于最高法院和国会不时规定和设立的下级法院。最高法院和下级法院的法官如行为端正，得继续任职，并应在规定的时间得到服务报酬，此项报酬在他们继续任职期间不得减少。

第二款　司法权的适用范围包括：由于本宪法、合众国法律和根据合众国权力已缔结或将缔结的条约而产生的一切普通法的和衡平法的案件；涉及大使、公使和领事的一切案件；关于海事法和海事管辖权的一切案件；合众国为一方当事人的诉讼；两个或两个以上州之间的诉讼；[一州和他州公民之间的诉讼；][⑧]不同州公民之间的诉讼；同州公民之间对不同州让与土地的所有权的诉讼；一州或其公民同外国或外国公民或国民之间的诉讼。

涉及大使、公使和领事以及一州为一方当事人的一切案件，最高法院具有第一审管辖权。对上述所有其他案件，不论法律方面还是事实方面，最高法院具有上诉审管辖权，但须依照国会所规定的例外和规章。

除弹劾案外，一切犯罪由陪审团审判；此种审判应在犯罪发生的州内举行；但如犯罪不发生在任何一州之内，审判应在国会以法律规定的一个或几个地点举行。

第三款　对合众国的叛国罪只限于同合众国作战，或依附其敌人，给予其敌人以帮助和鼓励。无论何人，除根据两个证人对同一明显行为的作证或本人在公开法庭上的供认，不得被定为叛国罪。

国会有权宣告对叛国罪的惩罚，但因叛国罪而剥夺公民权，不得造成血统玷污，除非在被剥夺者在世期间，也不得没收其财产。

第四条

第一款　每个州对于他州的公共法律、案卷和司法程序，应给予充分信任和尊重。国会得以一般法律规定这类法律、案卷和司法程序如何证明和具有的效力。

第二款　每个州的公民享有各州公民的一切特权和豁免权。

在任何一州被控告犯有叛国罪、重罪或其他罪行的人，逃脱法网而在他州被寻获时，应根据他所逃出之州行政当局的要求将他交出，以便解送到对犯罪行为有管辖权的州。

[根据一州法律须在该州服劳役或劳动的人，如逃往他州，不得

因他州的法律或规章而免除此种劳役或劳动，而应根据有权得到此劳役或劳动之当事人的要求将他交出。][9]

第三款 新州得由国会接纳加入本联邦；但不得在任何其他州的管辖范围内组成或建立新州；未经有关州议会和国会的同意，也不得合并两个或两个以上的州或几个州的一部分组成新州。

国会对于属于合众国的领土或其他财产，有权处置和制定一切必要的条例和规章。对本宪法条文不得作有损于合众国或任何一州的任何权利的解释。

第四款 合众国保证本联邦各州实行共和政体，保护每州免遭入侵,并应州议会或州行政长官（在州议会不能召开时）的请求平定内乱。

第五条

国会在两院三分之二议员认为必要时，应提出本宪法的修正案，或根据各州三分之二州议会的请求，召开制宪会议提出修正案。不论哪种方式提出的修正案，经各州四分之三州议会或四分之三州制宪会议的批准，即实际成为本宪法的一部分而发生效力;采用哪种批准方式，得由国会提出建议。但［在一千八百零八年以前制定的修正案，不得以任何形式影响本宪法第一条第九款第一项和第四项］；[10]任何一州，不经其同意，不得被剥夺它在参议院的平等投票权。

第六条

本宪法采用前订立的一切债务和承担的一切义务，对于实行本宪法的合众国同邦联时期一样有效。

本宪法和依本宪法所制定的合众国法律，以及根据合众国的权力已缔结或将缔结的一切条约，都是全国的最高法律；每个州的法官都应受其约束，即使州的宪法和法律中有与之相抵触的内容。

上述参议员和众议员，各州州议会议员，以及合众国和各州所有行政和司法官员，应宣誓或作代誓宣言拥护本宪法；但决不得以宗教信仰作为担任合众国属下任何官职或公职的必要资格。

第七条

经九个州制宪会议的批准，即足以使本宪法在各批准州成立。

本宪法于耶酥纪元一千七百八十七年，即美利坚合众国独立后第十二年的九月十七日，经出席各州在制宪会议上一致同意后制定。我们谨在此签名作证。

乔治·华盛顿

主席、弗吉尼亚州代表

新罕布什尔州

约翰·兰登　　尼古拉斯·吉尔曼

马萨诸塞州

纳撒尼尔·戈勒姆　　鲁弗斯·金

康涅狄格州

威廉·塞缪尔·约翰逊　　罗杰·谢尔曼

纽约州

亚历山大·汉密尔顿

新泽西州

威廉·利文斯顿　　威廉·帕特森

戴维·布里尔利　　乔纳森·戴顿

宾夕法尼亚州

本杰明·富兰克林　　托马斯·菲茨西蒙斯

托马斯·米夫林　　贾雷德·英格索尔

罗伯特·莫里斯　　　　詹姆斯·威尔逊

乔治·克莱默　　　　古·莫里斯

特拉华州

乔治·里德　　　　理查德·巴西特

小冈宁·贝德福德　　　　雅各布·布鲁姆

约翰·迪金森

马里兰州

詹姆斯·麦克亨利　　　　丹尼尔·卡罗尔

圣托马斯·詹尼弗的丹尼尔

弗吉尼亚州

约翰·布莱尔　　　　小詹姆斯·麦迪逊

北卡罗来纳州

威廉·布朗特　　　　休·威廉森

理查德·多布斯·斯佩特

南卡罗来纳州

约翰·拉特利奇　　　　查尔斯·平克尼

查尔斯·科茨沃斯·平克尼　　　　皮尔斯·巴特勒

佐治亚州

威廉·费尤　　　　亚伯拉罕·鲍德温

证人：威廉·杰克逊，秘书

《权利法案》：

（依照原宪法第五条、由国会提出并经各州批准、增添和修改美利坚合众国宪法的条款。译者注。）

第一条修正案

［前十条修正案于1789年9月25日提出，1791年12月15日批准，被称为“权利法案”。］

国会不得制定关于下列事项的法律：确立国教或禁止信教自由；剥夺言论自由或出版自由；或剥夺人民和平集会和向政府请愿伸冤的权利。

第二条修正案

管理良好的民兵是保障自由州的安全所必需的，因此人民持有和携带武器的权利不得侵犯。

第三条修正案

未经房主同意，士兵平时不得驻扎在任何住宅；除依法律规定的方式，战时也不得驻扎。

第四条修正案

人民的人身、住宅、文件和财产不受无理搜查和扣押的权利，不得侵犯。除依据可能成立的理由，以宣誓或代誓宣言保证，并详细说明搜查地点和扣押的人或物，不得发出搜查和扣押状。

第五条修正案

无论何人，除非根据大陪审团的报告或起诉书，不受死罪或其他重罪的审判，但发生在陆、海军中或发生在战时或出现公共危险时服役的民兵中的案件除外。任何人不得因同一犯罪行为而两次遭受生命或身体的危害；不得在任何刑事案件中被迫自证其罪；不经正当法律程序，不得被剥夺生命、自由或财产。不给予公平赔偿，私有财产不得充作公用。

第六条修正案

在一切刑事诉讼中，被告有权由犯罪行为发生地的州和地区的公正陪审团予以迅速和公开的审判，该地区应事先已由法律确定；得知控告的性质和理由；同原告证人对质；以强制程序取得对其有利的证人；取得律师帮助为其辩护。

第七条修正案

在习惯法的诉讼中，其争执价额超过二十美元，由陪审团审判的权利应受到保护。由陪审团裁决的事实，合众国的任何法院除非按照习惯法规则，不得重新审查。

第八条修正案

不得要求过多的保释金，不得处以过重的罚金，不得施加残酷和非常的惩罚。

第九条修正案

本宪法对某些权利的列举，不得被解释为否定或轻视由人民保留的其他权利。

第十条修正案

宪法未授予合众国、也未禁止各州行使的权力，由各州各自保留，或由人民保留。

第十一条修正案

[1794 年 3 月 4 日提出，1795 年 2 月 7 日批准]

合众国的司法权，不得被解释为适用于由他州公民或任何外国公民或国民对合众国一州提出的或起诉的任何普通法或衡平法的诉讼。

第十二条修正案

[1803 年 12 月 9 日提出，1804 年 7 月 27 日批准]

选举人在各自州内集会，投票选举总统和副总统，其中至少有一人不是选举人本州的居民。选举人须在选票上写明被选为总统之人的姓名，并在另一选票上写明校选为副总统之人的姓名。选举人须将所有被选为总统之人和所有被选为副总统之人分别开列名单，写明每人所得票数；在该名单上签名作证，将封印后的名单送合众国政府所在地，交参议院议长收。参议院议长在参议院和众议院全体议员面前开拆所有证明书，然后计算票数。获得总统选票最多的人，如所得票数超过所选派选举人总数的半数，即为总统。如无人获得这种过半数票，众议院应立即从被选为总统之人名单中得票最多的但不超过三人中间，投票选举总统。但选举总统时，以州为单位计票，每州代表有一票表决权。三分之二的州各有一名或多名众议员出席，即构成选举总统的法定人数，选出总统需要所有州的过半数票。[当选举总统的权力转移到众议院时，如该院在次年三月四日前尚未选出总统，则由副总统代理总统，如同总统死亡或宪法规定的其他丧失任职能力的情况一样。] [11] 得副总统选票最多的人，如所得票数超过所选派选举人总数的半数，即为副总统。如无人得过半数票，参议院应从名单上得票最多的两人中选举副总统。选举副总统的法定人数由参议员总数的三分之二构成，选出副总统需要参议员总数的过半数票。但依宪法无资格担任总统的人，也无资格担任合众国副总统。

第十三条修正案

[1865 年 1 月 31 日提出，1865 年 12 月 6 日批准]

第一款　在合众国境内受合众国管辖的任何地方，奴隶制和强制劳役都不得存在，但作为对于依法判罪的人的犯罪的惩罚除

第二款　国会有权以适当立法实施本条。

第十四条修正案

[1866 年 6 月 13 日提出，1868 年 7 月 9 日批准]

第一款　所有在合众国出生或归化合众国并受其管辖的人，都是合众国的和他们居住州的公民。任何一州，都不得制定或实施限制合众国公民的特权或豁免权的任何法律；不经正当法律程序，不得剥夺任何人的生命、自由或财产；在州管辖范围内，也不得拒绝给予任何人以平等法律保护。

第二款　众议员名额，应按各州人口比例进行分配，此人口数包括一州的全部人口数，但不包括未被征税的印第安人。但在选举合众国总统和副总统选举人、国会众议员、州行政和司法官员或州议会议员的任何选举中，一州的 [年满二十一岁] [12] 并且是合众国公民的任何男性居民，除因参加叛乱或其他犯罪外，如其选举权遭到拒绝或受到任何方式的限制，则该州代表权的基础，应按以上男性公民的人数同该州年满二十一岁男性公民总人数的比例予以削减。

第三款　无论何人，凡先前曾以国会议员、或合众国官员、或任何州议会议员、或任何州行政或司法官员的身份宣誓维护合众国宪法，以后又对合众国作乱或反叛，或给予合众国敌人帮助或鼓励，都不得担任国会参议员或众议员、或总统和副总统选举人，或担任合众国或任何州属下的任何文职或军职官员。但国会得以两院各三分之二的票数取消此种限制。

第四款　对于法律批准的合众国公共债务，包括因支付平定作乱或反叛有功人员的年金和奖金而产生的债务，其效力不得有所怀疑。但无论合众国或任何一州，都不得承担或偿付因援助对合众国的作乱或反叛而产生的任何债务或义务，或因丧失或解放任何奴隶而提出的任何赔偿要求；所有这类债务、义务和要求，都应被认为是非法和无效的。

第五款　国会有权以适当立法实施本条规定。

第十五条修正案

[1869 年 2 月 26 日提出，1870 年 2 月 3 日批准]

第一款　合众国公民的选举权，不得因种族、肤色或以前是奴隶而被合众国或任何一州加以拒绝或限制。

第二款　国会有权以适当立法实施本条。

第十六条修正案

[1909 年 7 月 12 日提出，1913 年 2 月 3 日批准]

国会有权对任何来源的收入规定和征收所得税，无须在各州按比例进行分配，也无须考虑任何人口普查或人口统计。

第十七条修正案

[1912 年 5 月 13 日提出，1913 年 4 月 8 日批准]

合众国参议院由每州人民选举的两名参议员组成，任期六年；每名参议员有一票表决权。每个州的选举人应具备该州州议会人数最多一院选举人所必需的资格。

任何一州在参议院的代表出现缺额时，该州行政当局应发布选举令，以填补此项缺额。但任何一州的议会，在人民依该议会指示举行选举填补缺额以前，得授权本州行政长官任命临时参议员。

本条修正案不得作如此解释，以致影响在本条修正案作为宪法的一部分生效以前当选的任何参议员的选举或任期。

第十八条修正案

[1917 年 12 月 18 日提出，1919 年 1 月 16 日批准]

[第一款　本条批准一年后，禁止在合众国及其管辖下的一切领土内酿造、出售和运送作为饮料的致醉酒类；禁止此类酒类输入或输出合众国及其管辖下的一切领土。

第二款　国会和各州都有权以适当立法实施本条。

第三款　本条除非在国会将其提交各州之日起七年以内，由各州议会按本宪法规定批准为宪法修正案，不得发生效力。][13]

第十九条修正案

[1919年6月4日提出，1920年8月18日批准]

合众国公民的选举权，不得因性别而被合众国或任何一州加以拒绝或限制。

国会有权以适当立法实施本条。

第二十条修正案

[1933年3月2日提出，1933年1月23日批准]

第一款　总统和副总统的任期应在本条未获批准前原定任期届满之年的一月二十日正午结束，参议员和众议员的任期在本条未获批准前原定任期届满之年的一月三日正午结束，他们继任人的任期在同时开始。

第二款　国会每年至少应开会一次，除国会以法律另订日期外，此会议在一月三日正午开始。

第三款　如当选总统在规定总统任期开始的时间已经死亡，当选副总统应成为总统。如在规定总统任期开始的时间以前，总统尚未选出，或当选总统不合乎资格，则当选副总统应代理总统直到一名总统已合乎资格时为止。在当选总统和当选副总统都不合乎资格时，国会得以法律规定代理总统之人，或宣布选出代理总统的办法。此人应代理总统直到一名总统或副总统合乎资格时为止。

第四款　国会得以法律对以下情况作出规定：在选举总统的权利转移到众议院时，而可被该院选为总统的人中有人死亡；在选举副总统的权利转移到参议院时，而可被该院选为副总统的人中有人死亡。

第五款　第一款和第二款应在本条批准以后的十月十五日生效。

第六款　本条除非在其提交各州之日起七年以内，自四分之三州议会批准为宪法修正案，不得发生效力。

第二十一条修正案

[1933 年 2 月 20 日提出，1933 年 12 月 5 日批准]

第一款　美利坚合众国宪法修正案第十八条现予废除。

第二款　在合众国任何州、领地或属地内，凡违反当地法律为在当地发货或使用而运送或输入致醉酒类，均予以禁止。

第三款　本条除非在国会将其提交各州之日起七年以内，由各州制宪会议依本宪法规定批准为宪法修正案，不得发生效力。

第二十二条修正案

[1947 年 3 月 24 日提出，1951 年 2 月 27 日批准]

第一款　无论何人，当选担任总统职务不得超过两次；无论何人，在他人当选总统任期内担任总统职务或代理总统两年以上，不得当选担任总统职务一次以上。但本条不适用于在国会提出本条时正在担任总统职务的任何人；也不妨碍本条在一届总统任期内生效时正在担任总统职务或代理总统的任何人，在此届任期结束前继续担任总统职务或代理总统。

第二款　本条除非在国会将其提交各州之日起七年以内，由四分之三州议会批准为宪法修正案，不得发生效力。

第二十三条修正案

[1960 年 6 月 16 日提出，1961 年 3 月 29 日批准]

第一款　合众国政府所在的特区，应依国会规定方式选派：一定数目的总统和副总统选举人，其人数如同特区是一个州一样，等于它在国会有权拥有的参议员和众议员人数的总和，但不得超过人口最少之州的选举人人数。他们是在各州所选派的举人以外增添的人，但为了选举总统和副总统的目的，应被视为一个州选派的选举人；他们在特区集会，履行第十二条修正案所规定的职责。

第二款　国会有权以适当立法实施本条。

第二十四条修正案

[1962 年 8 月 27 日提出，1964 年 1 月 23 日批准]

第一款　合众国公民在总统或副总统、总统或副总统选举人、或国会参议员或众议员的任何预选或其他选举中的选举权，不得因未交纳任何人头税或其他税而被合众国或任何一州加以拒绝或限制。

第二款　国会有权以适当立法实施本条。

第二十五条修正案

[1965 年 7 月 6 日提出，1967 年 2 月 10 日批准]

第一款　如遇总统被免职、死亡或辞职，副总统应成为总统。

第二款　凡当副总统职位出缺时，总统应提名一名副总统，经国会两院都以过半数票批准后就职。

第三款　凡当总统向参议院临时议长和众议院议长提交书面声明，声称他不能够履行其职务的权力和责任，直至他向他们提交一份相反的声明为止，其权力和责任应由副总统作为代理总统履行。

第四款　凡当副总统和行政各部长官的多数或国会以法律设立的其他机构成员的多数，向参议院临时议长和众议院议长提交书面声明，声称总统不能够履行总统职务的权力和责任时，副总统应立即作为代理总统承担总统职务的权力和责任。

此后，当总统向参议院临时议长和众议院议长提交书面声明，声称丧失能力的情况不存在时，他应恢复总统职务的权力和责任，除非副总统和行政各部长官的多数或国会以法律设立的其它机构成员的多数在四天之内向参议院临时议长和众议院议长提交书面声明，声称总统不能够履行总统职务的权力和责任。在此种情况下，国会应决定这一问题，如在休会期间，应为此目的在四十八小时以内集会。如国会在收到后一书面声明后的二十一天以内，或如适逢休会期间，则在国会按照要求集会以后的二十一天以内，以两院的三分之二的票数决定总统不能够履行总统职务的权力和责任，副总统应继续作为代理总统履行总统职务的权力和责任；否则总统应恢复总统职务的权力和责任。

第二十六条修正案

[1971年3月23日提出，1971年7月1日批准]

第一款　年满十八岁和十八岁以上的合众国公民的选举权，不得因为年龄而被合众国或任何一州加以拒绝或限制。

第二款　国会有权以适当立法实施本条。

第二十七条修正案

[1989年9月25日提出，1992年5月7日批准]

改变参议员和众议员服务报酬的法律，在众议员选举举行之前不得生效。

注释：

①已由第十四条第二款和第十六条修正案修正

②已由第十七条修正案修正。

③已由第十七条修正案修正。

④已由第二十条修正案第二款修正。

⑤已由第十六条修正案修正。

⑥已由第十二条修正案代替。

⑦已由第二十五条修正案修正。

⑧已由第十一条修正案修正。

⑨已由第十三条修正案代替。

⑩已经过时。

⑪已由第二十条修正案第三款代替。

⑫已由第二十六条修正案修正。

⑬已由第二十一条修正案废除。

Reading for the Citizen of the World
世界公民读本（文库）

FOUNDATIONS of DEMOCRACY